译文纪实

THE TEACHER WARS

Dana Goldstein

[美]达娜·戈德斯坦 著　　　　陈丽丽 译

好老师，坏老师

上海译文出版社

献给我的父母。

劳拉·格林和斯蒂芬·戈德斯坦

教师应当被允许去了解甚至批评整个教育体系形成及管理的基本原则。教师并不是军队里的士兵，只能选择服从；也不是轮盘上的锯齿，唯有应付和传递外界能量；教师必须是一个智慧的行为媒介。

约翰·杜威，1895 年

目 录

序言 ·· 001

第一章

"传道者教师"：公立学校运动与美国教职女性化 ··············· 001

第二章

"强压的怒火"：对美国教育的女性主义挑战 ················· 024

第三章

"不逃避，不退缩"：黑人教师与美国内战后的种族提升 ········· 041

第四章

"当说客的女教书匠"：教师工会的诞生及进步主义教学法与教育
效率之争 ·· 064

第五章

"疯狂的调查"：战争期间的"猎巫"运动和工会主义的社会
运动 ·· 093

第六章

"唯一有效的贫困护照"：伟大社会教师的远大前程 ·········· 116

第七章

"我们都变成了激进分子"：社区控制时代下工会教师对抗黑人

权利 ··· 140

第八章

"失望透顶"：教师问责制如何取代废除种族隔离制度和地方控制

制度 ··· 173

第九章

"可量化的大目标"：数据驱动的千禧年教育愿景 ·········· 201

第十章

"用我所知"：授予教师改革教育的权利 ················· 247

结语 ··· 278

以史为鉴 ··· 278

致谢 ··· 292

参考书目 ··· 296

序　言

　　这本书的写作始于我在 2011 年的一个简单的观察结果：公立学校教职已成为美国最受争议的职业。威斯康星、俄亥俄和印第安纳的共和党州长们，甚至连深蓝的马萨诸塞州民主党州长都在想方设法地削弱或剥夺教师们的集体谈判权。从丹佛到塔拉哈西的州议会大厦，教师任期都是这场激烈的论战的主题，而奥巴马总统则在他的国情咨文中声称"不再为"差劲的老师"找借口"。共和党新星，新泽西州州长克里斯·克里斯蒂（Chris Christie）甚至成了保守派的民族英雄，他曾出现在一系列的 YouTube 视频中，严厉指责个别公立学校教师——全部都是中年女性，她们曾在公众活动中挺身而出，质疑他在削减 10 亿美元教育预算经费的同时减免 16 亿美元企业税的做法。

　　没有哪个职业面临着如此严苛的政治监督，即使同样负责公共福利并以公共资金作为薪酬来源的政治或社会工作也无法相提并论。2010年，《新闻周刊》（*Newsweek*）刊登了一篇题为"拯救美国教育的关键"的封面报道。这篇报道的配图是一块黑板，上面用孩子稚拙的字体反反复复地写着一句话："我们一定要把差劲的老师开除掉。我们一定要把差劲的老师开除掉。我们一定要把差劲的老师开除掉。"在私营企业中发了财的慈善家们资助了《等待"超人"》（*Waiting for "Superman"*）和《永不放弃》（*Won't Back Down*）等电影——这些大规模上映的影片基本上就是将教师任期及其维护者，也就是教师工会，归为学校表现不佳的唯一原因。身为一名记者①，我曾报道 2008 年民主党全国代表大会（Democratic National Convention），也报道过 2010 年前总统比尔·克林顿的"克林顿全球计划"（Clinton Global Initiative）大会。但是，无论我走到哪里，权贵们似乎都在为公立学校教师的无能和"铁饭碗"而感到愤愤不平，尽管民意测验显示美国公立学校教师对专业性的重视程度几乎与医师不相上下。

为糟糕的教育质量感到担忧的想法是可以理解的。教师们所做的工作既有其个人意义，又有其政治意义。他们照料我们的孩子、教育我们的孩子，而孩子是我们寄予热烈而又忠诚的爱的对象。他们为我们的国家培养公民和工人，而这些人的智慧和技术水平将决定我们所有人的未来。既然教师肩负着如此重大的责任，那么美国政客们对于他们的缺点如此敏感也就顺理成章了。所以，我首先要承认一点：美国教师的学术背景大多都很平庸，这是事实。大部分人的 SAT（学习能力测验）分数都低于平均水平，而且他们都毕业于普通学院和大学。② 的确，人们在具有代表性的美国小学课堂中进行了一次大型实践考察，发现许多孩子——其中大多数是穷孩子——"在无所事事地看教师处理他们的行为问题，参加做习题和拼写测验等无聊而又机械的教学活动"③。另外一个以千个市区公立学校课堂为对象的研究发现，只有 1/3 的教师的课堂

---

① Dana Goldstein, "The Democratic Education Divide", *The American Prospect*，2008 年 8 月 25 日。有关 2010 年的克林顿全球倡议，请参见 Dana Goldstein, "Is the Intra-Democratic Party Edu Debate a War?" （2010 年 9 月 22 日），http://www. danagoldstein. net/dana _ goldstein/2010/09/is-the-intra-democratic-party-edupolicy-debate-a-war. html. 有关公众对教师的看法，请参见 http://www. gallup. com/poll/166487/honesty-ratings-police-clergy-differ-party. aspx。

② 最新数据显示，教师的学历正在提高，但是，由于在经济衰退期中，私营企业招聘人数减少，因此这会是持续发展趋势还是短期趋势还未可知。

③ Robert C. Pianta and Bridge K. Hamre, "Conceptualization, Measurement, and Improvement of Classroom Processes: Standardized Observation Can Leverage Capacity", *Educational Researcher 38*, no. 2 (2009): 109 - 119.

组织方式达到了超越机械学习的"知识深度"。①

在奥巴马时代，应对这些真真切切的问题的主要政策只有一个：削弱教师的任期保护机制，然后使用"学生学习评价标准"——这是对孩子们在一连串设计仓促的测试中取得的成绩的委婉说法——来识别并解雇差劲的教师。科罗拉多的一位教师（用夸张的说法）告诉我，人们过分关注如何惩罚糟糕的教师，这让她觉得"选择了一个在人们的眼中比卖淫还不如的职业"。愤怒的教师们通过在线视频和博客文章向公众宣布辞职，这种现象像病毒一样扩散开来。"我没办法再配合这种测试体制了，我觉得这会扼杀课堂的创造力和创新性。"罗恩·马贾诺（Ron Maggiano）说，他是弗吉尼亚州的一位高中社会学科教师，还曾两次获得全国教学大奖。在伊利诺伊州，艾莉·鲁宾斯坦（Ellie Rubinstein）通过 YouTube 提交了她的辞职信。她解释道："教学中那些令我热爱的一切都已不复存在。课程都是强制执行的。任教科目的每一分钟都有人审查。教学计划由管理人员决定。再也没有人信任课堂中的教师，或者说，教师要教什么、什么时候教、怎么教，都再也不是自己所能够掌控的了。"奥利维亚·布兰查德（Olivia Blanchard）选择从她在亚特兰大的"为美国而教"（Teach for America）机构的实习岗位上离开：当地给管理人员和教师发了上万美元的绩效工资，让他们造假，涂改并更正学生们在标准化测试中的答案，然后再提交上去打分。在遭遇了一轮指控之后，那些还待在该地区的教师都变得萎靡不振、惶惶不可终日。当布兰查德发出辞职电邮的时候，她"全身心都解脱了"，她在《大西洋月刊》（The Atlantic）中描述道。

布兰查德、马贾诺和鲁宾斯坦代表了一种更大的趋势。民意测验显

---

① Thomas Kane and Douglas Staiger, "Gathering Feedback for Teaching"（Bill and Melinda Gates Foundation，2012 年 1 月）。

示，相比于美国的其他职业，教师更富有激情、更具有使命感。但是，美国大都会人寿保险（MetLife）一项针对教师的调查发现，在 2008 至 2012 年间，声称自己对于目前的工作"非常满意"的教师比例从 62% 暴跌至 39%，达近 1/4 个世纪以来的最低水平。[①]

我曾经以为这场教学之战是新生事物，是被"大萧条"的恐慌引发的。毕竟，美国孩子中有 1/5 出身贫寒——儿童贫困率是英国和韩国的两倍。年轻人们遭遇了 17% 的失业率，而德国和瑞士的失业率还不到 8%。刚毕业的大学生中有一半以上都处于无业状态，或者做着和他们的教育水平不相称的工作。漏洞百出的社会保障网、胡作非为的银行体系、懒散的监管者、制造业的全球化、消费主义文化、信用卡债和短视思维让我们陷入了经济困境。如果没有更好的教师来拉我们一把，那我们就完蛋了。"伟大的教师每天都在创造奇迹，"教育部长阿恩·邓肯（Arne Duncan）于 2009 年如是说，"有影响力的教师呢？他们能在水面上行走。"[②] 这番华丽的辞藻仿佛一记鞭响。我们有多执着于批判那些糟糕透顶的教师，就有多崇拜那些理想化的、寥寥无几的"超人"教师。

这种天壤之别令人困惑，我不禁要想：为什么美国教师既心怀怨恨又头顶理想的光环，而其他国家的教师却普遍更受人尊重？在韩国，人们把教师称为"立国者"。在芬兰，男人和女人都把教师放到配偶的最理想职业的前三名。[③] 然而，美国有句老话——"无能者才去教别人"，这种说法还在继续产生回响，这反映出了美国人对于教育者这一职业居

---

① "The MetLife Survey of the American Teacher: Challenges for School Leadership"（2013 年 2 月）。

② Dana Goldstein, "Teaching and the Miracle Ideology", *The American Prospect*，2009 年 7 月 15 日。

③ Pasi Sahlberg, *Finnish Lessons: What Can the World Learn from Educational Change in Finland?* (New York: Teachers College Press, 2011)，73.

高临下的态度。

我以为，要了解美国人对教师的看法，就必须了解我们的历史——我们对于把公共教育作为英才教育媒介抱有超高的期望，但是多年以来，我们不愿大力投资其中涉及的公共组织、教师和学校——这两者之间的冲突也许与美国人对教师的看法有一定的关系。200年以来，美国公众一直要求教师消弭困扰社会的隔阂——天主教徒和新教徒、新移民和美国主流人群、黑人与白人以及贫富之间的差距。然而，每一个教育改革的新时代都是以人们从政治和媒体角度对当时的教师发起斗争为标志的。可我们正是要靠这些教师来进行这项艰巨的任务，而且这往往是在稳定的工作和经济的住房、儿童保育和医疗保健服务等等方面对家庭的支持缺失、无法令面向孩子的教学更有效果的情况下进行的。19世纪的公立学校改革者们曾这样描述男教师——19世纪的教工中有90%是男性——他们都是嗜虐成性、只知道挥舞教鞭的酒鬼，应该由更善良、更纯洁（薪水更低）的女性代替他们。在进步主义时期，工薪阶层的女教师们因为课堂缺乏男性的"硬气"，无法管理由过去的童工组成的60人以上的班级而饱受抨击。在民权运动时期的南方，"布朗诉托皮卡教育局案"① 从根本上激起了成千上万的黑人老师的怒火，而艾森豪威尔、肯尼迪、约翰逊和尼克松政府却故意视而不见。然后，在20世纪60年代和70年代，也就是"黑人民权"运动的巅峰时期，白人教师因无法接受学生父母对学校的控制和以非洲裔美国人为中心的教学理论而受到了指责。

教师要面对的是严阵以待的左翼和右翼政客、慈善家、知识分子、商业领袖、社会科学家、活动家、父母，甚至他们内部还要互相对峙。

---

① "布朗诉托皮卡教育局案"（Brown v. Board of Education）是美国历史上具有里程碑意义的诉讼案。黑人学童因种族隔离法律而被剥夺入学权利，这违反了美国宪法第14条修正案。该案的判决终止了美国公立学校中的种族隔离现象，美国的民权运动也因为本案迈进一大步。

（我们应该看到，有些批评是公正的，但有些批评则不那么公正。）美国人一直在就谁应该在公立学校中担任教职，应该教什么内容，应该如何教育、培训、雇用教师，支付教师薪酬，评价和解雇教师等话题辩论。虽然这些问题已经争论了两个世纪，但是我们基本上还是未能达成共识。

许多出类拔萃的男性和女性都曾在公立学校工作，并且从基层的视角提出了关于如何改善美国教育的有力观点。亨利·大卫·梭罗（Henry David Thoreau）、苏珊·布朗奈尔·安东尼（Susan B. Anthony）、威廉·爱德华·伯格哈特·杜波依斯（W. E. B. Du bois）、林登·贝恩斯·约翰逊（Lyndon B. Johnson）……曾任教职的美国名人有许多，这里提到的不过是寥寥数人。他们都反对将教育者幻想成圣人或拯救者的观点。而且他们深知，在教育事业中，孩子们的智力进步和社会流动性的潜力虽然是肯定存在的，但是受限于培训不足、薪酬过低、供给不足、管理无能和学生贫穷的家境等现实因素。这些教师的故事和那些没有那么广为人知的教师故事都在推动着这段历史向前发展，并帮助我们理解为什么美国教职会变成这样一个既饱受抨击又受人敬仰的特殊职业。

今天，享有终身教职但却办事不力的教师已经变成了一个令人恐惧的角色，一类会像吸血鬼一样将税金吸进他鼓鼓囊囊的养老金和医疗账户却无暇顾及自己照看的孩子们的人。人们为花在贫穷的有色人种身上的公共开支而感到焦虑，过去的"毒瘾婴儿"或"福利女王"突然掀起的轩然大波就是这样的例子。和这些情况一样，今天的人们对于坏老师的恐惧带有道德恐慌的所有经典特征。据研究这些事件的社会学家们称，在道德恐慌中，政策制定者们和媒体都会聚焦于某一人群（对于我们而言就是公立学校的老教师们），将他们视为一个巨大的、复杂的社会问题（教育成就差距证明的社会经济不平等问题）的象征。然后媒体会重复这一类型的人中最卑劣的例子〔例如"（精神病院）橡胶室"类型的教师，他们一边领着薪水，有些人甚至是多年如此，一边因为体罚或酗酒问题而受到指控并等着终止教职的听证〕，直到人们厌倦为止。这种做法是把注意力集中在最差的人身上，从而歪曲问题的真实程度和本质。

结果，公众得到的讯息是公立学校教师——尤其是市区教师——普遍不称职。现实情况令人担忧，但是其程度却没有那么严重：答案可能因人而异，但是教师素质倡导者们估计现任教师无法将他们的实践能力提高至合格程度，而且应该每年换岗的人所占比重在2%到15%之间①。最近的"增值"研究以量化的形式呈现了历史真相：即使是纽约和洛杉矶之类的城市中最贫穷的社区学校也会雇用在他们所在地区能够最大限度地提高测试分数的教师。而且，实际上，长期在极度贫穷、测试分数低的学校任教的老教师在提高学生成绩方面，比那些不断换人、毫无经验、尝试做这些工作但在1至3年后又当了逃兵的教师取得的成效更大——这些研究结果远不能印证表现不佳的市区学校统统都是毫无希望、都是无能之辈泛滥成灾的地方。

从美国教育改革的历史中，我们不仅能看到人们对有经验的教育者的反复抨击，还能看到许多关于教学的观点像游乐园中的"打地鼠"游戏般不断涌现，然后以失败告终。在过去的10年中，从亚特兰大到奥斯汀再到纽约，这些城市都曾做过实验，对使学生提升测试分数的教师发放奖金。尝试发放这种类型的绩效工资的做法在20世纪20年代、60年代初和90年代初都未能奏效。它无法大范围地激励教师或提高孩子的成绩。一个多世纪以来，学校改革者们一直希望能通过微调教师评价

---

① 若要获得更多有关无法提升能力、效率低下的教师方面的内容，则请参阅第9章，尤其是经济学家埃里克·哈努舍克和纽黑文学监加斯·哈里斯的评论。

体系的方式，令更多的老师被判定为不称职并被解雇，从而让更优秀的人进入这个行业。但是，在改革者们曾经尝试过的几乎每一种评价体系中——将教师评为优、良、差；A、B、C或D；令人满意或不满意；非常有成效、有成效、正在进步或无成效①——校长们都被文书工作和居高不下的教师人员更替率压得喘不过气，最终他们宣布，95%的员工表现确实差强人意。如"为美国而教"（Teach for America）和"大社会"（the Great Society）时代的"教师研习营"（Teacher Corps）与19世纪的"国民教育委员会"（Board of National Popular Education）之类的教师速成培训项目也是我们学校改革的常见形势。他们会招募雄心勃勃的人到课堂中来，但是这种做法的规模都很小，而且无法系统地提高对学童的指导水平。

历史还告诉我们，人们普遍对教师任期保障存在着误解。诚然，任期保障会令学校在解雇老教师时花费许多时间和金钱。那是因为那些获得了终身教职但被控表现不佳的教师能凭借程序正义权，就他们所获得的评价和解雇的情况向仲裁员"诉苦"，由仲裁员裁定是否让他们重返课堂。但是，任期保障的出现时间比教师进行集体谈判的时间早了半个多世纪。早在1909年，行政官员们就已经批准为教师提供任期保障，这在时间上是先于工会获允到谈判桌上要求这项合法权利的。在"进步主义运动"时期，"好政府"中的学校改革者们和当时刚刚诞生的教师工会都支持教师任期保障，这能够避免教师工作被政治赞助人利用，而且教师可以据此应对曾经普遍存在的因性别、婚姻状况、怀孕、宗教、种族、人种、性取向或政治意识形态而被免职或降级的问题。即使是在法律禁止教师集体谈判的南方，任期保障也已经存在了很长的时间。

今天，人们经常会以为教师工作要比私营领域中的工人们工作有保

---

① 这些是纽约市公立学校1898年至2014年间使用的4种评价体系中的实际类别。

障得多。即使我们排除掉那些在 5 年之内选择离开这一行业的、占新教师人数 50% 的人——并忽略那些离开的人比留下的人表现差的证据——教师因"表现不佳"而被正式解雇的机会是否比其他工人小得多，这一点我们还不清楚。2007 年，也就是我们所能获得的全国数据的最后一个年份，美国公立学校中有 2.1% 的教师因故被辞退，这一数据中包括了获得终身教职的教师。① 相比之下，一项研究发现，联邦工人们一年中被解雇的人数占总人数的 0.02%，② 教师被解雇的几率要大得多。由于美国劳工统计局合并了临时解雇和裁员，我们没有来自私营领域的数据可供比较。但是在 2012 年，拥有上千名员工的公司，也就是最接近大城市学校体系的私营企业，因裁员、辞职、临时解雇而流失的员工总共仅占他们总人数的大约 2%。③ 简而言之，教师被解雇的几率比许多其他行业中的工人被解雇的几率更大，而非更小。

我们希望教师被解雇的几率高于其他职业的原因，可能是因为他们的工作要重要得多。但是，关于教学的公开讨论很少能够让我们了解到以下问题的实际程度——糟糕的教师实际上到底有多少？需要采取什么措施才能提高他们的技能或者让能够表现得更好的人取代他们？

人们常说，教师应该是和律师或医生一样表现出色的精英。但是，担任教职的人数大约是从事医学或法律工作的人数的 5 倍。美国公立学校教师有 330 万人，而医生人数则是 69.1 万，律师人数是 72.8 万。民用事业劳动者中有 4% 的人是教师。④

---

① 请参阅国家教育统计中心对学校和职员的调查，http：//nces. ed. gov/surveys/sass/tables/sass0708 _ 2009320 _ d1s _ 08. asp。

② Chris Edwards and Tad DeHaven, "Federal Government Should Increase Firing Rate", *Tax and Budget Bulletin*（加图研究所报告，2002 年 11 月）。

③ 见美联储经济数据 http：//research. stlouisfed. org/fred2/graph/? g = q7M，以及劳工统计局的商业领域就业动态报告，http：//www. bls. gov/web/cewbd/f. 09. chart3 _ d. gif。

④ Richard M. Ingersoll, *Who Controls Teachers' Work? Power and Accountability in America's Schools* (Cambridge, MA：Harvard University Press, 2003)，15。

近年来，受雇的新教师人数——超过 20 万人——和顶级名校刚刚培养出来的美国大学毕业生总人数一样多，名校接受了超过半数申请者的申请。全美教学质量委员会（National Council on Teacher Quality）估计，仅极贫困学校每年雇用的新教师人数就达 7 万左右。[1] 改革者们有时候会声称，教师需求量之所以如此巨大，是因为过于激进的班级规模限制所致，他们还提出在减少教师数量的同时扩大班级规模并招募更精英的一群人进入这个行业。在加利福尼亚和佛罗里达，设计不善的班级规模法规确实导致了招聘过多不合格教师的问题。但是，教师人口统计学家领军人物、宾夕法尼亚大学的理查德·英格索尔（Richard Ingersoll）已经证明，自 1987 年以来，小学班级平均规模从 26 名降至 21 名学童，但这并不能完全解释教师队伍"膨胀"的现象。[2] 这一变化在更大程度上是由两大因素造成的：第一，被诊断为需要高要求的特殊教育的学生，例如患有孤独症谱系障碍的学生人数激增；第二，选择数学和科学课程的高中学生人数增加。这些趋势不是我们所能够或者应该逆转的。虽然在教师人数过多的地区中，教师预选项目应当提高录用标准或者停止招聘，但是要求美国教师必须 100% 来自顶级名校——尤其是在我们每年还要如许多改革者所愿，裁掉底层 2% 至 5% 的教师（6.6 万至 49.5 万人）的情况下——也实在是荒唐可笑。目前，只有 10% 的教师毕业于顶级名校。2013 年，"为美国而教"雇用了 6 000 名教师。另一个选择性教师资格认证精英项目——"新教师计划"（The New Teacher Project）招聘了大约 1 800 名研究生助教。从同样竞争激烈的市区教师实习中诞生了大约 500 名教师。相比于需求量，这些数字微乎其微。

　　而且，可能除了高中水平的数学老师之外，我们没有什么证据能证

---

① 作者与全美教学质量委员会的梅根·里斯之间的电子邮件，2013 年 10 月 23 日。
② Richard M. Ingersoll and Lisa Merrill, "Who's Teaching Our Children?", *Educational Leadership*（2010 年 5 月）。

明更好的学生就能成为更好的老师。某些国家，例如芬兰，建立了完全由尖子生组成的教师队伍。但是其他地方，例如上海，人们在提高学生成绩方面取得了巨大的进展，但是教师候选人群并没有经过大幅度的调整；他们是通过调整教师工作日，让教师单独面对孩子们的时间变少，并且把更多时间用在备课和观摩其他教师工作情况、分享教学实践和课堂管理的最佳做法上。据研究世界各地学校的统计学家安德烈亚斯·施莱歇（Andreas Schleicher）称，上海"善于吸引中等人才并挖掘他们身上的巨大生产力"。[1] 美国教育的未来应该也是这样子的。正如约翰·杜威在 1895 年指出的那样，"教育一直都掌握在普通人手中，将来也是如此"。[2]

我是带着对教育者的同情开展这一项目的。美国公立学校教职吸引到的通常都是尝试脱离工人阶级的人群。我的外祖父哈利·格林（Harry Greene），曾经的高中辍学生，就是他们当中的一员。在他参加第一份工作，当印刷工的时候，他领导人们在一家不属于工会的商店中组织了一个工会，因此一度很难再找到工作。在 52 岁的时候，哈利终于取得了副学士学位，1965 年他开始在纽约市公立高中里教授职业课程。他是教师集体谈判早期的受益者。作为一名教师，我的外祖父获得了人生中第一份中产阶级工资，而且每隔一段时间还会加薪。这种稳定的财政状况令我的母亲劳拉·格林（Laura Greene）得以进入一家四年制的私立大学就读。

我的父亲斯蒂芬·戈德斯坦（Steven Goldstein）也是由大学毕业生变成公立学校教师的第一代人中的一员。他凭借英式足球奖学金进入艾

---

① Thomas L. Friedman, "The Shanghai Secret", *New York Times*, 2013 年 10 月 22 日。
② John Dewey, *John Dewey on Education: Selected Writings*, ed. Reginald D. Archambault (New York: Modern Library, 1964), 199. 11.

德菲大学（Adelphi University）就读。我的父亲一直是一名运动健将，但是他发现自己对历史也很感兴趣。在担任学校行政岗位之前，他在中学和高中教了 10 年的社会科学课程，因为他想挣更多的钱。他曾在几个社会经济互相融合的郊区学区工作，有时候会说教师工会是行政管理人员的最佳同盟伙伴，他们可以联手将糟糕的老师从课堂中赶走。

我不仅是教育者的女儿和外孙女，而且还上过纽约奥西宁的公立学校。我的同学群体非常多元化，有白人、黑人、拉美人和亚洲人。有些家长，例如我的母亲，会沿哈得孙河而下，到纽约市的公司去上班；有些家长则是获得政府援助，或者在我们市内戒备最森严的监狱——新新监狱（Sing Sing）中当帮厨的单身母亲。但是，无论她们是大学教授还是家庭健康助理，奥西宁最用心的父母们都希望孩子的课堂中能有经验最丰富的教师。我的初中数学老师迪卡路奇先生（Mr. DiCarlucci）每天都西装革履，还戴着华丽的金首饰。虽然教的是微积分课程，但是他会布置关于拓扑学之类的高深概念的研究论文以激励我们能长期坚持学习数学。白发苍苍的滕尼先生（Mr. Tunney）会用《国王的人马》之类的经典大部头讲授英语课；他很喜欢自己教授的那些书，因此上课时精力非常旺盛，富有感染力。这样的老师们退休的时候，整个社区都会为之惋惜。

当 2007 年开始撰写关于教育的报道的时候，我很快意识到了自己有多么幸运。大部分的美国学校在社会经济层面上都是各自为政的，没有几家学校是像我在奥西宁上的综合学校那样，有那么多高水平的教师立志于建立长期事业并且同时教导中产阶级和家境贫穷的孩子们。2005 年，本国郊区的高中平均毕业率为 71%，相比之下，50 个最大城市中的高中平均毕业率仅为 53%。[①] 经济合作与发展组织（Organization for

---

① 2005 年高中平均毕业率：Christopher B. Swanson, *Cities in Crisis 2009: Closing the Graduation Gap*（Editorial Projects in Education report，America's Promise Alliance，and Bill and Melinda Gates Foundation，April 2009）。

Economic Cooperation and Development）开展的国际评估显示，相比起其他发达国家的年轻人，美国学校培养出的年轻人在有条理地写作、阅读理解和日常生活中使用数字等方面的能力较差。[①] 甚至连我们受教育程度最高的公民，也就是那些有大学学位的人们（虽然在阅读方面高于平均水平）在数学和计算机知识方面也低于全球平均水平。我不相信这些学校的现状已经够好。我也不相信贫穷和种族多元化令美国无法在教育方面做得更好。单凭教师和学校是无法解决我们的不平等危机和长期失业问题的，然而我们从波兰等国家的经验中了解到，我们并不是非要根除经济不安全才能提高学校教育水平的。

我深信的是，今天的教育改革者们应当吸取前车之鉴。我们要少把注意力放在如何给教师排名和解雇教师上，要更多地关注如何令每天的教学变成引人入胜、富有挑战的工作，把有头脑、有创造力、有抱负的人们吸引过来。我们要平息教师斗争并支持普通教师提高他们的技能，也就是研究教师素质的经济学家乔纳·罗考夫（Jonah Rockoff）所说的"推动"这一行业中的"中间层大队伍"。虽然历史上模范教师们的创造力和毅力令人鼓舞，但是您将在本书中读到的关于他们的故事可以让我们看到政治上的非理性行为；人们过分关注教师排名，而对于如何设计他们身处的工作环境——更宏观的大众教育和社会福利体制的关注却少之又少。

为了了解这些体制，我们将从 19 世纪上半叶的马萨诸塞州开始历史之旅。全民普及教育的支持者，又称公立学校倡导者，受到了反课税激进分子的挑战。这两大群体之间的关系缓解令美国教职又被重新定义为由女性担任的低收入（或者甚至是义务）的传教工作，这种情况伴随着我们走过了两个世纪——与此同时，奴隶和移民们的孩子都涌入了教

---

① 国际评估：OECD（经合组织），*OECD Skills Outlook 2013*（2013 年 11 月）。

室；我们为解除学校种族隔离而斗争，然后又放弃；我们从 19 世纪末开始面对这样的未来：没有大学学位的美国年轻人在劳动力市场上处于不利地位，因此他们比过去任何时候都更加需要依靠学校和教师帮助他们获得中产阶级的生活。

第一章
"传道者教师"

公立学校运动与美国教职女性化

　　1815 年，宗教复兴席卷了康涅狄格州一个安静、古朴的市镇上的私立学校——里奇菲尔德女子学院（Litchfield Female Academy）。

　　在那个年月，美国没有几家真正的"公立"学校。[①]美国宪法未曾提及教育是一种权利（至今依然并未提及），上学也不是义务。学校一般都是由市议会、当地教堂、城市慈善团体，或者——在国内更加偏远的地区——由临时组成的邻里互助团体组织起来的。各种学费支付方式和当地税款为学校提供援助。美国学生中有 2/3 的学生要在只有一个房间的校舍内上课，70 个 5 到 16 岁的孩子都在一起受教育，教导他们的通常是一个忙得晕头转向的教师，而且基本上都是男教师。学校每年只开 12 周，夏季 6 周、冬季 6 周。师生手头上几乎没有现成的教科书，最经常布置的作业是记忆并背诵《圣经》中的段落。教师会鞭打调皮的孩子，或者让他们戴上"傻瓜帽"坐到角落里去。

　　相比而言，里奇菲尔德是特权地区。那里的女孩们一个接一个明确、公开地声明自己已经达到了"皈依"加尔文教的境界。那是所有虔诚的加尔文教徒都被要求达到的境界，是一段超越物质世界的、近乎癫狂的时期；在这段时期内，一个人会得到启示，了解上帝对她的生命做出的安排，并让她朝着命中注定的路径走向天堂。皈依往往会像流感一样具有传染性。但是，14 岁的凯瑟琳·比彻（Catherine Beecher）拒绝皈依，这令她成了众人的焦点，因为她是一位著名传教士的女儿。

她的父亲莱曼·比彻（Lyman Beecher）在 1804 年亚历山大·汉密尔顿（Alexander Hamilton）命丧阿龙·伯尔（Aaron Burr）之手后，进行了一次反对争斗的布道。在这次慷慨激昂的布道之后，他走入了公众的视线。他把自己当作宗教和世俗事务的指南针。在布道和文章中，他抵制天主教外来移民和开明派的"上帝一位"论，支持逐渐废除奴隶制，并视美国黑人为在非洲大陆的"重新殖民"，歌颂美国向西部扩张，认为这是上帝有意让信奉新教的美国作为"万国之光"——这种说法是他借用先知以赛亚的——统领四方。1830 年，他公然反对安德鲁·杰克逊（Andrew Jackson）总统将美国原住民家庭从东南部强制迁往密西西比河以西的野蛮举措。

那些观点在他们的时代是相当开明的。但是莱曼·比彻的信仰却并非如此。他宣扬宿命论，这种信条认为，一个婴儿从出生开始就被注定是会得到救赎还是会下地狱；而且，人在世上的作为基本上无法改变其结果。在他引人入胜的布道中，比彻绘声绘色地描述死亡和罪人的末路：他们的眉毛会出汗，四肢渐渐冰冷，然后沉入地狱。[2]

凯瑟琳·比彻和父亲很亲密，她很不愿意令父亲失望。他甚至曾夸口，凯瑟琳是"他最好的孩子"[3]——这话从一个有 7 个儿子的男人口

---

① 关于 19 世纪初美国学校教育的简单介绍，请参见 C. F. Kaestle, *Pillars of the Republic: Common Schools and American Society, 1780－1860* (New York: Hill and Wang, 1983); and Lawrence Cremin, *The American Common School* (New York: Teachers College, Columbia University, 1951)。

② 贺拉斯·曼给莉迪亚·曼所写的信，1822 年 4 月 11 日，*Horace Mann Collection*, Massachusetts Historical Society。

③ M. Rugoff, *The Beechers: An American Family in the Nineteenth Century* (New York: Harper and Row, 1981), 314.

中说出，那是相当地有分量！但是她觉得研习《圣经》"很烦人，令人生厌"①，"原罪"的说法也令她觉得恼火。全人类过往堕落的罪愆怎么能怪到一个尚未成形的孩子头上呢？她对诗歌的热爱远胜于宗教；在少女时代，她就已经有几首诗发表在学术期刊上。她曾获得所有的学术荣誉，然后从事着所在阶级的年轻女性所能担任的唯一一份受到社会尊重的工作：担任女子精修学校中的"家政"教师，教授刺绣、编织、弹琴和绘画。实际上，凯瑟琳非常讨厌那些女性化的消遣方式，她后来哀叹自己曾"悲伤绝望地"② 把时间花在这样的活动中，它们曾被认为是提高女子在婚姻市场中身价的砝码。但是对于凯瑟琳来说，挣钱是一个重要目标，至少在婚前是如此。母亲在她 16 岁的时候去世，莱曼·比彻很快再婚了。这位牧师有十几个年纪更小的孩子要养活，其中包括《汤姆叔叔的小屋》的作者哈里耶特·比彻·斯托（Harriet Beecher Stowe）。

1822 年的一次派对上，21 岁的凯瑟琳·比彻与贺拉斯·曼（Horace Mann）相遇了。他在波士顿西南面马萨诸塞州富兰克林的一个农场长大，当时 26 岁的他是在里奇菲尔德读书的一名法学学生。传闻称他很有政治野心。曼已经听说过比彻的大名：她是名牧师的女儿，但是反对传统信仰，而且还是曾发表作品的诗人。此时的曼虽然高大英俊，但几乎从未对女性表现出兴趣，即使面对美女他也未曾动心。（他在布朗大学的室友曾回忆，曼是很自重的人，他"丝毫"③ 未曾有过年轻人常有的不端行为。）而比彻则不同，她紧紧卷起的头发裹在方方正正的脸上，看起来有几分严肃，那是她从父亲身上继承下来的。这位年轻的教师之所以迷人，并非因为她外表美丽，而是因为她才智过人。

---

① Kathryn Kish Sklar, *Catharine Beecher: A Study in American Domesticity* (New York: W. W. Norton, 1976), 32.

② Ibid., 7.

③ Mary Peabody Mann, *Life of Horace Mann* (Washington, D. C.: National Education Association of the United States, 1937), 26.

当晚，比彻和曼就沃尔特·史考特（Walter Scott）爵士的浪漫小说交流了看法；后来曼曾遗憾地表示，在那场对话中，他说的不过是"老生常谈"，完全没有任何"高论"，无法体现他的思想深度。不过，这都无关紧要了，因为比彻已经与一个学问远在他之上的男人订了婚：此人就是亚历山大·梅特卡夫·费雪（Alexander Metcalf Fisher），24 岁的数学奇才，他是耶鲁有史以来最年轻的终身教授，而且已经写了几本颇受好评的教科书。费雪长大的地方和曼生活过的富兰克林中间只隔了几个农场。曼曾在写给他姐姐的一封家书中闲聊了几句关于比彻的话，他说比彻"才智超群，有才女之名"，而且"应该会是这位教授的贤内助"[①]。

虽然曼对比彻印象很好，但是他还是低估了她。她注定不是要当家庭主妇的人，而是要继承父亲的衣钵、成为首屈一指的公众知识分子的人。她和贺拉斯·曼将并肩携手，将公共教育变成更加温和的美国新教派，并将女教师变成宣扬美国道德的牧师。

在比彻与曼相遇不到两周后，她的未婚夫在爱尔兰海岸边发生的一场海难中溺水身亡。费雪本要去往欧洲大陆，旅程为期一年，他要去和当时的顶尖科学家们一起学习。他们已经计划在来年春天结婚。现在，比彻的未来成了未知之数。"我在悲伤中睡去，带着沉重的心情醒来，终日哀痛。"[②]她写道。在把自己关在父亲家中几个月后，她偷偷去了位于富兰克林的费雪家的农场。亚历山大的父母问比彻能否教导他们年幼的孩子，一个少年和两个小女孩不仅失去了他们敬爱的兄长，还失去了指导他们学业的人。

刚到那里，情绪消沉的比彻就躲到了费雪的阁楼上。在那里，她像

---

① 贺拉斯·曼给莉迪亚·曼所写的信，1822 年 4 月 11 日，*Horace Mann Collection*，Massachusetts Historical Society。

② Sklar，*Catharine Beecher*，42.

着了迷一样地研究着她死去的未婚夫的日记和信件。所看到的内容令她很吃惊。这对未婚夫妇的相爱过程很不自然，而且他们在一起的时候几乎全程都有旁人在。看来她并不怎么了解自己的未婚夫。亚历山大·费雪的日记让她看到了一个饱受折磨的灵魂。19 岁的时候，他忍受着"谵妄症"的折磨，他在宗教义务和自己真正热爱的事物——数学和科学——之间左右为难。在这段时期里，费雪沉溺于宏大的幻想中，他相信自己能用解决数学问题的方式令宇宙免于遭受突然的灭顶之灾。当这段狂热期过去之后，费雪回到耶鲁继续他的科学研究，但是他责怪自己没有宗教信仰，他对此的描述是"无力……长时间静心沉思、悟出道德真理"。和比彻一样，多年来费雪的礼拜日都在灵修中度过。但是 1819 年，身为一名教授的他遗憾地总结道，他的精神生活是"一片空白"[1]，他永远也不可能诚心皈依。在这个时间前后，他的日记停止了。他把自己所有的时间都用来备课、写教材和指导耶鲁的学生们。

费雪在传统宗教方面的挫败感令比彻深受触动——这和她自己的感受如出一辙——同样令她感同身受的是他最终决定完全献身于学术和教师事业的举动。在她年轻的生命里，她头一次确信，宿命论是错误的。费雪是一个义人——一个被救赎了的人——不是因为他皈依了，而是因为他在生活中的义行。比彻给她的父亲写信："心灵必须有所依归，如果心之归属并非上帝，那么尘世便是心之归属。"[2]

比彻相信公共事业和个人信仰一样都能服务社会，在这个新的信仰的指引下，她开始了教育事业。身为一名女子，她失去了和费雪一样研究古典语言、掌握高阶数学知识和沉浸在近代政治思想中的学术机会。里奇菲尔德女子学院是围绕宗教虔诚、群体耻辱观和社会角色定位而成

---

① Sklar, *Catharine Beecher*, 47.
② Ibid., 50.

立的。① 每天早晨，学生们都要排着队接受居高临下的女校长抛出的一连串诱导性问题："你上课时耐心吗？你说了什么不检点的话或者发现自己有女性的微妙渴望吗？你每天早上用细齿梳梳头并清洗牙齿吗？你本周吃了什么未成熟的果实吗？"每个女孩都被要求每天将自己精神上的过错记在日记上，任何关于她们值得注意的正确或堕落的行为的记录都会在周六早上全体集合的时候被当众宣读出来——还要加上名字。学校的教学技巧机械、单调、乏味，完全反映出了那个时代的典型情况。在课堂上，女校长只是对着学生们大声地照本宣科；至于作业，女孩们只是在日记中机械地引用她们能记起来的琐碎片段：各个国家的经纬度、重大战役的日期、英国国王的族谱。数学方面的指导到代数或三角函数就止步了，化学和物理则被完全忽视。

在仔细阅读费雪的笔记和教案时，比彻第一次接触到了哲学和逻辑。她的弟弟爱德华在安德沃和耶鲁受过教育，在爱德华的指引下，她迅速掌握了这些艰深的材料并将之传授给她的学生们。所有的女孩不是都应该获得比彻现在提供给费雪的妹妹们的机会——去追求更广泛的知识吗？如果比彻能学会并教授严肃的内容——而不仅仅是"家政"——那么其他聪明的年轻女性难道就不能吗？

对于美国教育史来说，最重要的是，比彻开始认为女性教师的教学效果最好，不仅对女孩子们是如此，对男孩子们也是如此。在她本人这样婚姻前途渺茫的中产阶级女性面前的机会极其有限。她无法上大学

---

① 有关凯瑟琳·比彻所就读学校的描述，请参阅 Rugoff, *The Beechers*, 43; M. T. Blauvelt, "Schooling the Heart: Education and Emotional Expression at Litchfield Female Academy", 在 *The Work of the Heart: Young Women and Emotion, 1780 – 1830* (Charlottesville: University of Virginia Press, 2007); *Chronicles of a Pioneer School from 1792 to 1833, Being the History of Miss Sarah Pierce and Her Litchfield School*, ed. Emily Noyes Vanderpoel (Cambridge, MA: The University Press, 1903); 以及 Litchfield Historical Society, *To Ornament Their Minds: Sarah Pierce's Litchfield Female Academy 1792 – 1833* (Litchfield, CT: Litchfield Historical Society, 1993) 中都有提及。

［直到 19 世纪 30 年代，曼荷莲女子学院（Mount Holyoke）和欧柏林（Oberlin）音乐学院才成为首批接收女性入学的美国大学］，不能通过学习成为牧师（这一职位当时不对女性开放），不能通过训练成为医生或律师（医学院和法学院只接收男性），也不能自己白手起家做生意（银行基本上不会把贷款批给女性）。比彻想得越多，就越觉得教师是唯一一种能够让女性获得"影响力、尊重和独立"的职业，同时又无需越出"女性端庄行为规范的雷池"①，她写道。比彻一生都反对给予女性投票权，她认为政治是肮脏的游戏，它会腐蚀上帝赋予女性的美德。但是她认为，这种美德会令女性成为理想的教育者。比彻认为家庭和学校是相辅相成的，女性天生就适合在这两个领域中培育下一代。"女性无论在生活中处于什么关系，她都必然是育儿室的守护者、童年的伴侣和永远的榜样，"她在她的"论女性教师教育"中写道，"是她的手在不朽的灵魂上留下了最初的印记，这些印记将永不消逝。"② 史学家雷丁·萨格（Redding Sugg）称之为"母亲式教师"理想——这个概念指的是教学和育儿基本上是一样的工作，只不过环境不同。

　　未婚夫去世不过一年，比彻就开始将她的新理念付诸实践了。1823年，她利用父亲的社会关系建立了哈特福德女子学院（Hartford Female Seminary）。一年之内，这所学校吸收了来自美国东部各地和遥远的加拿大的 100 名学生，她们当中的许多人都希望成为教师。比彻的学校在学术方面的严格程度在当时精英女子院校中是闻所未闻的：学生们要上拉丁语、希腊语、代数、化学、现代语言、道德和政治哲学课。比彻反对死记硬背和学术方面的过度竞争；她的学校没有给予学生奖励，因为她认为学生们学习的动机应该是她们对上帝、父母和国家的纯洁的爱，

---

① Milton Rugoff, *The Beechers*, 61.
② Catharine Beecher, "An Essay on the Education of Female Teachers", *Classics in the Education of Girls and Women* (1835)：285 - 295.

而奖励会令她们的虚荣心膨胀。比彻主张通过实地考察旅行和科学实验，在实践中学习。她的教育哲学远远领先于她所处的时代。再过 70 年，约翰·杜威才提出与此相似的、著名的"全人"（whole child）教育概念。该校的一些毕业生在比彻的理念基础之上开立了新学校。

人们对哈特福德女子学院的看法是有争议的。当地的有些父母反对将经典作品作为教学内容，因为他们认为那会令他们的女儿期望过高，使这些女孩在成为妻子和母亲居家过日子时可能会感觉很单调。"我宁可我的女儿们上学时坐着无所事事，也不愿意他们学什么哲学。"一位父亲在给《康涅狄格报》的一封信中写道，"这些分科会让年轻小姐们虚荣心膨胀，令她们不屑于学习教育中更有用的部分。"①

在她于 1827 年写就的论文《女性教育》中，比彻直接回应了这些批评。她驳斥了关于女孩上学的唯一理由就是学习如何举止文雅、好钓个金龟婿的传统观点。"女士学习不是为了夸耀，而是为了做事，"她写道，"她读书的目的不是为了高谈阔论，而是要带来改变……学习的最大作用是令她能约束自己的头脑并为他人做有用的事情。"② 这首先就体现在成为一名教师上。

比彻和她的学校十分引人注目，到了 19 世纪 20 年代，她基本上已无暇教学，而是要游走于全国各地，对女性教会组织和在图书馆与社会团体中进行巡回演讲。她已然变成了美国第一位学校改革方面的媒体宠儿。此时，比彻已经宣布自己将终身不嫁。她正处在一个人们对于单身女性应该扮演的角色高度敏感的文化时期——人们通常会认为没有丈夫和孩子的"老处女"是无法为社会做出贡献的。在演讲中，她会引用美

---

① Frances Huehls, "Teaching as Philanthropy: Catharine Beecher and the Hartford Female Seminary", in *Women and Philanthropy in Education* (Bloomington: Indiana University Press, 2005), 39.

② Catharine Beecher, "Female Education", *American Journal of Education 2* (1827): 219 - 23.

国人口普查数据来说明美国东北部的单身女性比单身男性多1.4万人。①
比彻猜测，这些单身女性中有1/4的人可能会想成为"传道者教师"，
搬到西部去教育国境边陲200万"无知而又为世人所忽视的美国孩子
们"；这些孩子的父母应该不会像新英格兰地区的精英阶层一样热衷于
教育事业，需要有人敦促他们建立乡村学校。

　　远在大部分州或准州②开始为资助教育而征税之前，比彻就鼓起了
法国大革命式的勇气，提出了普及教育的观点。这份勇气令人敬畏。在
题为"美国女性的国家使命"的演讲中，她将女教师提供的教育描述为
防止下层民众暴力起义的最佳堡垒。她警告世人，法国大革命就是"一
场普通人对凌驾于他们之上的阶级发动的战争"；在这场战争中，"富
人、受过教育的人和贵族被推翻"，"贫民、无知的人和底层民众掌握了
政府、财富和力量。一切都失去了控制。一切都朝着错误的方向发
展"。③ 比彻想到的办法是让年轻的精英女性们到西部去，但不是以妻
子或母亲的身份到那里，而是肩负着对她们年轻的、正在扩张的国家的
爱国使命去那里——教育大众追求民主。这些女教师将从天主教修女身
上借鉴到"活力、判断力和克己忘我的仁爱精神"④，她说道，而这些
将成为她们的驱动力。比彻认为，有了教职一途，女性可以只为了爱情
而结婚，而并非为了成为社会认可的角色而结婚。

　　过去，让女性在男女合校中任教是激进的提法。在19世纪初，只
有10%的美国女性在家庭之外工作。⑤ 因为人们认为，中产阶级女性从

---

① Catharine Beecher, "Female Education", *American Journal of Education* 2（1827）：219 -
223.

② 指尚未正式成为州但有本地立法机构的地区。——译者

③ Catharine Beecher, *The Duty of American Women to Their Country* (New York: Harper and
Brothers, 1845).

④ Beecher, "Female Education", 123.

⑤ Alice Kessler-Harris, *Out to Work: A History of Wage-Earning Women in the United States*
(New York: Oxford University Press, 2003), 47.

事任何类型的公共工作都是丢脸的事情，所以比彻不得不解释向女性开放教职将对学生和社会——而不仅仅是女性自身——大有好处。她断定，女性当教师会比当时管理大部分课堂的男性要做得好。实际上，她引发了关于男性教师的道德恐慌。在她于 1846 年发表的题为"美国女性与美国儿童遭受的恶行"的著名演讲中，她以慷慨激昂的语气引用了纽约州关于当地学校的报告；该报告称男性教师是"不称职"且"无节制……粗俗、冷酷、无情的男人，他们太懒惰、太愚蠢"，难堪照看儿童的重任。华盛顿·欧文写于 1820 年的经典短篇小说《沉睡谷传说》中的主人公伊卡博德·克兰恩（Ichabod Crane）就是这一类人的化身。克兰恩被刻画为一个好心但是心胸狭隘且专横的人，他在摇摇欲坠的单间校舍中对孩子们发号施令，动辄用桦条教训学生。他以为自己是在"等待"这些年轻人向前开启更加辉煌的事业。他幻想自己是一名知识分子，但是实际上，这位校长只不过是个迷信的傻瓜。

虔诚尽责的年轻女性似乎比运气不佳的伊卡博德·克兰恩更得人心。"我就问一句，"比彻说，"让成千上万开办少儿学校的男性到工厂里去，请女性来培养孩子们，这不是更好吗？"[1] 还有另外一个观点：女性工人更廉价。比彻首次公开力荐时，将雇用女性教师作为州政府和当地政府开设义务教育的省钱策略。"女人需要供养的只有自己"，而"男人需要供养自己和一家人"，[2] 她写道。这对于抱有成见、认为有家庭的女人不能赚钱养家的人来说很有吸引力——即使是在 19 世纪初，这种观点也是错误的。许多工薪阶层的妻子和母亲在家庭农场中劳作、洗衣、缝缝补补、贴补家用。黑人女性几乎全部都要工作，不是在南方当奴隶，就是在北方当家庭佣人或洗衣女工。比彻教学观的真正新意在于

---

① Catharine Esther Beecher, *The Evils Suffered by American Women and American Children: The Causes and the Remedy* (New York: Harper and Brothers, 1846).

② Beecher, "Female Education", 114.

它将女性，尤其是白人中产阶级女性，作为家庭之外的工作者推入了公众视野。

与其说这一时期的男性教师残暴、愚蠢，倒不如说他们饱受挫折。他们正在与学年过短、缺乏资金、无法提供像样的教室和学校设备等等因忽视教育而产生的问题作斗争。在比彻所处的时代，许多有前途的年轻人都曾尝试学校教学工作，但是很快他们便对自己不得不面临的工作条件感到不满——这种条件是曾在精英私立学校中上学而后教书的比彻所未曾亲身体验过的。18 岁那年，赫尔曼·麦尔维尔（Herman Melville）在马萨诸塞州乡村的偏远地区当了一个冬天的教师。他和 30 个表现很差、年龄和个头各异的学生争吵不休，所有的学生都挤在只有一个房间、没有日常用品、窗户狭小、通风极差的校舍中。他住在当地的一户人家里，每个月能挣 11 美元，相当于农场工人一个月或者熟练技工半个月的薪水。这些条件令麦尔维尔"急欲另谋差事"①，他承认道。亨利·大卫·梭罗觉得自己在马萨诸塞州坎顿的公立学校教书的那两周过得非常单调乏味，因此他总结道，课堂教育——相对于"现实"教育——基本上永远不会有成果。孩子们只能"按部就班，思想得不到启发，反而一片混乱"。②

虽然男性在学校的工作条件下饱受挫折，但是这些问题并非这一职业从受过大学教育的男性身上转移到凯瑟琳·比彻设想的年轻的女性道德教育者身上的真正原因。反课税观点、政治演变和贺拉斯·曼的影响力发挥了更重要的作用。

贺拉斯·曼离开里奇菲尔德之后的几年，在法律行业取得了成功。

---

① W. H. Gilman, *Melville's Early Life and Redburn*（New York: New York University Press, 1951），89.

② Lawrence Wilson, "Thoreau on Education", *History of Education Quarterly 2*, no. 1 (1962): 19 - 29.

1827 年，他当选为马萨诸塞州立法机关众议院议员。这是推动"辉格党"——社会自由主义党人与在财政方面持审慎态度的东北部商界的联姻——成立的政治运动的一部分。曼支持建立精神病院和聋哑学校。他是死刑的批评者，而且希望能停止售卖彩票，因为他认为这不符合基督教的信条。1834 年 8 月 11 日和 12 日，反对天主教的暴徒将马萨诸塞州查尔斯顿的一家乌尔苏拉修道院和学校付之一炬。曼受命领导市民委员会调查这场被他称为"可怕的暴行"[1] 的纵火案。在执行这次广受关注的任务几个月后，曼当选为州参议员。他在铁路行业有支持者，又有波士顿知识分子们提供政治支持，因此他着眼于这两批选民都共同关注的社会问题，尤其是教育问题。

曼成了颅相学的爱好者，这门学说会分析人的体貌特征，尤其是他们的头的大小和形状，以确定他们的道德和智力禀赋。像苏格兰哲学家乔治·康布（George Combe，曼给自己的一个儿子也起了同样的名字）这样的颅相学家将地中海人的特征总结为急躁、懒惰、粗野，而北欧人则勤奋、聪慧。[2] 在 19 世纪，颅相学被认为是一种先进的理念。它的倡议者们认为人们可以判断每个人的缺陷，然后通过学校教育改进这些缺陷；他们认为，这些办法将在几代之后根除贫穷和犯罪。

曼觉得颅相学很吸引人，它在某种程度上能成为宗教教义的替代品。当他还是一个少年的时候，哥哥史蒂芬在当地一个池塘边玩耍时溺水而亡。[3] 哥哥当时本应该待在教堂里，但是他却偷偷跑到了这个池塘边。下一周的礼拜日，镇上的传道士，一个严苛的加尔文教徒就这一事件进行说教。他警告富兰克林的孩子们，如果他们像史蒂芬·曼一样犯了过错，那么他们也会死去，永坠地狱、受尽折磨。那天坐在教堂长椅

---

[1] Jonathan Messerli, *Horace Mann* (New York: Alfred A. Knopf, 1972), 192.
[2] George Combe, *The Constitution of Man Considered in Relation to External Objects* (Boston: Marsh, Capen, Lyon and Webb, 1841), 268, 415.
[3] Mann, *Life of Horace Mann*, 16-17.

上的就有贺拉斯、他的两个还在世的兄弟姐妹和他们的母亲。在整个布道过程中，他的母亲都在发出旁人都能听到的呜咽声。贺拉斯永远不会忘记这位传道士对他沉浸在悲痛中的家庭的残酷之举，和凯瑟琳·比彻一样，他无论怎么努力也无法接受清教徒关于宿命和原罪的概念，它们都暗示着人无法改善自我。

和严格的清教主义不同，颅相学认为个人——即使是穷人、酒鬼或者那些导致修道院纵火案的罪犯——也可以通过教育改善自我。如果这是真的，作为政客的曼就可以将学校教育当成改良社会的首要方式并提供资助，同时把更加具有争议性的家庭教育放到一边去。传记作家乔纳森·梅瑟里（Jonathan Messerli）写道，曼对学校改革越来越着迷，他在州议会中的同事们要求阻止工业家攫取公共土地、建立垄断企业和支付低薪，从而以更激进的手段规范自由市场，他对这些几乎置之不理。当然，19 世纪的贫困苦难与糟糕的工作条件和低薪，以及学校教育匮乏的状况都是分不开的。史学家亚瑟·舒勒辛格（Arthur Schlesinger）将曼的冲动行为称为"道德改良"①。舒勒辛格称"辉格党""把事情简单化了。他们忽略了道德行为与社会背景之间的关系"，而且相信社会改良是"个人的问题"而非经济或结构方面的问题。

1837 年，曼推动辉格党成立了一个州教育委员会，监督当地学校并要求所有的孩子都必须入学。这是全国公立学校运动——各州资助全民初等教育的事业——的兴盛时期。曼提出，通过教育，"我们当中那些带着低人一等烙印的人们的生活秩序和生活条件能够提升至一般水平并随着这一水平的提高而提高"。他据此在州众议院要求他的立法委员同事们调拨 200 万美元来实现这些目标。他抗议波士顿人把 50 000 美元都花在买票去看欧洲芭蕾舞女演员范妮·艾尔斯勒（Fanny Elssler）的

---

① Arthur M. Schlesinger, *Orestes A. Brownson: A Pilgrim's Progress* (Boston: Little, Brown, 1939), 40.

表演上，人人都知道这位女演员"衣柜里总是缺新衣服"①。每年付给马萨诸塞州教师的钱总共也就这么多。社会更看重的是什么——艳情舞蹈还是学校教育？

州立法会为新教育委员会拨款 100 万美元，这只是曼要求金额的一半。这是公立学校运动中教育委员会吁请资助的早期典范。曼从州立法会离任，成为马萨诸塞州教育部长，这是美国首次设立此类职位。满怀着对这一新职位的热情，他自行研究了那些最重要的教育理论，然后周游西方各国。和许多美国改革者一样，他被法国哲学家维克多·库赞（Victor Cousin）于 1831 年写的关于普鲁士公立学校的报告迷住了。带着造就统一标准、受过良好教育和——最重要的——道德高尚的公民的目标，普鲁士君主已经将提高教师队伍的素质作为第一要务。1811 年，普鲁士王国出台了一项法令，禁止教师担任其他工作，包括在当地家庭中担任家庭教师，因为当局认为这有失教师的尊严。（直到 20 世纪，这些现象在美国依然是司空见惯的事情。）到了 1819 年，普鲁士法律开始保障教师的最低生活工资，并且会在他们去世之后向他们的家人支付抚恤金。校舍要"布局恰当、维护得宜、暖和"，而且当地政府必须提供"家具、书本、图画、设备和上课及练习所需的所有东西"。② 为了培训教师，普鲁士王国建立了师范学校，兼招 16 至 18 岁的男女学生，也就是师范生。③ 他们会用两年的时间学习教学法和他们要教的科目，然后在第三年到真正的学校中当实习教师。

考虑到马萨诸塞州教育委员会的经费有限，曼决定将注意力集中在两大工程上：第一，确保每间乡村学校都至少配备一间简易图书馆；第二，开办普鲁士式的师范学校来培训教师。对这些新教师培训院校的希

---

① Messerli, *Horace Mann*, 226.

② Edgar W. Knight, *Reports on European Education* (New York: McGraw-Hill, 1930), 124.

③ Ibid., 171–173.

望令他欣喜若狂："我相信师范学校将成为推动我们种族进步的新工具。"① 截至 1840 年，曼已经开办了三所师范学校。② 截至 1870 年，22 个州纷纷效仿。最好的早期师范学校应该是第一家师范学校，它位于马萨诸塞州的列克星敦（现已成为弗雷明汉州立学院）。和普鲁士示范学校不同，这家学校只对女性申请者开放，因为该州雇用女性教师的成本低于雇用男性教师的成本。这些师范生要用 3 年的时间学习代数、道德哲学和"教学艺术"。她们在模拟课堂中面对 30 名年龄在 6 岁到 10 岁之间的真正学生来练习技能。一位名叫塞罗斯·皮尔斯（Cyrus Peirce）的著名老教师是该项目的负责人。他在日记中描述了自己如何帮助实习教师学习技艺：

> "师范学校"的校长每天会到模拟教室中进行两次视察和指导，每次时间从半小时到一小时不等。③ 在这些过程中，我会坐下来观察学校的整体运行情况，或者专心听取某位教师讲课，或者亲自"教授"课程，让这位教师听课并观察。在这些练习结束之后，我会在这些教师面前就我的所见所闻发表评论，告诉她们我认为在她们的实践中，理论或者仪态方面有哪些优点、哪些缺点……通过这几种方式，我希望能尽我所能地将理论与实践、说教与以身作则结合起来。

这一程序描述的由一位考虑周到的辅导教师担任指导教练的做法正是今天已经受到普遍认可的教师培训和职业发展的最佳做法，其准确程

① Frederick M. Hess, *The Same Thing Over and Over Again: How School Reformers Get Stuck in Yesterday's Ideas* (Cambridge, MA: Harvard University Press, 2010), 140.

② Knight, *Reports on European Education*, 6 - 7.

③ Cyrus Peirce quoted in Thomas Woody, *A History of Women's Education in the United States* (New York: Science Press, 1929), 474 - 476.

度简直令人不可思议。可惜的是，美国各地大部分的师范学校都没有列克星敦师范学校这么严谨的课程，而且这些学校特别欠缺在实际条件下进行教学实践的机会。直到 20 世纪初，人们依然将师范院校视为学术型中学或大学的替代品，但是其声望远在这二者之下。它们招收了许多刚刚走出小学的年轻姑娘，她们的教育程度只达到了 6 年级或 7 年级的水平。从 20 世纪 20 年代到 20 世纪 60 年代，随着高中学历越来越普及，各州通过了要求教师必须获得学士学位而且通常是教育专业学士学位的法律，于是许多师范学校变成了录取标准比一流州立大学低一些的地区州立大学。[1] 大部分的美国教师在非选拔性的大学里学完教育专业本科课程之后就走进了课堂。[2] 我们在很多方面采用的依然是公立学校运动创立的教师培训体制。

截至 19 世纪 40 年代早期，马萨诸塞州新教师中的女性是男性的 4 倍。这种转变并非人人喜闻乐见。"波士顿男教师会"（Boston Masters），一个由大学学历的高中男教师组成的协会抗议称，让师范学校中的女毕业生走进课堂会有损学术标准和学校纪律，而且青春期的男孩子们会到处撒野。曼做出了回应。他采用了他的老熟人凯瑟琳·比彻的理念，从实用主义和理想主义两方面解释了雇用女教师的理由。在他担任教育部长期间的第 11 份年度报告中，他指出，让女性教师取代男性教师已经为该州节省了 1.1 万美元，这是"三所州立师范学校支出的两倍"。[3] 所以——纳税人捡了个大便宜！曼将这些性价比很高的女性教育者描述为

① James W. Fraser, *Preparing America's Teachers: A History* (New York: Teachers College Press, 2007), 151–152.

② C. Emily Feistritzer, *Profiles of Teachers in the U. S. 2011* (National Center for Education Information, 2011).

③ Redding S. Sugg, *Motherteacher: The Feminization of American Education* (Charlottesville: University of Virginia Press, 1978), 81.

在基督教信仰的驱动下，如天使一般的公仆：完全无私、克己忘我、品性纯洁。他称政界、军队、新闻业的工作依然不应对女性开放，因为女性是那么纯真，不能涉足那些"黑暗而又硝烟弥漫的"领域。教育，曼称，是女性真正的使命，无论女性是否有她自己的孩子，这一使命都会令她与生俱来的、神赐予的、作为养育者的全部才能发挥得淋漓尽致：

> 身为一名学校教师……她是多么神圣。她的头上环绕着天堂的光环；她的双脚能令她踏足的土地变得纯净；她的善举散发出天国的光辉，令恶行也开始悔改，因为连它也在羡慕德行的美好！[①]

曼对完美的女性教师的描述听起来和他对亡妻夏洛特的悼词非常相似。23 岁的夏洛特在他们结婚仅两年后即去世，将近 10 年之后，他依然十分悲痛。在早年给玛丽·皮博迪（Mary Peabody），也就是他的第二任妻子的一封信中，曼曾写道，夏洛特"令我心目中的纯洁的概念变得更纯净，令我对所有美好事物的理想变得更美好……相比于自己的痛苦，似乎别人的痛苦能更快地在她的心中激起更强烈的同情心；会为一朵被碾碎的花而叹息感伤，又有殉道者般的忍耐力"[②]。

这种对于女性教师美德的概念带着玫瑰色的浪漫气息，经贺拉斯·曼和凯瑟琳·比彻传播之后，贯穿于公立学校运动之中。1842 年，纽约的一名慈善家创作了一本当地学校工作手册，在其中这位慈善家认为，只要给最有才华的女性相当于"能力最差的"男性报酬的一半，她们就会愿意工作，因此他坚持不懈地宣扬女性教师是"成本低廉的体

---

① Horace Mann, *A Few Thoughts on the Powers and Duties of Woman: Two Lectures* (Syracuse: Hall, Mills, and Company, 1853), 38.

② Messerli, *Horace Mann*, 173.

制"的基石。① 不过，这些作者们还是不忘加上一句："女人在管理非常年幼的孩子方面天赋异禀，男性很少会有这种天赋……她们有一种特殊的力量，能唤醒孩子们的同情心，启发他们对出人头地的渴望。"

由于19世纪的人们普遍认为女性智力有限，因此在颅相学的影响下，人们显然是将未接受过大学教育的女性教师与美国公立学校应当更关注发展儿童的性格而非增加他们对基础读写和算术之上的学术知识这一观点联系在一起。虽然曼和比彻已经享受了学习拉丁文、希腊语和科学科目的乐趣，但是在他们公开发表的有关教育的观点中，很少关注学术课程，尤其是在19世纪40年代之后，公立学校运动开始获得更多有影响力的政客和商界领袖们的支持，这些人更关心的是教育下一代的选民和工人而非培养知识分子。早年在哈特福德女子学院工作的过程中，比彻一直为精英女性获得学习经典文科课程的机会而奋斗。但是，在为面向大众的公立学校制定课程时，她似乎对教育的目的有了不同的想法。"在对物质、社会和道德利益的关注多于对智力发展和知识获取的关注之前，"她在自己的自传中写道，"这个国家的教育永远也无法达到最高点。"② 曼同意她的观点。"教授A、B、C和乘法表本身并没有什么神圣之处。"③ 他在1839年的演讲中称。学校教育的目的应该是激发学生的"爱，以善待人、敬奉上帝"④。

这种重视道德多于重视获取知识能力的价值体系是美国新公立学校制度与西欧公立学校制度的不同之处。从1830年到1900年，美国教师队伍中的女性数量增长比德国或法国要快得多，这两个国家的教师中依

---

① A. Potter and G. B. Emerson, *The School and the Schoolmaster* (New York: Harper and Brothers, 1842).

② Catharine Beecher, *Educational Reminiscences and Suggestions* (New York: J. B. Ford, 1874), 49.

③ Horace Mann, *Lectures on Education* (Boston: W. B. Fowle and N. Capen, 1855), 316.

④ Messerli, *Horace Mann*, 443.

然有 50% 的男性。[1] 普鲁士王国相对较高的教师薪酬和抚恤金以及两性隔离的学校令男性愿意留在课堂中（因为男校对男教师更具吸引力）。[2] 在法国，还有另外一个因素在起作用：政府坚持让公立学校保持严格的文科标准。对于法国哲学家维克多·库赞来说，普鲁士体制唯一的缺陷在于，其对宗教信仰传播的关注多于对世俗语言知识、文学和历史教学的关注。"古典研究，"库赞写道，"令人类的道德和知识生活的神圣传统得以保持生机。在我看来，删减或削弱这些研究的做法是一种暴行，一种对真正高级文明的犯罪，也可以说是对人性的背叛。"[3]

　　贺拉斯·曼提到了知识界对于德育的这番批评，将此称为"欧洲人的谬见"[4]。他认为法国式的文科教育与人民民主体制中的普罗大众毫不相干，因为在这种体制中，作为选民，每个人所面对的最重要任务是评价政府机关候选人的道德品质。随着年龄的增长，这位公立学校运动领袖的世界观变得越来越倾向于反智主义。他对《红字》的作者、美国首位真正的伟人作家纳撒尼尔·霍桑（Nathaniel Howthorne）的鄙视就是这一特点达到顶峰的证明。曼对霍桑的态度很傲慢，他不喜欢这个和玛丽·皮博迪·曼的妹妹相爱的放荡之人。这对年轻的爱侣令波士顿上流社会人士很反感，人人皆知他们在婚前同床共枕（虽然穿戴得整整齐齐）。在给朋友的一封信中，曼承认他不明白霍桑在写什么。他还补充道，"比起写《哈姆雷特》，我还是更愿意建盲人院。"[5] 这一认为艺术

---

① James C. Albisetti, "The Feminization of Teaching in the Nineteenth Century: A Comparative Perspective", *History of Education 22*, no. 3 (1993): 253 - 263.

② Rebecca Rogers, "Questioning National Models: The History of Women Teachers in a Comparative Perspective"（在国际女性历史研究联合会的会议上提交的论文，"Women's History Revisited: Historiographical Reflections on Women and Gender in a Global Context", *Sydney, Australia*, 2005 年 7 月 9 日）。

③ Knight, *Reports on European Education*, 213.

④ Messerli, *Horace Mann*, 443.

⑤ Megan Marshall, *The Peabody Sisters: Three Women Who Ignited American Romanticism* (Boston: Houghton Mifflin Harcourt, 2005), 402.

与社会利益相对立——和把对知识的追求打上几分腐化堕落的标记——的观点包含着不少曼认为自己在青少年时期就已摒弃的清教徒观念。

　　19 世纪 30 年代末，曼和凯瑟琳·比彻开始偶尔通信，信件的内容是关于比彻的最新事业——"国民教育委员会"（Board of National Popular Education）[1]。这个委员会可算是"为美国而教"，令比彻成立"传道者式"的女教师队伍的远景变成现实。它旨在将教养良好、热衷事业的年轻女性从东北部派往西部开立边境学校。[2] 直到 1847 年，比彻才筹到了足够的善款，招募到 70 名教师志愿者，这是该委员会的第一批教师志愿者。在比彻对她们进行的为期一个月的培训中，这些女性学习了一些基础教学法，对西部的原始生活条件做好了心理准备，而且最重要的是，比彻鼓励她们成为边境社区"新的道德力量之源"。如果她们所在的定居点没有"新教主日学校"，那么她们除了教授世俗学校的每周课程之外，还致力于建立一所这样的学校。

　　这些年轻女性被派往伊利诺伊州、印第安纳州、艾奥瓦州、威斯康星州、密歇根州、明尼苏达州、肯塔基州和田纳西州。这些区域的条件很艰苦，在这一工作的前 10 年中，有 21 名教师去世。[3] 有些新教师发现，尽管她们用心良苦，但是这些社区太贫穷了，无法建立校舍或者在冬天为教室供暖。[4] 有些家长不接受在委员会新人们的引导下皈依宗教，还有些人按章投诉这些年轻女性没有什么教学经验。一名新人成为一间面向 5 至 17 岁孩子的乡村学校中唯一的教师。"没有哪个孩子有阅

① Beecher, *Educational Reminiscences and Suggestions*, 115.
② Sklar, *Catherine Beethcer: A Study in American Domesticity*, 179.
③ Nancy Hoffman, *Woman's "True" Profession: Voices from the History of Teaching* (Old Westbury, NY: Feminist Press, 1981), 56.
④ Beecher, *Educational Reminiscences and Suggestions*, 120.

读理解能力,"① 在给比彻的一封信中她哀叹道,"他们对校舍或书房中的礼仪一无所知,我经常不知道自己能为他们做点什么……虽然已是冬天,有些学生还是没有长袜和鞋子。"

新人们住在当地的人家中,和她们的学生们共处一室。这里没有什么隐私可言,有时候甚至没有蜡烛或基本的卫生设施。然而,许多教师依然珍惜这种机会,并且取得了小小的成功。一名新人称她在一间"小小的木房"中教 45 名学生,"……此地的人们非常无知;能读会写的人寥寥无几,但是他们希望自己的子女能受教育"。宗教支撑着这些年轻女性坚持了下来。一名新人在给比彻写的一封信中称,尽管自己一贫如洗,而且发了两个月的烧,但是"只要上帝在此守护我,上流社会的高雅生活、世俗的富贵荣华都无法将我从这个与世隔绝的地方引开。我从未后悔来这里"。

在反抗他们父母奉行的严苛的加尔文主义之后,这些紧密团结在一起的第一代美国教育改革者往往会把学校视为世俗化的教会:通过教育,所有孩子都能在这些社区中心得到提高,甚至获得宗教意义上的"拯救"。曼和比彻认为教孩子行善比教孩子好的教义要重要得多;少关注文学或数学方面的细节,多关注如何培养忠诚、正派、擅长社交的年轻男女——会抵制"法国大革命"和乌尔苏拉修道院纵火犯所代表的暴民统治的人,后者比前者重要得多。教职被宣传成可与牧师职责相媲美的女性职业:一个不是凭金钱或政治影响之类的世俗名利获得威望,而是凭服务他人获得个人满足感的职业。

然而在人们对女性智力和职业能力抱有很深的偏见的年代,公立学校建立者精心策划的教职女性化进程付出的代价是巨大的:人们认为,

---

① Beecher, *Educational Reminiscences and Suggestions*, 127.

与其说教职是一个职业，还不如说是一份慈善事业或者蒙神感召的浪漫主义使命。公立学校运动成功地获得了政治支持，这部分是因为其强调易于获得的道德教育多于强调学术关怀；但是这留下了许多悬而未决的重大教育问题。学校是要培养学生从事某种职业的素养，还是让所有的孩子接受一模一样的教育呢？如果教师应该成为学生道德生活的总建筑师，那么这又暗示着父母要扮演什么样的角色呢——教师的影响力要超过家庭的影响力，这种期望合理吗？不久之后这一学生群体中不仅有天主教徒，而且还有获得自由的黑人和犹太移民，以盎格鲁-撒克逊白人新教徒道德为基础而建立起来的公立学校要如何应对越来越多元化的学生群体？

招人烦的波士顿记者奥雷斯蒂斯·布朗森（Orestes Brownson）对公立学校运动持有怀疑态度，事实证明他的看法很有远见。作为一个皈依了天主教的人，布朗森对新教徒改革者尝试让公立学校教师同时肩负传教士身份的做法很担忧，而且他认为家长应当对社区学校实施更多控制。总的来说，他对学校在社会中扮演的角色的看法更务实。[1] 他认为，只要工人缺乏职业培训和劳动权利，教师就不可能在消灭贫困方面有太大的进展。他写道：

> 教育，虽然不起眼，却是一个持续进行的过程。在街头、在同伴的影响之下、在家庭的怀抱中、在父母的爱和温柔或者愤怒和暴躁的影响下、在他们看到的旁人展露出的激情或喜爱之情的影响下、在他们听到的对话中，尤其是群体的共同追求、习惯和道德氛围的影响下……我们的孩子们受到了教育。这一切当中还包括了出于善意或恶意，或者，更有可能的是出于两者兼而有之的意图而培

---

① E. J. Power, *Religion and the Public Schools in 19th Century America: The Contribution of Orestes A. Brownson* (Mahwah, NJ: Paulist Press, 1996), 87.

养读书人的学校和教育者们的影响。我们真正要问的问题不是我们的孩子是否应该受教育，而是让他们接受教育的目的是什么、要用什么方式教育他们、他们需要何种类型的教育、要如何提供这种教育？[①]

比彻和曼认为培养道德感就是公立教育的目的，而女教师就是公立教育要采取的方式。实际上，公众对于美国公立教育应有的面貌基本上没有达成共识。在这之后，一代又一代的教育改革者们——以及女权运动领袖们——将愤怒地质疑曼和比彻费尽苦心才达到的现状：他们要面对的是大量收入微薄、教育水平低下、视信仰重于学术学习的"母亲型教师"。

---

① Orestes Brownson， "Review of 'Second Annual Report of the Board of Education. Together with the Second Annual Report of the Secretary at the Board'"， *Boston Quarterly Review*， no. 2（1839）：393 – 418.

第二章
"强压的怒火"

对美国教育的女性主义挑战

1838 年，18 岁的苏珊·布朗奈尔·安东尼正在贵格派寄宿学校里读书。她收到了一封信。从来信中她得知自己的一个儿时朋友已经嫁给了一名有 6 个孩子的中年鳏夫。寄回家里的信要由一名教师进行编辑以确保内容符合道德规范，于是，苏珊将她的真实感受写在了自己的日记中："我觉得所有女性最好都终身不嫁。"①

几个月后，安东尼辍学了。她父亲的棉纺厂破产，付不起学费了。她家位于纽约州最北部，于是她在家附近的乡村学校中当起了老师。8 年后，她搬走了。这时，她至少已经拒绝了两次求婚。她喜欢工作，而且争取到了一份激动人心的新工作——担任位于纽约帕拉蒂尼桥（Palatine Bridge）的卡纳卓里学院（Canajoharie Academy）的女童教育主管，她叔叔就任职于该校董事会。有了 110 美元的年收入，安东尼的手头比过去阔绰了，她大手大脚地购买高级时装，其中包括一件用每码 2 美元的美利奴羊毛制成的紫色连衣裙、一只价值 8 美元的灰色狐毛袖套以及一项价值 5.50 美元、"让乡下人目不转睛"的白色绸帽。②在一封家书中，她（有点无礼地）问她的姐妹们有没有"因为她们结婚了，无法拥有这些漂亮衣服而觉得很伤心"。

26 岁时，独身的安东尼的生活过得逍遥自在。她第一次参加舞会，第一次看马戏。作为一名永远的贵格派教徒——虽然有点堕落——她成立了一个本地女性禁酒组织。她在教学工作上态度认真，而且对于自己比男同事挣得少这一点感到愤愤不平。1846 年 11 月，安东尼在给她母亲的信中称，虽然学生家长都赞赏她在教学方面"兢兢业业"，而且她又找了 4 名新生入校，但是她并不会获得加薪。"我这么跟你说吧，我满脑子都是薪水的事情。"③ 她抱怨道。她沉浸在工作中，对一个 15 岁的女孩关注有加。安东尼认为人们对这个出了名的"难以管教"的女孩评价是不公的，"我希望能发现她不同的一面"。很快，这个孩子就把她这位年轻的老师当成了"表姐"一样亲密的人，而且她开始"严格要求自己"了。

在接下来的两年内，安东尼的教学热情减退了。她很仰慕当年雇用她的校长，但是在 1848 年这位校长退休后，一个喜欢体罚的 19 岁青年成了她的新上司。她对此人颇为反感。虽然安东尼已经教了 10 年书，但是，性别令她无法在学校内担任更高的职位—— 女人管理男人在那时是不可想象的事情。她的薪水丝毫不见涨，这意味着她依然要住在亲戚家一间冰冷的小房间里。5 月，她在给父母的信中写道，她现在觉得教书是一场"苦行……我越来越倦怠，短短的春假丝毫无法驱散这种感觉。我带着 20 个讨人喜欢的学生，但是我只能依赖责任感勉强表现出兴趣。我非常希望他们能好好学习，但是我觉得这份工作几乎要让我望

① Alma Lutz，*Susan B. Anthony: Rebel，Crusader，Humanitarian*（Boston：Beacon Press，1959），11.

② I. H. Harper，*The Life and Work of Susan B. Anthony: Including Public Addresses*，vol. 1（Indianapolis：BowenMerrill Company，1898），loc 1175.

③ Elizabeth Cady Stanton and Susan B. Anthony 的文集，vol. 1，*In the School of Anti-Slavery，1895 - 1906*，ed. Ann D. Gordon（New Brunswick，NJ：Rutgers University Press，1997），57 - 58。

而却步了"。①

和 19 世纪许多出色的女性一样，安东尼有一个非常支持自己的父亲。"我只能说，"丹尼尔·安东尼回应道，"当你厌倦了教书时，试着做点别的事情吧。"②

1848 年，安东尼搬回家和父母同住，她努力想着自己能做点什么别的事情。在家人参与纽约州禁酒和反奴活动的过程中，她开始注意到日渐高涨的女权运动。那年夏天，她在塞尼卡瀑布城（Seneca Falls）的芬格湖（Finger Lakes）镇上参加了第一次全国性女权运动大会。

这次大会的主要组织者是一位名叫伊丽莎白·卡迪·斯坦顿（Elizabeth Cady Stanton）的年轻母亲。她是一位家境殷实、在政治界交游甚广的法官的女儿。1840 年，斯坦顿和丈夫曾到伦敦参加世界反奴大会（World Anti-Slavery Convention）。她和另一位美国女性活动家卢克瑞特·莫特（Lucretia Mott）希望能在那里获得承认、成为官方代表，但是男性废奴主义者们拒绝给她们这一席位。女性在大庭广众之下，面对有男有女的听众讲话——特别是针对有争议的话题讲话，这是非常不寻常的事情，而且许多男性和女性反奴活动者都担心早期激进的女性主义会拖废奴运动的后腿。

于是，斯坦顿开始意识到，如果没有属于她们自己的社会运动，美国的女权事业就无法前进。在筹备塞尼卡瀑布城大会时，她不仅招募了女性活动家，还邀请了重要的男性废奴主义活动家，其中包括弗雷德里克·道格拉斯（Frederick Douglass）和许多有影响力的贵格派信徒。在

---

① Elizabeth Cady Stanton and Susan B. Anthony 的文集，vol. 1, *In the School of Anti-Slavery, 1895 - 1906*, ed. Ann D. Gordon (New Brunswick, NJ: Rutgers University Press, 1997), 66。

② Ibid. , 71.

塞尼卡瀑布城大会上诞生的非凡宣言被称为《感伤宣言》(*Declaration of Sentiments*)。它借鉴了《独立宣言》的结构和词汇——"我们认为这些真理是不言自明的"(we hold these truths to be self-evident)、"主权在民"(consent of the governed)——主张争取女性的投票权;不论性别,在法律面前都应享有的平等权利、婚姻财产权及子女监护权。

安东尼在她当地的报纸上读到了关于这次大会的内容。对于一个手头拮据,长期得不到加薪和晋升的年轻教师来说,这份宣言中反对以性别为基础的薪酬制度的观点肯定令她非常振奋,有醍醐灌顶之感:

> 人类的历史是一部男人对妇女不断伤害与掠夺的历史,其直接目的是在妇女身上建立绝对专制的暴政……

> 男人几乎垄断了全部有利可图的职业;在允许妇女从事的职业中,妇女所得到的报酬微不足道。

> 男人封闭了所有能让妇女通向财富和名望的途径,他们认为财富与名望是男人无上的光荣;妇女从未能成为医学、法学或神学的教师。

> 男人拒绝向妇女提供全面教育的条件——所有大学的校门都对妇女关闭。

《感伤宣言》与凯瑟琳·比彻的著作大相径庭。凯瑟琳坚持要赋予女性执教的权利,但是她从未想过——或者说根本不希望——女性在教室之外赢得与男性一样的、广泛的平等权利。截至 19 世纪中叶,所谓的"妇女问题"辩论中的用语已经发生改变。女权运动活动家们开始要求进入只招收男性的大学学习，并且开始涉足医疗、法律、新闻甚至牧师职业。她们希望能获得和她们的付出相等的薪酬。对于她们当中的许多人来说，和安东尼一样，教职让她们尝到了独立的滋味，也见识到了职场歧视的现实，因此她们更加义愤填膺。

1850 年，纽约州 1.1 万名教师中有 4/5 是女教师，然而该州 80 万美元的教师薪酬中有 2/3 支付给了男性。[1] 男教师的薪酬是他们女同事的两倍，这一点在当时不足为奇。这些不平等的情况成为了安东尼第一个著名演讲的主题，这次演讲发表于 1853 年 8 月纽约州教师协会年会上。在罗切斯特会议厅（Rochester convention hall）中，到场的 500 名教师中有 300 位女性。然而，直到会议的第二天晚上，没有一人为女性起来发言。当谈话主题转移到为什么教师没有赢得大众更多的尊重时，安东尼再也无法坐视不管了。[2] 她从会议室后排的座位上起身，清了清嗓子，大声说道："主席先生。"

整个大厅顿时鸦雀无声。"这位女士有什么话要说？"主持会议的西点军校数学教授查尔斯·戴维斯（Charles Davies）问道。他一身军装，蓝色的领口上还有醒目的镀金钮扣。他吓了一跳。

"先生，我想就咱们正在讨论的问题说几句。"安东尼回答道。

大厅里顿时炸开了锅。安东尼这个简单的请求让男教师们考虑了半个小时。大会负责人们最终还是给了安东尼发言的机会，但是他们心不甘情不愿的。

"诸君，虽然你们抱怨自己不受尊重，但是在我看来，你们当中没有哪个人真正了解自己不受尊重的原因。"安东尼说道，"难道你们没有发现，只要这个社会认为女人没能力当律师、当牧师、当医生，只够格

---

① Elizabeth Cady Stanton and Susan B. Anthony 的文集，vol. 1, *In the School of Anti-Slavery，1895 - 1906*，ed. Ann D. Gordon（New Brunswick，NJ：Rutgers University Press，1997），228。

② Ibid.，226 - 229.

当教师，那么每个选择了这项职业的男人就等于默认了自己的才智和女人不相上下？还有，男人必须在这个行当里和薪水微薄的女性劳动者竞争，这不也是教师职位薪水不够丰厚的原因吗？"其他一些女教师看到安东尼的表现也鼓起了勇气，起身发言。其中一人是克拉丽莎·诺斯罗普（Clarissa Northrop），这位来自罗切斯特市的教师是一名校长，她称自己每年挣 250 美元，而她在另一座城市的公立学校里做同样工作的兄弟收入则是 650 美元。

当晚，当安东尼离开会议厅时，她被支持者们和吓坏了的守旧派们包围了起来；她的演讲上了第二天的晨报。《罗切斯特民主日报》（*Rochester Daily Democrat*）发表社论称："无论男教师们对安东尼小姐的看法是怎么样的，但是很显然，她的话一针见血。"[1] 在会议的最后一天，诺斯罗普提出了一个解决方案，那就是承认女性薪水过低的事实并调动"纽约州教师协会"，"废除现有的陋俗"，消除教师当中的性别间薪酬不平等现象。[2] 这个提案勉强通过了。

安东尼完全成了一名女权活动家。1856 年，在曼哈顿举行的一场美国妇女教育协会会议上，她见到了比彻。这时，她觉得这位老太太所拥护的女子师范学校的观点已经完全过时了。安东尼认为，无论未来的教师们是什么性别，他（她）们都应当在著名院校中接受培训，这对于女性和教育来说都至关重要。而在当时，这些名校的大门都是对女性关闭的。安东尼在写给斯坦顿的信中提到了这次令人沮丧的相遇，她称比彻的理念"奇怪"，而且其关于女性教育的言辞是"愚蠢"的、"错误"的——那更像是为了在男性保守派当中赢得名望的把戏，而不是以一名教师的身份为了提高女性的生活水平或者公立学校的品质而下的苦

---

① Elizabeth Cady Stanton, *Susan B. Anthony and Matilda Joslyn Gage: History of Woman Suffrage*, vol. 1, 1848 - 1861 (New York: Source Book Press, 1889), 514.

② 由 Gordon 编辑, *In the School of Anti-Slavery*, 229。

工夫。①

比彻和这位女权主义后起之秀之间的差异并不仅仅是代沟所致。比彻是在一位主流牧师的抚育下长大成人的；安东尼则生长于思想自由的贵格派激进分子家庭中。在贵格派的教会里，女人是可以布道的。她曾亲眼见到自己的父亲拒不将税金交给到他们家来的收税员，以反战抗议的方式拒绝为美国军方提供资金。② 所以，安东尼会以这种对抗性的、戏剧化的方式采取行动也就不足为奇了。

虽然安东尼争取同等薪酬和进入男子院校接受培训的努力看似如堂吉诃德的举动一般不切实际，但是纽约各地的女教师都在为她欢呼。"我很高兴您能在特洛伊城集会上代表我们发声。"③ 另一场教师大会在即时，一个人写道，"您将肩负着许多心中胀满压抑怒火的教师的感激之情，她们都曾遭遇过您揭露的不公待遇。"安东尼的努力不仅仅在于纠正她作为一名教师长期忍受的薪酬不平等待遇。她注意到了女性教育者们往往热衷于范围广泛的社会改革事务，不仅仅是女权事务，还有反奴和禁酒等。然而，由于教师们薪水微薄，她们几乎没有什么可以捐助慈善事业的可支配收入，而且女性成立的本地政治团体经常都是在瞎折腾。此外，安东尼还开始对劳动政治感兴趣了。在女权大会上，她结交了欧内斯廷·露丝（Ernestine Rose）④。这位出生于波兰的犹太社会主义者的演讲如磁铁一般，无论走到哪里，她总能引来人们的注意。露丝是罗伯特·欧文（Robert Owen）的追随者。这位苏格兰工厂主和哲学家相信通过为女性提供平等薪酬和为她们的下一代提供全职托儿服务及教

---

① 由 Gordon 编辑，*In the School of Anti-Slavery*，319－320。

② Lutz，*Susan B. Anthony*，13.

③ Harper，*The Life and Work of Susan B. Anthony*，vol. 1，loc 2754.

④ Carol Komerten，*The American Life of Ernestine L. Rose*（Syracuse, NY: Syracuse University Press, 1999）.

育能将女性工作者们解放出来。① 这些社会民主思想在安东尼心中引起了深深的共鸣,她一直对父亲的棉纺厂和在棉纺厂中劳作的可怜女性们很感兴趣。

身为中产阶级的一分子,女教师们只是受到不公待遇的女性工作者们构成的庞大群像中最易为人们察觉的人群——安东尼希望这一群体能成为正在崛起的女性投票权运动的核心。那些参加家庭之外工作的女性们应该是在获得更大政治影响力的过程中获益最多的人群,她们可以利用这种影响力来要求获得更好的工作和更高的薪酬。在一封写给其他活动者,告诉她们如何在纽约各地宣传并推动女权会议的信中,安东尼建议她们首先接触职业女性。"我特别愿意号召女教师、女裁缝和全体工薪阶层女性。我是为了她们而不是为了富人们的妻女而劳心劳力的。"②

在改革圈子中,安东尼是公认的孜孜不倦的组织者,而斯坦顿则被认为是女性运动的真正智囊——如果这位优雅的作家和演说家是男儿身,那么她很有可能会成为一名律师或者记者。和其他希望能见到女性为诉讼案件辩论、竞选国会议员和自行创业的激进女性主义者一样,斯坦顿无意掩饰自己对"女学究"的不屑:毕竟,这些人做的工作已经被社会打上故作端庄的标签,而且从传统意义上来说,这种工作是带有女性化特点的。那些为性别隔离的师范培训辩护的教师是"一群可恶的笨蛋",斯坦顿在给安东尼的信中写道,教育队伍里的人们"思维僵化,如一潭死水"③。

斯坦顿是一名富家女,她在家中自行教育自己的 7 名子女。她不认

---

① Francis J. O'Hagan, "Robert Owen and Education", in *Robert Owen and His Legacy*, ed. Noel Thomson and Chris Williams (Cardiff, UK: University of Wales Press, 2011).

② Harper, *The Life and Work of Susan B. Anthony*, vol. 1, loc 2694.

③ Ibid., loc 2986.

可许多女教师对她们工作的自豪之情，而且她似乎对许多女性教育的支持者的观点——例如年迈的凯瑟琳·比彻对性别隔离师范学校的热爱——缺乏成熟的理解。在19世纪的美国生活中，师范学校是寥寥无几的培训女性并使其成为劳动力的机构之一。斯坦顿经常谈到自己的几次怀孕经历和育儿责任令其筋疲力尽，而且她似乎认为完全用比彻和贺拉斯·曼描述的教学方式其实就是在家庭之外的育儿。斯坦顿在1880年发表的演讲"我们的女孩"大受欢迎。在这场演讲中，她向父母们建议养育女儿之道，并称如果女孩们能和她们的兄弟接受同样的教育，那么她们就能成为邮递员、牧师、内科医生，甚至美国总统。"这些职业难道比不上为了一点微不足道的报酬而在学校里教书的教师吗？"[1]

许多女教师都认识不到一点：男女同校能确保女教师们在更精英的大学中，而非二流师范学校中接受培训，这可能会提高她们自身的职业地位。这一点令安东尼十分沮丧。但是，和斯坦顿不同，最让她愤怒的是男性管理者们。无论女同事们展现出来的技巧如何，他们都要横加阻挠，令她们这个行业中寸步难行。在1858年纽约州洛克波特的教师会议期间，她进行了艰苦卓绝的抗议。在这次抗议之后，她给一位朋友写信，信中谈及这次经历"很丰富。在几个老古董的阴谋诡计面前，我从未如此镇定自若，他们从未如此狂怒。他们显然感觉到他们的恐怖统治即将终结了"。[2]

到了1860年，安东尼建立女教师组织的脚步放慢了；此时，这个国家正在准备迎接废除奴隶制的战争。经历数年的剧烈冲突之后，她和斯坦顿陷入了美国左派内部的论战之中：论战的内容是如何平衡女性和非裔美国人投票权运动的推动力，因为这两者之间是相互矛盾的。当共

---

[1] Elizabeth Cady Standon and Susan B. Anthony, vol. 3, *National Protection for National Citizens, 1873 - 1880*, ed. A. D. Gordon (New Brunswick, NJ: Rutgers University Press, 2003), 500.

[2] Harper, *The Life and Work of Susan B. Anthony*, vol. 1, loc 3121.

和党和废奴运动的前盟友们选择为《第十四条修正案》（*Fourteenth Amendment*）而努力，让黑人也享有公民权，却不让任何种族的女性获得这一权利时，这两位女权运动领袖烦恼得几乎要发狂了。盛怒之下，斯坦顿和安东尼与纯粹的种族主义者们越走越近。这些种族主义者称受过教育的白人女性比获得自由但未曾受过教育的奴隶更应该获得投票权。女权运动分裂为两个对立的阵营。[①]

女教师们获得同样的薪酬并有机会担任教育管理者是半个世纪之后的事情了，其中的部分原因是她们与有组织的男性蓝领劳动者们联合了起来——因为这批选民可以投票，所以他们有能力放大女性工作者们对公平薪酬的诉求。与此同时，把教师视为没受过大学教育、未婚、低收入的母亲替代人选的看法依然存在，而男教师们对此的反应则是继续离开课堂。

截至 1873 年，除了印第安纳州和密苏里州之外，北方各州的女教师人数都超过了男教师。联邦教育专员约翰·伊顿（John Eaton）在他当年的年报中对"……寻找受过充分教育、能够担任学校不同部门工作的男性……"的新难题表示有些担忧。[②] 但是他迟疑不决，不愿大方宣布是否需要采取什么措施以阻止这种趋势，只提出需要更多证据证明学生在男教师教导下的表现与女教师教导下的表现相比有何不同。罗得岛一家主日学校的校长在声明自己对于教职女性化问题的看法时更为直截了当。他宣称，因为男性更理智，女性更情绪化，所以只有两性合作才

---

① 由 Ellen Carol Dubois 编辑，*The Elizabeth Cady Stanton-Susan B. Anthony Reader*（Boston：Northeastern University Press，1981），89 - 93，40；联邦教育专员约翰·伊顿，*Report of the Commissioner of Education for 1873*（Washington，D. C.：Government Printing Office，1874），133 - 134。

② John Eaton，*Report of the Commissioner of Education for 1873*（Washington，D. C.：Government Printing Office，1874），133 - 134.

能提供全面的教育。"这两种类型（即男性与女性）的思维和心灵是截然不同的，它们应当在塑造青少年性格方面共同发挥作用。"他写道，"任何忽略其中一方的教育和培训方案都是有缺陷的，而且无法保障对称发展，而其他方案则有可能达到这一效果。"①

女性化有一个明显的不利影响，那就是由于性别歧视，政治阶层不太可能尊重并因此为女性主导的职业提供资助。但是，19世纪男性教育改革者似乎从未想到这种不利影响。1869年，贵族出身的波士顿人查尔斯·威廉·艾略特（Charles William Eliot）成为哈佛学院（Harvard College）校长。艾略特是学校教育现代化运动的拥护者，他希望能根据一家德国大学的模式整顿哈佛。在这种模式下，全体教员可以从事研究，本科生可以选择主修某个学科的专业。在就职讲话中，艾略特清楚地陈述了这一议题，但他也谨慎地提出了女权问题。② 他表示不愿意接受女学生进入哈佛学习，并指出将"性格不成熟，又到了适婚年龄的"男女聚到一起接受教育可能会导致"非常严重的"后果。和约翰·伊顿一样，艾略特似乎也对最近美国学术和职业生活场景中出现的女性身影感到大惑不解。"世人对于女性天生的心智能力几乎一无所知，"他说道，"只有实现几代人的公民自由和社会平等之后，人们才有可能获得探讨女性的天然倾向、品位和能力的必要数据。"③

鉴于艾略特对职场女性的偏见，他成为美国国内对教职女性化，尤其是高校级别的教职女性化现象最有影响力的批评者也就不足为奇了。

---

① Sugg, *Motherteacher: The Feminization of American Public Education*, 112.

② Charles William Eliot, "Inaugural Address of Charles W. Eliot as president of Harvard College", October 19, 1869, 50.

③ 我们难免要将这番评论与另一名哈佛校长拉里·萨默斯（Larry Summers）在2005年发表的观点作比较。这位校长对科学领域中没有更多的女性学者的现象表示困惑："这其中涉及内在天资的问题，特别是天分的差异……这些需要考虑的因素在包括社会化和持续的歧视在内的次要因素影响下又被强化。我非常希望有人能证明我是错误的，因为我非常希望这些问题能直接由每一个了解这些问题的本质并且十分努力解决这些问题的人解决。"

"提高校内现有的较低的男教师比重可能可以提升这些公立学校教师的教学技巧平均水平。"他写道，"这其中蕴含的是美国教学逊色于法国和德国教育的重大原因。"①

艾略特在 1875 年 6 月的《大西洋月刊》（*The Atlantic Monthly*）上写了一篇文章，分享了许多关于公立教育改革的观点。他抗议的主要问题是当地政府不愿将税金用于学校教育，导致班级过于庞大——40 至 60 名学生——除非"天使或者天才"，否则根本无法进行有效的教学。长期资金不足还导致教师薪酬过低，留不住课堂中的人才，尤其是男性。艾略特写道：

> 无论是当印刷工、电报员、簿记员还是教员，只要大量年轻人在这些行业中只是浅尝辄止，没有固定的目标或者在行业中坚持一辈子的意愿，那么这些参与人员的平均技术水平就会偏低。教育实施过程中的任何改进措施都无法弥补教师技能低下的缺憾。②

艾略特将教师流动率高的问题与女性涌入课堂的现象联系在一起。虽然公立学校改革者们都将温柔和女性特质奉为美德，但是艾略特认为女性的体质"弱于男性……更有可能在累人的教学工作中感觉疲惫不堪"，③ 而且他抱怨女教师在婚后辞职的行为。当然，艾略特的文章带有一些性别主义色彩。他没有像安东尼一样质疑为什么各个学区都希望，而且实际上通常都会要求女性在婚后辞去她们的工作，而他认为是女性自愿停止工作并成为家庭主妇的。他提出的关于女性体能的假设是缺乏根据的。然而，在支持提高教师薪酬，甚至让教师获得"某种形式

---

① Charles William Eliot, *Educational Reform* (New York: The Century Co., 1901), 162.
② Charles W. Eliot, "Wise and Unwise Economy in Our Schools", *The Atlantic Monthly*, 1875 年 6 月。
③ Ibid.

的终身任期"方面，艾略特为教师职业化作出了更加有力的论证。相比于安东尼等女权运动领袖提出的相似观点，他的论证涉及的读者更为主流。他还反击了曼—比彻对于"天使"式教师——完全痴迷于教育所背负的宗教使命，在人满为患、资源短缺的教室中为了微不足道的薪酬而埋头苦干的人——的幻想。艾略特称，工作条件确实会影响教师，这与其他行业中的情况是一样的。

然而，政策制定者对这些警告置若罔闻，而且在接下来的几十年间，教师女性化的进展加快了。1890年，在美国各地仅有1/3的教师是男性。国家越富裕越发达，男性工作者逃离教学行业寻找更高薪领域的步伐就越快。[1] 在马萨诸塞州虽然实行着一个令本就不平等的女教师薪酬更低以向男教师支付更高薪酬的政策，但是教师队伍中仍有90%是女性。在新英格兰各地，师范学校的学生中只有10%是男性。[2] 当时种种确凿的证据都表明贺拉斯·曼和凯瑟琳·比彻的崇高言论已坠入凡尘。美国公立学校教职已经变得不再像是女性牧师职位，而更像是刚刚度过青春期的年轻女性从事的工薪阶层工作。美国教师挣的钱和纺织工人差不多。当教师请一天病假时，学校就会暂停给她发薪并将她的薪水付给代课教师。[3]

曼从普鲁士学校体制中获得了灵感；而造访美国的德国人则观察到，相比于欧洲教师，美国教师的培训水平更低，受尊敬的程度也更低。1893年，在一次围绕芝加哥世博会的旅游考察中，德国校长 E. 舒立（E. Schlee）博士将美国公立学校中"女教师在人数上的压倒性优势"与渗透在美国教育中的整体反智主义联系在一起。[4] 大部分的学生

---

① William T. Harris, *Report of the Commissioner of Education for 1892–1893* (Washington, D. C.: Government Printing Office, 1895), 545.

② Sugg, *Motherteacher*, 116.

③ Harris, *Report of the Commissioner of Education for 1892–1893*, 546.

④ Ibid., 534–547.

从未接触过代数或外语。州教师资格证考试较少测试课程知识，更多的是品行测试——比如，问她们是否赞成酒精和尼古丁是社会罪恶的推动力。舒立抱怨道，有太多的美国教师完全依赖于照本宣科的教学方式。所有这些问题都因女性化而变得混杂不清，因为"走出家庭圈子与男性竞争的女性似乎令生活中的所有关系变得更为动荡不安、更加紧张"。为了吸引更富技巧的男性进入这一行业，舒立认为，应当给教师加薪。同样参加了这次大会的还有一位来自柏林的教授斯特凡·韦措尔特（Stephan Waetzoldt），他赞同美国应当招募更多男性教师。但是，他认为这样做也许会有难度，因为和德国情况不同，美国教师没有获得统一的国家培训；他们享受不到任期终身制的保障，也没有退休金；而且没有代表他们利益的专门机构。结果，"在许多城市中，教师只是带着悲伤和对'达摩克里斯之剑'的恐惧谋生计……我认为我们德国人完全没有理由羡慕美国的学校体制"。[1]

在贺拉斯·曼开办仅接受女学员的师范学校的半个世纪后，新的道德恐慌涉及的已经不再是缺乏爱心的男教师，而是教育水平不足的女教师。

覆盖不均、局限性大的培训；低薪；反智主义；缺乏社会声望——这一切融合到一起，危害甚巨，不仅将男性推出了课堂，也将有抱负的女性推出了课堂。其中一个人是贝尔瓦·洛克伍德（Belva Lockwood），她也是来自纽约北部的女性主义早期先锋。她出生于 1830 年，在 14 岁时成为了一名乡村教师。每个月，她能获得的报酬为 5 美元以及包食宿待遇，这还达不到男教师薪酬的一半。她 18 岁结婚，23 岁变成寡妇，还要养活 3 岁大的女儿。于是她重返教师行业，每天带着女儿卢拉到课

---

[1] Harris, *Report of the Commissioner of Education for 1892 – 1893*, 567.

堂中，因为无处安置孩子。

攒够了钱之后，洛克伍德进入杰纳西卫斯理神学院（Genesee Wesleyan Seminary）学习，这所学院正在尝试男女同校教育制度，并赋予女性与男性一道研究科学和政治等严肃学科的选择权。一天晚上，洛克伍德在校园里偷偷溜达，她要去听"年轻大方的"苏珊·布朗奈尔·安东尼在当地一场教师大会上的讲话。从安东尼那里，洛克伍德第一次听到了"令人惊异、离经叛道的观点"[1]。这一观点称女性不仅可以当教师，而且可以从事从卖鞋到操作印刷机在内的任何工作。

在接下来的 10 年内，洛克伍德继续在纽约州各地教书，但是她从未忘记安东尼号召女性开拓新职业的激进观点。1866 年，她带着卢拉搬到华盛顿哥伦比亚特区，在那里探索她毕生热爱的政治领域。她在女子学校讲课讲到下午 1 点，然后旁听国会听证会和最高法院的辩论。洛克伍德一直渴望能在公民生活中扮演某种角色。她申请了一份美国驻外事务处的工作，但是从未得到回应。华盛顿的 3 家法律学校因为性别的缘故而拒绝了她，于是她开始在夜间自学法律知识。洛克伍德几乎没有理由指望自己能成为一名律师，全国各地走进法庭律师席的女性人数用两只手就能数得过来；而且直到 1869 年，美国的一家法学院，也就是在圣路易斯的华盛顿大学，才开始招收女性入学。

洛克伍德的律政之梦只能暂时搁置。她加入了卫理公会教派。这一教派的会众在为女性和被解放的奴隶争取权利的运动中十分活跃。通过这些新关系，洛克伍德结识了两位女记者，艾米丽·布里格斯（Emily Briggs）和玛丽·克莱梅尔·艾姆斯（Mary Clemmer Ames）。这两名记者经常撰文揭露联邦女工们遭受的不公待遇。女性已经开始代替在美国内战中被征召入伍的男性工作者成为政府办事员。现在，男性回到了职

---

[1] Belva A. Lockwood, "My Efforts to Become a Lawyer", Lippincott's Monthly Magazine (1888): 215 - 229.

场，严酷的薪酬性别歧视就显露了出来，比如，财政部的女性挣的薪水只有男性的一半。在某些情况下，联邦政府也曾报告女性工人比男性更加高效，并且要求国会批准向女性文员支付更高的薪酬。立法者们拒绝了。

作为一名教师，洛克伍德过去曾体验过薪酬歧视，她称这种伤害是一种"可憎的……不能逆来顺受的侮辱"[①]。但是，她不是在自己的职业中寻求薪酬平等——在生命中的这一阶段，这个职业令她感到厌烦了——洛克伍德公开宣称她本人支持女性政府工作者。通过组织妇女参政活动，她遇到了一位为田纳西州众议院议员、众议院教育与劳动委员会主席萨缪尔·阿内尔（Samuel Arnell）工作的文员。洛克伍德用激进的方式游说阿内尔。1870 年，他提出了《H. R. 1571》，"一个为女性政府雇员伸张正义的法案"。[②]

洛克伍德发起了一场全国请愿运动，支持此法案。美国国会在当年春天就该法案展开了争论。本来，这个法案的参议院版本是要禁止联邦政府机构在招聘和薪酬两方面的性别歧视，但是最后，众议院提出的一个弱化版本成为了法律。这一版本保障女性在最底层的联邦文员职位上的平等薪酬待遇，但是对她们获得更高级别的政府工作毫无帮助。不过，《H. R. 1571》是美国首个为女性保证平等薪酬的法律。在颁布该法律之后，财政部年收入超过 900 美元的女性雇员人数从 4% 提升至 20%——这意味着某些女性文员能挣到 3 倍于女教师甚至女校长的收入。

洛克伍德最终报名进入美国国立大学法学院学习。1879 年，她成为第一名获准进入最高法院律师协会的女性。1884 年，她以"国民权

---

① Belva A. Lockwood, "My Efforts to Become a Lawyer", *Lippincott's Monthly Magazine* (1888): 216.

② Jill Norgren, Belva Lockwood: *The Woman Who Would Be President* (New York: New York University Press, 2007), 35 - 39.

利平等党"(National Equal Rights Party）的倡导者身份参加了一次总统竞选①，该党由对共和党政府将女性议题置之不理的做法感到厌倦的女性主义者成立。4 年后，她再次竞选总统。洛克伍德的地位从乡村教师迅速上升到国会说客，再到开路先锋式的律师，这证明了早期女性主义与教职之间千丝万缕的复杂关系。许多女性正是通过教职意识到自身的才能并且开始渴望在更广阔的天地中扮演角色。然而，当胸怀大志的女性只能通过经费不足、往往还要饱受非议的教职来改善她们的生活时，公立教育失去了为教师和学生的需要谋福利的有力支持者。

在非裔美国人社区，教育之外的就业障碍令更多有才华的黑人女性——和男性——留在了课堂中。在那里，他们逐渐建立起了一整套关于教育者的政治和社会力量的崇高理想，这为后来他们对于所有教师，无论种族，都视自己为种族平等的推动者的希望埋下了伏笔。

---

① Christine Stansell, *The Feminist Promise: 1792 to the Present* (New York: Modern Library, 2010), 99.

第三章
"不逃避，不退缩"

黑人教师与美国内战后的种族提升

　　1861 年 11 月 7 日，联邦军拿下了南卡罗来纳沿岸海岛。白人种植园主抛下房子、棉花田和无数奴隶逃走。当"洋基"（联邦军士兵）接管大陆地区的消息传来，更多奴隶从南部逃出。到 2 月，12 000 名黑人集结在希尔顿海德岛（Hilton Head）、圣赫勒拿岛（St. helena）和罗亚尔港（Port Royal）上。那里有大量的潜在劳动力，还有大量的棉花，其品质相比于在内陆种植的棉花更优良、更值钱。

　　美国财政部派出了 32 岁的马萨诸塞州律师爱德华·皮尔斯（Edward Pierce）到岛上去了解如何让他们在战争中派上用场。他汇报，这些曾经的奴隶的品格给他的印象超乎预期：他们在没有主人在场的情况下收割棉花，信奉基督教，诚实又勤劳。那些摆脱了奴隶身份的人们拥有"堪称英雄的……勇气"。他总结道，他们真正需要的，是教师。在结成南方邦联的州，教 400 万名奴隶身份的男人、女人和孩子读书写字是犯罪。皮尔斯在海岛上遇到过一些识字的黑人，但他们是偷偷学会的，而且他们通常只是借与白人孩子交往的机会断断续续地学习读书。"所有适龄人员在被问询时，都表达了让他们的孩子接受读写教育以及自学的意愿。"他写道，"在这一点上，他们表现得比其他任何人都热切。"①

皮尔斯的推荐起了部分作用，这些岛成为了大政府和人称"罗亚尔港实验"②的慈善干预措施的实施地。如果赢得自由的奴隶们获得了教育以及共同照管他们过去主人的财产的权利，他们能否建立起一个正常运转、自给自足的社会呢？皮尔斯要求北方招募教师志愿者：

> 在罗亚尔港和其他地方有成千上万的有色人士，曾经的奴隶，他们现在受美国政府保护。他们是性情和善的人，乐意工作，渴望学习。在精心指导下，通过强度适中、系统性的劳动，他们能很快地种出令自己温饱有余的庄稼。但是他们在成为自给自足、独立的劳动者的第一阶段需要帮助和指引。

> 这些推动者就叫教师，但是他们的教学绝不限于智育。教学内容中包括所有关于文明的，更为重要、更为基础的课程——自觉勤勉、自力更生、节俭、深谋远虑、诚实坦率、讲卫生、讲秩序。这些内容构成了智、德、宗教的综合指导。③

在费城，一位名叫夏洛特·华腾（Charlotte Forten）的杰出青年被这一行动号召打动了。她是黑人华腾家族的第 4 代，生来就是自由身。她是曾被一艘英国战舰俘获的美国独立战争老兵詹姆斯·华腾（James Forten）的孙女。许多黑人战俘被流放到西印度群岛为奴，但是詹姆斯的聪明才智和幽默感打动了英国船长，他被释放了。后来，他拥有了自

---

① E. L. Pierce to Salmon P. Chase, "The Negroes at Port Royal: Report to the Hon. Salmon P. Chase, Secretary of the Treasury" (1862). 可于 http: //faculty. assumption. edu/aas/Reports/negroesatportroyal. html 找到。

② Willie Lee Rose, *Rehearsal for Reconstruction: The Port Royal Experiment* (Indianapolis: The Bobbs-Merrill Company, 1964).

③ Pierce, "The Negroes at Port Royal".

己的制帆公司，成了一名富人。在大部分的黑人还在遭受奴役的时候，他的后人们住上了上等住宅，享受私人教育。

到 1837 年夏洛特出生的时候，华腾家已经在费城担任了几十年的废奴和禁酒运动领袖。夏洛特的母亲在她 3 岁时去世，她长成了一个内向的少女，时常情绪消沉。从青少年时期到 20 多岁，她一直在记日记。日记体现出了她敏锐的观察力和优美的文笔，她在其中记录下了生活在两个极端的人生中的矛盾：华腾接受了她所属种族和阶级中的少女所能接受到的最好教育，见到了许多她所处时代中最重要的自由思想活动家和艺术家，并与他们通信。这其中包括诗人约翰·格林里夫·惠蒂埃（John Greenleaf Whittier）和著名废奴主义演说家温德尔·菲利普斯（Wendell Phillips），这两人都是白人。但是，华腾也感受到了行走在美国上流社会边缘（如果还算不上是在上流社会内部）的黑人自由女性的痛苦与孤独。她学生时代交往的大部分白人女孩在教室之外都拒她千里。几个密友都是与她年龄相仿或者同种族的人。17 岁那年，她写道，种族主义令她"时常为残酷的不公和错误行为感到难堪。我经常情不自禁，这种感觉会在我最快乐的时刻闯入心中，令一切笼罩上黑暗和深沉的悲伤"。她感到不可思议的是"每个有色人士都不是厌世者。当然，我们有一切理由痛恨人类"。①

华腾终其一生都为不屈服于天性中的悲观主义而奋斗。在成长的过程中，人们对她的期望是能利用自己的相对特权为其所属种族服务。因为是女孩，这意味着人们期望她从事教职。1856 年，她成为了第一个报名进入塞伦师范学校（Salem Normal School）学习的非洲裔美国人，那是贺拉斯·曼在马萨诸塞州成立的师范院校之一。虽然是在塞伦学校学习，但是华腾晚上会自学拉丁文。她将她的诗歌和散文投往《妇女家

---

① Charlotte Forten Grimké, *The Journals of Charlotte Forten Grimké*，由 Brenda Stevenson 编辑（New York：Oxford University Press, 1988），111，140。

庭杂志》（*Ladies' Home Journal*）和废奴主义报纸《解放者报》（*The Liberator*）。她的一些作品获得发表，但是华腾依然认为自己首先是一名教师，作家的身份是第二位的。"我会不遗余力，努力成为（我父亲）期望我成为的人，"她在日记中承诺道，"让自己准备好承担教师的职责，为我饱受压迫、受苦受难的同胞们多做些事情。"

华腾被任命为塞伦公立学校的第一位黑人教师，但她很快就因一次危及生命的呼吸道感染而被迫放弃了工作。美国内战爆发的时候，她回到了费城。到了 1862 年 8 月 17 日，度过 32 岁生日的华腾誓要克服疾病，在逐渐拉开大幕的战争大戏中扮演她作为一名教师的角色。她报名到新成立的一家"沿海诸岛"（Sea Islands）学校给解放了的黑奴孩童们上课。华腾预料到进入未停火战区的航行将会是对体力的一场挑战，于是她祈祷"仁慈的上帝让我保持足够的风度，在履行我的任务过程中找到无上幸福"[①]。

华腾将她在圣赫勒拿岛任教 18 个月的经历描述为"奇异、狂野的梦"[②]。在此之前，她曾对于让同胞们脱离依附和贫穷怀抱着虔诚的希望，而这个梦令她开始质疑自己的许多想法。她和其他北方志愿者及官员的妻子们同住在一间通风良好的房子里，那是一位参与叛乱的医生和他的家人废弃的房子。冬天毛毯数量太少，而且她承认，时刻生活在南部邦联军侵扰的威胁中，忍受着"极大的精神痛苦"。她的学生们的生活更不好过。他们生活在过去奴隶们住的地方，通常是有两个房间的小屋，小屋上的几个洞就权当是窗户了。冬天，空气中充满了火坑冒出的毒烟。华腾非常希望能教导他们养成现代环境卫生和个人卫生习惯，但是她也承认，在如此拥挤、没有炉子和自来水的条件下，情况很难有很

[①] Charlotte Forten Grimké, *The Journals of Charlotte Forten Grimké*，由 Brenda Stevenson 编辑（New York：Oxford University Press, 1988），376。

[②] Ibid., 390.

大改观。

　　这所学校在一座只有一个房间的浸礼会教堂内，华腾和另一位志愿者在这里管理着 140 名学生。这些学生年龄各异，有蹒跚学步的幼童，也有年过六旬、心满意足地和她的孙辈们一起席地而坐、渴望学会 ABC 的女人。华腾将他们统称为"我的门生们"①，而且一开始她为这些被解放的奴隶们的学习热情感到欣喜。"来上学对于他们来说总是愉悦又有趣，"她写道，"当其他孩子去玩耍的时候，他们来到这里。"② 但是，她发现这份工作"极其累人"③。她的一些学生年龄太小，所以他们更需要的是保姆而非教师；她给费城的慈善家们写了封信，请求他们寄来供刚学步的幼童们使用的画册。年龄稍大的孩子几个月前还在地里做苦工，他们不习惯华腾所说的"需要集中精力的智力活动"，他们需要经常性的刺激，"以确保他们没有神游天外。因此，在这里教书比在北方累多了"。④

　　华腾设计了一些课程，旨在用种族自豪感取代被奴役的记忆。她向学生们讲述了奴隶出身的海地革命者杜桑·卢维杜尔（Toussaint L'Ouverture）的事迹。"他们应该知道一个跟他们肤色相同的人能为自己种族做些什么，这是好事。"她在日记中写道，"我非常希望用勇气和抱负激励他们。"⑤ 应华腾的请求，诗人约翰·格林里夫·惠蒂埃给圣赫勒拿岛的孩子们献上了一首专门为他们而写的赞美诗：

　　　　噢，世界上从未有人
　　　　如我们一般畅快！

① "门生"，19 世纪学生的尊称，如今又重新流行了起来，在特许学校中尤甚。
② Charlotte Forten, "Life on the Sea Islands, Part I", *The Atlantic Monthly*, May 1864.
③ Grimké, *The Journals of Charlotte Forten Grimké*, 399.
④ Forten, "Life on the Sea Islands, Part I"；华腾, "Life on the Sea Islands, Part II", *The Atlantic Monthly*, 1864 年 5 月和 6 月。
⑤ *The Journals of Charlotte Forten Grimké*, 397 - 398.

我们在卡罗来纳海岸恢复自由身，

我们自由又自在……

我们不再听从赶牲口的号令声，

不再惧怕皮鞭，

这个神圣的日子见证汝的诞生，

真真切切就在眼前……①

　　华腾教孩子们唱惠蒂埃的赞美诗，还给他们看了作者的照片。这些学生的现实生活比这位诗人乐观的诗句中所写的复杂得多，但是得知这样一位重要的艺术家投身于他们的事业，这些学生们都感到"非常骄傲而幸福"②，华腾写道。那——和分享学术知识一样——是她作为一名教师的目标之一。

　　华腾在南方旅居的经历和志愿从美国东北部到西部边陲校舍去任教的白人女性在许多方面是一样的。但是，19 世纪白人传道者教师们的动力在很大程度上源自传播新教教义的渴望，以及她们对于女性应当拥有除了婚姻之外对社会有用的另一种生活选择的信念；而华腾和追随她脚步的黑人教育者们认同的是另外一种理念：她们认为享有更多权利的非洲裔美国人有责任向她们的弱势兄弟姐妹们灌输的不仅仅是知识，还有自尊心和种族自豪感。后来，威廉·爱德华·伯格哈特·杜波依斯在《黑人的灵魂》（The Souls of Black Folk）一书中系统地阐述了这种思维方式："在黑人的世界里，传道士和教师同时体现了这个种族的理想——为他人和一个更公正的世界奋力抗争的行为，渺茫的正义梦想，博学多闻的奥秘。"

---

① John Greenleaf Whittier, *Anti-Slavery Poems: Songs of Labor and Reform* (New York: Houghton, Mifflin & Co., 1888), 238 - 239.

② Forten, "Life on the Sea Islands, Part II".

对于华腾和其他黑人男青年和女青年来说，担任教职是一个勇敢的选择。在南北内战之前，反课税的南方各州议会积极抵制公立学校运动势头的蔓延，他们更愿意让白人儿童的教育掌握在家庭和教会的手中。直到 1870 年，黑人活动家们和南方各州重建时期的政客们一直在敦促每个州至少组建一个基本公共教育体系，让白人和黑人学生分别上不同的学校。然而，即使是在南方的美军驻地，推广黑人教育依然是一枚政治引雷针，白人至上主义者暴力袭击的对象。"校舍被焚烧，教师们被围攻杀害，学校支离破碎。"① 弗雷德里克·道格拉斯于 1871 年报道。

理想和信念赋予了青年教师们面对这些威胁的力量。1867 年，北方黑人大学生罗伯特·菲茨杰拉德（Robert Fitzgerald）与联邦"自由民局"（Freedmen's Bureau）签了一年的合约，在弗吉尼亚州里士满周边的阿米利亚县郊经营一所专为曾经的奴隶们设立的公立主日学校。他给 160 名年龄各异的学生教书的经历已是家喻户晓：据说，自由民们上学识字的热情相当高涨，当菲茨杰拉德越过山丘，急不可耐的学生们会跑向他，恳求他把带来的任何书籍或宗教宣传册借给他们。在近一个世纪之后，菲茨杰拉德的外孙女、民权活动家宝丽·默里（Pauli Murray）曾回忆他经常说起的一点——不仅要向学生们灌输书本知识，还要向他们灌输一种自尊感：

> 他发现……尽管他们的生活秩序散漫，但是自由民们在努力建起一所学校或者礼拜堂之后，往往会在周围定居，而且他们的习惯会立刻有所改善。他们觉得那是他们拥有的东西，而且他们对此有归属感。这在他们的生活中产生了巨大影响。他们当中的有些人需要相当一段时间才能跨过这段尴尬的距离，把称呼从"主人"改成

---

① Douglas 引用 Meyer Weinberg, *A Chance to Learn: The History of Race and Education in the United States* (New York: Cambridge University Press, 1977), 43。

"先生"。但是当他们被称呼为"女士们"、"先生们"、"门生们"的时候，立刻就用灿烂的表情作了回应。这赋予了他们新的自我形象。[1]

8 年后，在西弗吉尼亚莫尔登，一位年方十九、生而为奴的教师布克·T. 华盛顿（Booker T. Washington）也有相似的体验。他从早上 8 点一直工作到晚上 10 点，教那些被解放的奴隶的孩子们基本数学和阅读技巧，以及个人卫生习惯：如何梳理头发、经常洗澡、使用牙刷。他建了一间阅览室和一个辩论社团，夜里给工作的成年人补习，帮助村子里最有天分的黑人青年男女准备升学进入南方各地新成立且蓬勃发展的有色人种师范学校。这段忙乱的时光是"我人生中最快乐的时期"，华盛顿在《力争上游》一书中写道，"我现在觉得有机会帮助家乡的人民得到更高尚的生活……我不计报酬，几乎对此不加考虑，任何人想要学任何东西，只要我能教就会教。"[2]

许多教师都讲述过解放黑奴运动后的教育故事，他们都为辛苦工作蒙上了一层浪漫主义的色彩。对于到南方开展运动的新一代活动家们而言，20 世纪 60 年代是大好时光，而南北内战后的重建时期则是社会进步主义者们的大好时光。但是这其中还有另外一个故事是未被言明的：内战预示着在一段漫长的历史中，贫困现象根深蒂固、种族隔离、黑人教师薪酬过低、人们对于有色人种儿童的学业期望降低；在这样的情况下，黑人学校是如何建立起来的呢？

1866 年，安德鲁·约翰逊总统允许前"沿海诸岛"种植园园主们

---

① Pauli Murray, *Proud Shoes: The Story of an American Family* (Boston: Beacon Press, 1999), 179.

② Booker T. Washington, *Up from Slavery* (New York: W. W. Norton, 1901), 38–39.

收回他们的土地。黑人公有的"罗亚尔港实验"和教育终止了。许多男女自由民变成了佃农。这预示着即将到来的局面。联邦政府认可，对这些曾经的奴隶进行教育应当是内战后重建时期的重大目标，但是国会从未为此项任务划拨充足的资金，也未曾敦促各州这样做。1865 到 1877年间，即联邦军队撤离南方的时期，"自由民局"总共为南方黑人学校花费了 500 万美元。① 这些资金大部分被用于支付校舍租金，黑人社区则要负担学校运营成本的 2/3——这些成本包括教师薪水、书本和课桌成本等等。北方慈善组织和宗教团体帮助他们填补预算赤字，但是到1880 年时，慈善界对于黑人公立学校的兴趣已经大大减弱。然后，一系列的州和联邦法院判例宣告白人学校每名学生开支高于黑人学校每名学生开支属合法行为。1899 年，最高法院在"卡明诉里士满县教育局"（Cumming v. Richmond County Board of Education）案中裁决，佐治亚州奥古斯塔关闭一所黑人中学并继续运营白人中学的做法不属违宪行为。

到 1915 年，南方各州在白人孩子身上的教育开支是黑人孩子的 3倍。② 黑人学生走 5 英里才能抵达最近的黑人学校③，黑人老师得到的薪水只有白人教师的 1/3，这些情况并不少见。④ 几十年过去，受教育程度最高的非洲裔美国人们看到越来越多的财政激励与南方公立学校课堂无缘，而北方学校、黑人大学或外部教育机构的工作则利润更加丰厚。

威廉·爱德华·伯格哈特·杜波依斯一路走来，从教师变成了教授，再变成公共知识分子。但是，尽管他渴望能在整个职业生涯中继续

---

① Weinberg, *A Chance to Learn*, 43.
② Ibid., 57.
③ Ibid., 68.
④ W. E. B. Du Bois and Augustus Granville Dill, "The Common School and the Negro American", *Atlanta University Publications*, Numbers 16 - 20（New York: Russell and Russell, 1969）, 132.

参与黑人公共教育，但是他对狭隘的黑人学生和教师职业分轨制度的评论引发了争议，他因此无法参与管理美国国内最大的黑人学校系统。

杜波依斯生来就是自由身，他出生于马萨诸塞州大巴灵顿闲适恬静的伯克希尔村。他第一次仔细观察南方黑人的贫困情况是在1882年。当时还是本科生的他走出费斯克（Fisk）大学的纳什维尔（Nashville）校区探险，谋求黑人公立学校的暑期教职。为了获得州教师资格证，他报名参加了"黎巴嫩教师研修所"（Lebanon Teachers' Institute）。这个研修所白天教白人，晚上教黑人。和夏洛特·华腾一样，杜波依斯曾在一家综合性公立中学接受古典教育。一家被当成田纳西师范院校的机构只教授基础技巧，这令他感到震惊："就是分数、拼写和其他故弄玄虚的东西。"[①] 他很轻松就赢得了教师资格证，靠双脚去寻找一家愿意聘用他的学校。最后，他在田纳西州威尔逊县的租佃地区谋得了一个职位，那里的生活条件十分艰苦，杜波依斯觉得他"碰触到了奴隶制的阴影"[②]。

他寄宿在只有一个房间的黑人家庭里，在不舒适的小木屋中教30个学生。那里曾经是一位联邦部队上校的玉米储藏室，学生中包括一些已婚的年轻人。杜波依斯热爱他的小学校，而且很感激佃农家庭对他的信任。"孩子们对于他们老师的智慧深信不疑，这真是了不起。"他在1899年为《大西洋月刊》（*Atlantic Monthly*）写的一篇随笔中写道，"我们一起阅读，拼写，写一些东西，采花，唱歌，聆听山丘那头的世界的故事。"[③]

威尔逊县大部分的孩子都只是偶尔上学。杜波依斯对他们进行了家

---

① W. E. B. Du Bois, "A Negro Schoolmaster in the New South", *The Atlantic Monthly*, January 1899.

② W. E. B. Du Bois, *The Autobiography of W. E. B. Du Bois* (New York: International Publishers, 1968), 114.

③ Du Bois, "A Negro Schoolmaster in the New South", 102.

访，查清他们的日程安排，但是父母们告诉他，他们需要孩子到地里干活。即使是最聪明的学生，杜波依斯总结道，也几乎没有机会利用教育摆脱他们的出身境遇。他在《大西洋月刊》上的那篇随笔的结尾语调哀伤。虽然佃农们的孩子渴望获得知识，但是在现实中"他们柔弱的翅膀要对抗加在他们身上的樊篱——种族、青春、生活的樊篱"。①

杜波依斯和布克·华盛顿将在多年时间里辩论，对于奴隶的后代——特别是那些将要成为教师的人来说——什么样的教育才是适当的。在某种程度上，此二人都将他们自己的在校经历当作教育理论家事业的基础。弗吉尼亚汉普顿学院（Virginia's Hampton Institute）是早期的一家黑人师范学校，华盛顿曾在那里接受师范培训。1881 年，这家学院的白人创办者向亚拉巴马州推荐了华盛顿，该州当时正在寻找黑人教育家，在塔斯基吉为曾经的奴隶和他们的孩子们开办学校。华盛顿接下了这份工作，他知道塔斯基吉学院周边农村地区的黑人大部分都目不识丁、负债累累。根据他自己在汉普顿的经验，他在那里只学到相当于现代初中课程的知识，他认为他的新学生需要阅读和算术方面的基础教育，以及制砖、裁缝和木工方面的实践型职业培训——他希望能够通过这些技巧逐渐培养个人纪律性和勤劳品质。② 而杜波依斯则在哈佛和柏林大学学习。他梦想着能通过向学业上最有前途的黑人寒门子弟，也就是被他称为"有天分的十分之一"（talented ten）的孩子们提供文学、历史、数学、拉丁文和希腊语方面的古典教育，让他们"鲤鱼跳龙门"，直接从不幸的南方贫苦阶层跃入知识阶层。华盛顿反驳道："一个人可能打算进入一个群体，向那里的人们传授分析希腊语句子的技巧。此时

---

① Du Bois, "A Negro Schoolmaster in the New South", 102.
② Robert J. Norrell, *Up from History: The Life of Booker T. Washington* (Cambridge, MA: Belknap Press, 2009), 31.

的社群可能并不打算，或者并不需要分析希腊语句子，但是很可能会需要砖头、房子和货车。"①

对于"有天分的十分之一"以外的黑人人口，杜波依斯则热心支持职业教育，以及更广泛的目标：工薪阶层团结一致和建立跨种族的劳工组织。与此同时，华盛顿将他自己的孩子送到四年制的文科院校并鼓励他在塔斯基吉的学生广泛阅读，在他们负担得起的前提下进修。大部分塔斯基吉毕业生都变成了公立学校教师，而非技术劳工。所以，杜波依斯和华盛顿之间那场著名的争辩多半是关于以何为重的分歧：是让慈善家和政策制定者们聚焦于给黑人大众创造基础教育机会，还是确保较少数非洲裔美国人获得更高水平的教育。② 当回想在威尔逊县的教学经历时，杜波依斯经常提到过去的学生乔茜·道尔（Josie Dowell），一个天资聪颖、年方二十的年轻人：她曾梦想过上大学，但是最后她只能沦为家庭佣人。杜波依斯对华盛顿的怨恨有一部分是因这位塔斯基吉学院创始人获得的巨大成功而起。③ 后者成功地将世纪之交的教育慈善目标限定为职业教育慈善，这就意味着留给乔茜这样的孩子的私人资金所剩无几，他们没有机会接受更高水平的教育。当威廉·麦金利总统和西奥多·罗斯福总统、安德鲁·卡内基和约翰·戴维森·洛克菲勒对学校大加赞赏、大撒捐款的时候，更多学术型的黑人院校，例如杜波依斯任教的费斯克大学和亚特兰大大学（Atlanta University），尽管它们成功培养出了黑人律师、医生和教授，但要费尽周折才能筹集资金维持它们的核心课程。

---

① Washington, *Up from Slavery*, 72.
② 时至今日，这个问题依然是关于特许学校的辩论的关键。最好的特许学校入学率极高，但是它们仅为极小部分的低收入学生服务。
③ W. E. B. Du Bois, *The Education of Black People: Ten Critiques, 1906–1960*, ed. Herbert Aptheker（Amherst: University of Massachusetts Press, 1973）, 28; *The Correspondence of W. E. B. Du Bois*, vol. 2, ed. Herbert Aptheker（Amherst: University of Massachusetts Press, 1976）, 430.

这两位思想家的另外一个重大分歧不在于教师的角色——此二人都将传道士式的黑人教育家理想化了——二人的分歧更多地体现在黑人教师在管理课堂之前应当接受哪种类型的培训。杜波依斯将公立学校教师视为要上大学的"有天分的十分之一"的一分子。他是具有先见之明的早期批评家,他批评某些教师培训项目对教学法关注过多,导致学科知识被削弱。他写道:"这些教师们不应当仅仅接受师范教学技巧方面的培训,这是不够的;他们还必须,尽可能地开拓视野、教化男人和女人,在一个不仅是目不识丁而且对生活本身也茫然无知的民族中传播文明。"①

而华盛顿则急于让塔斯基吉学院的白人捐助者们放心,那里的黑人学生接受的不是严格的古典教育。一位名叫亨利·维拉德(Henry Villard)的德国记者,也就是《国家》(*The Nation*)杂志的发行人,同时也是西部铁路的早期投资者,至少向塔斯基吉提供了两笔小额捐款。1897年,一名学生给他写了一封感谢信,感谢他的捐赠。这封信让他感到很失望:她写道自己学习了自然哲学、古代史、代数、古典音乐、公民政府理论和修辞学。维拉德在给华盛顿的一封信中愤怒地说,这些"头脑不成熟"的黑人学生"还未准备好"吸收这种类型的课程知识;他指责这位塔斯基吉学院的创办者掩饰了他学校的真实本质。② 维拉德认为这所学校应当让女孩们专门接受家政培训,男孩们接受农业和机械行业的培训。如果是杜波依斯,维拉德的种族主义应该会让他怒火中烧,但是华盛顿从来都是个实用主义者,他很可能希望从实业家们那里弄来更多经费。他给维拉德回了一封措辞讲究的信,解释说"年轻人的奢望"让那名学生夸大了她的功课内容,"公民政府理论"是一门关于

---

① W. E. B. Du Bois, *The Souls of Black Folk* (New York: Bantam, 1903), 73.

② *The Booker T. Washington Papers*, vol. 4, 1895 – 1898, ed. Louis R. Harlan, Stuart B. Kaufman, Barbara S. Kraft, and Raymond W. Smock (Champaign: University of Illinois Press, 1975), 304.

分权的基础课程，而"古典音乐"的意思只是这个女孩在学校合唱团里唱过歌。如果亚拉巴马州法律允许，华盛顿写道，他本来是要降低塔斯基吉学院教的数学水平的。"我得说，您的批评令我们受益匪浅，"他的结束语是这样的，"为此，我感谢您。"[1]

据传记作家罗伯特·诺雷尔（Robert Norrell）称，在几次前往北方筹集经费的过程中，华盛顿几乎从未提过塔斯基吉学院的毕业生们不仅有多人在公立学校任教，而且他们还在"黑土带"（Black Belt）各地开办师范院校培训新一代的教师。[2] 塔斯基吉学院在教师培训界的广泛影响力令杜波依斯感到不安。和希望女教师在男女同校的学院中而非在不够严谨的师范学校中接受教育的北方女性主义者们一样，杜波依斯认为有前途的黑人教师本应该在正式的大学中接受更恰当的教育。他认为黑人教师应当是"有天分的人"，他们应当精通白人精英们的学习方式，这样他们才能够为黑人孩子们阐释主流规范，帮助他们"以白人世界自有的思想、行为方式和语言应对自成体系的白人世界"[3]。他担心在塔斯基吉接受培训的教师从未学习过外语，也未曾钻研过微积分学，他们还无法真正拓宽他们门生的视野。

杜波依斯写的关于教师的文章今天依然能引起深深共鸣。许多近现代教育改革者坚持认为，除非将更多的精英大学毕业生引进教师行业，否则公立学校将不会有起色。华盛顿在历史上的名声则一直是毁誉参半。特别是在 20 世纪民权运动方兴未艾的时候，许多进步主义者开始把他看成逆来顺受、妥协退让的"汤姆叔叔"式的人物。他自命为非洲裔美国人的代言人，但在寻求慈善资助的过程中，他屈从于白人种族主

---

① *The Booker T. Washington Papers*, vol. 4, 1895 – 1898, ed. Louis R. Harlan, Stuart B. Kaufman, Barbara S. Kraft, and Raymond W. Smock (Champaign: University of Illinois Press, 1975), 311 – 312.

② Norrell, *Up from History*, 97.

③ Du Bois, *The Education of Black People*, 63 – 66.

义者的臆断，质疑黑人的智力。在这一方面，他做得太过火了。"华盛顿象征着黑人的屈服和受奴役状态，"杜波依斯在 1910 年给一位朋友的信中写道，"作为这种情况的代表，手握无限的资金，他手头阔绰、出手大方，我们大部分人都必须接受这种慷慨，否则就得饿死。"①

事实上，杜波依斯和华盛顿表达的观点都变成了惯例，或者依然是教育辩论的核心。在主日学校夜间非公开讲话中，华盛顿给黑人孩子们加上条条框框，用详细、实际的建议告诉他们如何开办并维持新学校运营：新教师必须寻求当地政府部门部长们和社区组织的信任和支持；他们应当挨家挨户请求黑人家长给他们的孩子报名上学；他们应当通过野炊活动和义卖会筹集经费，将学年从 3 个月延长至 8 个月。② 一个多世纪以后，许多黑人社区内的近现代特许学校通过挨家挨户招生的方式吸引学生入学，支持"延长学习时间"的人号召（而且许多特许学校也要求）延长教学日、教学周和教学年。此二人都以国会法案的名义进行游说，这些法案旨在给那些为高文盲率地区的黑人穷孩子们服务的学校提供联邦政府补充资金。直到 1965 年，华盛顿已经去世近半个世纪，杜波依斯也已去世两年之后，国会才终于通过了《初等和中等教育法案》（*Elementary and Secondary Education Act*），实现了学习时间的延长。

在世纪之交，美国只有一个主要的公立学校系统获得联邦政府的大笔经费：就是华盛顿哥伦比亚特区的各家种族隔离学校。③ 由于国会额外拨款，在首都工作的公立学校的白人和黑人教师之间不存在收入差

---

① *The Correspondence of W. E. B. Du Bois*, vol. 1, 167.
② 他在 *The Booker T. Washington Papers* [vol. 3, 1889 – 1895, ed. Louis R. Harlan, Stuart B. Kaufman, and Raymond W. Smock (Champaign: University of Illinois Press, 1974), 549 – 551.] 中收录了 1895 年 4 月 28 日的"星期日谈话"，这里解释得最为清楚。
③ Donald Roe, "The Dual School System in the District of Columbia, 1862 – 1954: Origins, Problems, Protests", Washington History 16, no. 2 (2004): 26 – 43.

距，华盛顿特区因此变成了一块磁铁，吸引着胸怀大志的黑人教育者们。

他们当中的一人是安娜·朱莉亚·库珀（Anna Julia Cooper），她是北卡罗来纳州的一个奴隶和她的白人主人生下的女儿。在 60 年的时间里，从青少年时期直到她 72 岁退休时，库珀都在黑人公立学校和学院里教书。她在课堂中长期任教的经历是对杜波依斯和华盛顿争论的许多观点的检验。此二人为了给自己的团体争取利益，都为提高教师薪酬而进行了游说，① 然而他们经常劝告黑人青年教师要忽略他们工资的微薄，每天要面对他们工作中令人头疼的行政事务，用华盛顿所说的"传道者精神"② 去对待他们的工作。当杜波依斯的教女抱怨她任教的密西西比州农村公立学校混乱无序，称那里的人"落后愚蠢"时，他用慈爱而又严厉的语气责备她，劝她不要理睬那个学校外行的校长和其他教育水平较低的教士。"你真正要负责的对象，当然是孩子们，他们完全值得你肩负起责任，"他训诫道，"你要投入你的整个生命和精力，将他们从死气沉沉、漠不关心的状态中唤醒。"③

安娜·库珀消受不起这种奢侈的理想主义。她生而为奴，21 岁就成了寡妇，而且也没有再嫁。中年时，她实际上收养了 5 个穷孩子。所以教育不仅仅是库珀的使命，也是她一直赖以谋生的手段。因此，她在整个职业生涯中都在为争取更高的薪酬而奋斗。虽然教师工会制度直到 1916 年才在华盛顿哥伦比亚特区诞生，但是早在 10 年之前，库珀就已经在独立推广一个计划，其与在世纪之交成立的北方教师组织的计划类似，而那些组织中的成员主要是白人教师。她很早就批评智商测试的做

---

① *The Booker T. Washington Papers*, vol. 2, 1860 - 1889, ed. Louis R. Harlan and Peter R. Daniel (Champaign: University of Illinois Press, 1972), 284 - 285; *The Correspondence of W. E. B. Du Bois*, vol. 2, 139 - 140.

② *The Booker T. Washington Papers*, vol. 3, 552.

③ *The Correspondence of W. E. B. Du Bois*, vol. 2, 8 - 9.

法，反对通过行政和慈善的方式规定越来越多的穷孩子学习纯职业性课程。

库珀自己的教育在很大程度上是按照杜波依斯对"有天分的十分之一"的期望来进行的。她出生时的名字是安妮·海伍德（Annie Haywood）。美国内战进入尾声时，她才 6 岁，有幸住在圣奥古斯丁师范学校（Saint Augustine's Normal School）和罗利市高中（Collegiate Institute in Raleigh）附近。这两所学校由美国新教圣公会创办，旨在为曾经的奴隶们提供严格的古典教育。安妮很早就表现出了书写方面的天赋，很快她就受学校委托，开始辅导她的同学们了。夜晚，她会教母亲阅读和写作方面的基础知识。"我妈妈曾经是奴隶，是我见过的最好的女人，"库珀在几十年后写道，"给她解释 q's 和 g's 或者 b's 和 l's 之间的区别，那是我最快乐的童年记忆之一。"①

在圣奥古斯丁，安妮上过拉丁文、代数和几何课程。她在希腊语班上遇到了未来的丈夫乔治·库珀教士（Reverend George Cooper）。库珀夫妻毕业后都留在这家学校任教，但是这位精力充沛的青年牧师在 1879 年去世了，留下了青年丧夫的安娜·库珀。不过，她也因此成了自由之身，开始追求自己越来越大的抱负。1881 年，她申请到欧柏林去，那是俄亥俄州的一家男女同校的基督教学院。库珀肯定早就了解欧柏林的废奴主义者们的事迹，也知道它是美国少数几家接受黑人女性的白人文科院校。她渴望能继续深造——这种驱动力后来令她成为第一批获得博士学位的非洲裔美国女性之一——在她写给欧柏林校长詹姆斯·费尔柴尔德（James Fairchild）的申请书②中，这种驱动力闪耀着光彩。这封信还充斥着她当时作为一名教师对自己挣得的微薄薪水的不满（每

① *The Voice of Anna Julia Cooper*, ed. Charles Lemert and Esme Bhan (Lanham, MD: Rowman and Littlefeld Publishers, 1998), 331.

② Leona C. Gabel, *From Slavery to the Sorbonne and Beyond: The Life and Writings of Anna J. Cooper* (Northampton, MA: Smith College Libraries, 1982), 18.

月约 30 美元）：

> 能在北方的一家优秀大学选修高级古典课程，这是我诚挚的夙
> 愿。但是苦于缺乏途径，我无从下手……我现在海伍德的一家学期
> 为两个月的暑期学校任教；南方的学校发薪水十分吝啬，但是我预
> 计有足够的钱让自己在您的学院上一两年学……如果我能蒙您恩
> 惠……免除学费和杂费的话。

库珀被录取了，而且她获准寄宿在一位教授家。为了支付学费，直
到获得学士学位和后来的硕士学位，她在威尔伯福斯大学（Wilberforce
University），也就是俄亥俄州的一家黑人学院，以及罗利市的母校圣奥
古斯丁教过法语、德语和古典学。她成为"北卡罗来纳州教师协会"的
积极分子：这个协会主张为有色人种学校提供更多经费，并给黑人教师
发放同等薪酬。在一段时间里，北卡罗来纳州是南方唯一一个无论种
族，每名学生开支大致相等的州，而且这里的黑人教师平均工资与白人
教师基本相当：每年 204 美元到 207 美元，大致相当于现在的 5 028 美
元。[1]（在北方，各种族的公立学校教师可以挣到五倍于此的工资。）但
是北卡罗来纳州对于黑人教师和学校的支持取决于美国重建时期获得投
票权的黑人新选民的政治影响力。1900 年，该州议会开始征收人头税、
进行识字测验、颁布"祖父"条款，这个条款要求这些未来的选民们证
明他们有一位直系先祖曾经在 1867 年登记选举。这些做法实际上剥夺
了超过半数的黑人选民的投票权。[2] 和南方其他州的情况一样，白人为
用在黑人学校方面的公共开支而感到十分不满，直到北卡罗来纳州剥夺

---

① Robert A. Margo，*Race and Schooling in the South*，1880 - 1950：An Economic History
(Chicago：University of Chicago Press, 1990)，40, 54.

② Helen G. Edmonds，*The Negro and Fusion Politics in North Carolina*，1894 - 1901 (Chapel
Hill：University of North Carolina Press, 1951)，211 - 214.

黑人的投票权之后，该州才修改了州宪法，规定继续直接征收教育税，算是保证为白人学校提供不成比例的经费。[1] 到 1908 年的时候，杜波依斯对南方黑人公立学校进行了一次调查，他发现北卡罗来纳州的黑人教师的收入只有白人教师的 60%。黑人孩子占学龄人口的 32%，而他们得到的只有该州教育经费的 17%。[2]

库珀和其他受过更好教育的非洲裔美国人一样，选择离开前邦联，那里的黑人政治资本在美国重建时期之后减少了。1887 年，通过"欧柏林"的关系，她被聘为美国最有名望的黑人公立学校——华盛顿特区的"M 街高中"（M Street High School）的拉丁文教师。从很多方面来看，这都是一份很有吸引力的工作，尤其是相对较高的薪酬，几乎与这个国家任何地方的白人公立学校相当。夏洛特·华腾从"沿海诸岛"回来之后就在"M 街"教过书。这所学校每年都会将毕业生送入常春藤联盟内的大学。校友们都从事政府、教育、法律和医药方面的工作。1899 年，"M 街"学生在全区考试中的成绩比华盛顿所有白人高中的学生成绩都高。[3] 这所学校的教职工学历比任何华盛顿特区的白人公立学校教师的都高；有些人后来还成为大学校长和法官。

"M 街"在华盛顿西北区一幢宏伟的罗马式红砖大楼中为这座城市里日渐增长的黑人中产阶级子女服务。担任拉丁文教师的库珀在那里表现出类拔萃，1901 年她成为了校长，但她还在继续教书——这是早期女性从课堂晋升至学校领导岗位的浪潮的一部分。1904 年，当法国牧师、教育家菲利克斯·克莱因（Félix Klein）访问库珀的课堂时，

---

[1] Margo, *Race and Schooling in the South*, 37.

[2] Du Bois and Dill, "The Common School and the Negro American", 32, 50.

[3] Karen A. Johnson, *Uplifting the Women and the Race: The Educational Philosophies and Social Activism of Anna Julia Cooper and Nannie Helen Burroughs* (New York: Garland Publishing, 2000), 54. 62 名大学校长及法官: Gabel, *From Slavery to the Sorbonne and Beyond*, 28 - 29。

他发现她正带着 16 个女孩仔细阅读古罗马史诗《埃涅伊德》（*Aeneid*）。这些学生们热切地翻译着拉丁文并与她们的老师讨论维吉尔的史诗中的历史和神话。克莱因过去从未见过黑人孩子参与如此伟大的智力活动，他在后来的书中称库珀是他所见过的最有技巧的教师之一。[1] 她那严格的管束策略也给他留下了深刻的印象。她要求"M 街"530 名学生在走廊里走动的时候要像军队一样保持肃静（这在今天的"无借口"特许学校中是一种惯例）。每个教学日都以背诵"主祷文"的形式开始。

在担任全职教师的同时，库珀还以公众演讲家和随笔作家的身份在国内享有盛名。在 1893 年芝加哥世界博览会上面对黑人圣公会牧师代表大会的演讲中，她勾勒出了"有色人种女性职务"[2] 的愿景。凯瑟琳·比彻给前辈白人女性教师灌输了传道者教师的思想意识，而她要求专门给予这一思想体系内的黑人女性一席之地。"作为教师、主妇、妻子、母亲或者潜移默化的影响者，满腔热忱、训练有素的青年女基督教徒在我们的人民当中和神学家一样，是具有影响力的传道媒介。"库珀在 1890 年的一场演讲中说道，"而且我要声明，在南方发展的现阶段，她们会变得更加重要、更加必不可少。"[3]

库珀 1892 年出版的书《一名来自南方的黑人女性的呼声》是表达黑人女性主义思想的开山之作。同年，伊丽莎白·卡迪·斯坦顿发表了题为"自我之孤独"（The solitude of self）[4] 的告别演说。在那次演说中，76 岁的斯坦顿劝告所有女性接受教育并走出家庭、进入职场，以承担"对她个体生活的个人责任"。时年 34 岁的库珀则支持更加共产

---

[1] Félix Klein, *In the Land of the Strenuous Life* (Chicago: A. C. McClurg & Co., 1905), 292 - 296.

[2] *The Voice of Anna Julia Cooper*, 117.

[3] Ibid., 87.

[4] DuBois, ed., *The Elizabeth Cady Stanton-Susan B. Anthony Reader*, 247 - 248.

主义式的女性主义。她期望黑人女性为性别平等作斗争，这不仅仅是为了丰富她们自己的生活，还是为了能让她们以教师、志愿者的身份，或者在她们的家庭内"提升这个种族"。"'我是我的姐妹的守护者！'应当是这一种族的每位男性和女性衷心唱和的祈祷文，"她写道，"这种信念应当使狭隘、自私、卑劣的个人生活目的净化，升华为高尚、神圣的目标。"① 在面对"种族问题"时应当"不逃避、不退缩"②，库珀写道。斯坦顿的白人女性主义观点轻视低收入教师们；而库珀的黑人女性主义则将教师的形象理想化，将她们视为争取种族和社会平等的领袖。

库珀将这些理想付诸实践。除了教学，她还帮助建立了珍妮·亚当斯的"芝加哥赫尔宫协会"（Jane Addams's Hull House）式的社会服务中心。这个服务中心位于华盛顿的西南部，包括一所日间托儿所和幼儿园，以及一座日均喂养 60 个婴儿的"牛奶站"。志愿者们给贫穷的年轻母亲做甲方，指导她们正确的育儿方法，给成年人提供"储蓄俱乐部"、图书馆、音乐课、艺术和手工课。近现代教育改革家们，例如富有远见、创建"哈莱姆儿童地带"的杰弗里·卡纳达（Geoffrey Canada）支持提供"全包"式的社会服务，将其作为有效的学校教育不可或缺的补充部分。和这些改革家们一样，库珀将直接扶贫工作视为她的教学使命的一部分。她用"共情法"③ 这个术语来描述她探究每个学生家庭生活的做法，以更好地理解并打破她们的学业成就方面的潜在局限，例如父母失业、居住情况不好或者兄弟姐妹患病。

即使如此，作为"M街"校长的库珀的主要目标完全是以成就为导向的：让学生进入精英大学。在库珀担任校长期间，"M街"有许多

---

① *The Voice of Anna Julia Cooper*，64.

② Ibid.，132.

③ Johnson，*Uplifting the Women and the Race*，108.

毕业生被欧柏林、哈佛、布朗和耶鲁大学录取，有几名校友还获得了常春藤名校的博士学位。

黑人这种追求知识的表现在白人为主的华盛顿和某些与布克·T. 华盛顿同一阵线、支持推广黑人职业教育的人士中引起了一场道德恐慌。那些被杜波依斯冠上"塔斯基吉机器"①的联盟很早就对库珀担任校长的能力表示质疑，因为她成功粉碎了该市的白人高中校监们将该校古典课程换成更偏向于职业导向型课程的企图。1901 年，华盛顿本人亲自干预——也许泰迪·罗斯福总统本人也插手了——反对任命杜波依斯为主管该市黑人学校的副学监。② 到 1906 年时，华盛顿和杜波依斯阵营之间的斗争已经公开化。哥伦比亚特区教育委员会成员们发起了一场针对库珀的人身攻击，因为他们认为她赞同杜波依斯的"有天分的十分之一"计划。他们先是指责她没有管理能力，当这些捏造的指控站不住脚的时候，白人教育委员们又声称——这个说法应该是有问题的——她和她的青年养子有染。《华盛顿邮报》（*Washington Post*）报导了这则丑闻。③ 库珀被解雇了。

在"M 街"待了 9 年之后，库珀遭遇的这次挫折令她的感情和职业都受到了毁灭性的打击。她最终被重新雇用为这家学校的教师，但是再也无法获得上司们的全力支持了。后来，她以 66 岁的高龄获得了巴黎索邦（Sorbonne）大学的博士学位。她的博士论文开创了先河，探讨海地和法国大革命期间人们对奴隶制的态度。

在接下来的半个世纪里，职业教育主义依然是慈善家和政客们当中

---

① Du Bois, *The Autobiography of W. E. B. Du Bois*, 252 - 253.
② 杜波依斯在其 1968 年的自传（pp. 252 - 253）中叙述了这一事件，他的两位传记作者进行了深入调查：David Levering Lewis, *W. E. B. Du Bois, 1868 - 1919: Biography of a Race* (New York: Owl Books, 1994), 168 - 170; 及 Robert Norrell, *Up from History* (pp. 225 - 233)。
③ *The Voice of Anna Julia Cooper*, 9 - 13.

日渐盛行的教育改革思想体系，其推行的对象不仅仅是黑人学生，还包括东欧和南欧白人移民的子女。在北方，白人女性教师开始组织抗议行动，反对这一计划。她们的抗议点燃了美国最强大、最富争议的劳工运动：公立学校教师工会成立。

第四章

"当说客的女教书匠"

教师工会的诞生及进步主义教学法与教育效率之争

20 世纪 70 年代的一个晚上，伊利诺伊州草原城镇莫里斯，迈克尔·海利（Michael Haley）带着他的 3 个女儿坐到了镇大礼堂的第一排。他们要到那里去听一位著名的颅相学家的演讲。玛吉（Maggie）、珍妮（Jenny）、伊丽莎·海利（Eliza Haley）不太清楚内容是什么，只知道颅相学是一种很有意思的现代科学，大抵是通过检查人的头颅的隆起程度来推测人的内在品质。

她们的父亲从 10 岁就开始工作，当时他被招去当"小滑车运货人"①，把威士忌运送给成千上万正在泥泞的伊利诺伊和密歇根运河从事挖掘工作的爱尔兰劳工兄弟们。从那时起，迈克尔·海利患过疟疾，大难不死，学会做石工，还参加过争取加薪的罢工。如今，海利做起了水泥制造的生意，还挺红火，但是他希望能让他的 6 个孩子有不一样的人生。他们要上学，他们做的工作要比他当年轻松。

作为一名骄傲的爱尔兰裔美国共和党人，迈克尔·海利相信乌托邦式的社会主义和法律面前人人平等的承诺。②所以，那天晚上，当那位颅相学家开始滔滔不绝地对女性投票权运动领导人苏珊·布朗奈尔·安东尼进行反动攻击时，海利做了一件让他的女儿们震惊又尴尬的事情。

他让她们在那位演讲者和观众们的众目睽睽之下，大步流星地走出了会场。就在外面，他让3个女孩排好队，对她们讲了一番严肃的话。"我不认识苏珊·布朗奈尔·安东尼，而且我觉得我永远也不会认识她。"他说，"但是，她是一个为了一项事业，一项正义事业而奋斗的女人，我不会允许我的孩子们听一个半吊子的蠢蛋嘲笑她。"③

30年后，苏珊·布朗奈尔·安东尼会把海利最大的女儿玛吉称为"亲爱的朋友"④，并公开向她致敬，感谢她将自己在20世纪50年代发起的斗争继续发扬光大：成立由女教师组成的女权组织。作为国内第一个完全由教师组成的工会，"芝加哥教师联合会"最著名的领导人，玛格丽特（玛吉）海利办到了安东尼没办成的事情。她为女教师们争取到了更高的薪酬和重要的政治力量，这在很大程度上是因为她足智多谋，与男性工会结为同盟，这就仿佛劳工组织在19世纪与20世纪的世纪之交力量大爆发。安东尼去世7年后，1913年，海利还为成功获得伊利诺伊州女性投票权发挥了关键作用。

但是，玛吉·海利首先是一名教师。16岁的时候，她从一家天主教女子寄宿学校毕业，然后在乡村任教数年。她每月的收入只有35美元⑤，这让她感觉很沮丧（她认为她应该得到40美元），而且渴望能改进教学方法。于是，她进入有名的库克县师范学校（Cook County Normal School）就读。在那里，她与被约翰·杜威称为"进步主义教育

---

① Kate Rousmaniere, *Citizen Teacher: The Life and Leadership of Margaret Haley* (Albany: State University of New York Press, 2005), 4.

② Ibid, 7

③ Margaret A. Haley, *Battleground: The Autobiography of Margaret A. Haley*, ed. Robert L. Reid (Champaign: University of Illinois Press, 1982), 13.

④ *The Selected Papers of Elizabeth Cady Stanton and Susan B. Anthony*, vol. 6, "An Awful Hush, 1895 – 1906", 239.

⑤ Haley, *Battleground*, 20 – 21.

之父"的弗兰西斯·韦兰·帕克（Francis Wayland Parker）一起学习①。身为美国内战老兵的帕克认为教师不应该无精打采地照本宣科，而应该创作他们自己的教学单元和教案，而学生则应当上艺术、音乐和戏剧方面的课。海利身后留下的回顾教学经历的书面材料寥寥无几，但是她确实为自己能成为以帕克为中心的学术群体当中的一分子而自豪，后来这个群体又吸纳了她尊敬的其他教育界领军人物，例如杜威和支持进步主义的芝加哥学监艾拉·弗拉格·扬（Ella Flagg Young）。

1884年，海利被亨德里克斯学校（Hendricks School）聘为六年级教师。这所学校位于芝加哥南区臭气熏天的帕金顿（Packingtown）街区，这个地区因厄普顿·辛克莱（Upton Sinclair）揭发屠宰场丑事的小说《屠场》（*The Jungle*）而名载史册。在那里，她每个月的收入终于达到了40美元②，但是和许多芝加哥教师不同，她开始觉得她的薪酬被压得太低了。芝加哥是一个欣欣向荣、日渐壮大的城市；1890年至1904年间，它将吸引83万名居民。③ 在1893年经济崩盘之后，商业再度繁荣。这座城市是蓬勃发展的改革景象的发源地，这种景象的驱动力来自社会科学和进步主义政治方面的创新思维，其中大部分源于刚刚建立的芝加哥大学。然而，如果你看看这座城市的学校，是一点都察觉不到这种情况的。海利的学生们——40到60个学生挤在一间教室里，有时候桌子和椅子会不够用——是爱尔兰裔和德裔屠夫们的子女；有些学生几乎不会说英语，而且在没有童工法的情况下，大部分学生十一二岁就得永远离开学校参加工作。随后每年的学生人数都会增加，这些来自意大利、俄

---

① Larry Cuban, *How Teachers Taught: Constancy and Change in American Classrooms*, 1890 – 1990 (New York: Teachers College Press, 1993), 39 – 41.

② Haley, *Battleground*, 22.

③ Andrew Wender Cohen, *The Racketeer's Progress: Chicago and the Struggle for the Modern American Economy*, 1900 – 1940 (Cambridge, UK: Cambridge University Press, 2004), 19.

罗斯和波希米亚地区的学生给芝加哥公立学校造成更加难以应付的局面。然而，小学低年级教师——其中 97% 是女性——的年收入 20 年都没变过，一直都是 500 美元（大约相当于今天的 13 300 美元）。教育系统的预算捉襟见肘，以至于教师们有时候拿不到工资，而只能拿到承诺今后再发工资的"白条"。[1] 教师们只好费尽口舌，让杂货商和房东们接受这种"白条"来代替现金。教育政策是由市长任命的教育委员会制定的，而委员会成员们则是芝加哥商界和传媒界精英极力游说的对象，他们反对为外语课等"流行一时的花架子"纳税。《芝加哥论坛报》（Chicago Tribune）发表社论，反对让"工人阶级的子女们"为上大学做准备的荒谬想法，并且将针对穷学生的暑期学校课程称为"诱惑人的奢侈品"。[2] 芝加哥的情况和世纪之交的美国其他城市差不多。全国各地的著名教育改革家们，例如哥伦比亚大学哲学教授尼古拉斯·默里·巴特勒（Nicholas Murray Butler），也就是后来"教师学院"（Teachers College）的创始人进行游说，建议以接受过大学教育的官僚们制定的教育政策代替教师和政客对课程设置的看法。这些行政进步主义[3]者与商界领袖结成联盟，后者喜欢自上而下的、专家式的学校管理，但是又强烈反对为资助公立教育而缴纳更高额的税款。

在芝加哥，最有名的改革者是威廉·雷尼·哈珀（William Rainey Harper），也就是芝加哥大学的校长。哈珀是市政委员会的主席，这个

---

[1] John McManis, *Ella Flagg Young and a Half Century of the Chicago Public Schools* (Chicago: A. C. McClurg and Co., 1916), 62-63.

[2] Herrick, *The Chicago Schools: A Social and Political History* (Beverly Hills, Sage Publications, 1971), 73-74.

[3] 关于如何界定"进步主义"教育的辩论已经持续了一个世纪。那些希望能控制芝加哥和纽约等城市女性教师影响力的改革者们认为他们自己是"进步主义者"，因为他们认为他们是在将现代高效商业方法运用于无序扩展、低效的教育系统。不过，他们的行政管理进步主义与弗兰西斯·韦兰·帕克和约翰·杜威支持的教育学进步主义是截然不同的。赫伯特·克里伯德（Herbert Kliebard）的著作《美国课程设置之争》（*The Struggle for the American Curriculum*）对这些思想派别给出了明确的定义。

委员会肩负着将公立学校的课程、教学和管理结构集权化的任务。和哈佛校长查尔斯·威廉·艾略特一样，哈珀认为贺拉斯·曼提出的教职女性化是一个重大失误。他带领的委员会希望能冻结原本已经计划好要给女教师们涨的 50 美元年薪，称该市应当优先雇用和提拔男性教育者。[①]当一个女教师团体向他投诉时，哈珀的回应是她们的收入能和他妻子的女佣一样就该高兴了。

在这些事件的推动下，1897 年，"芝加哥教师联合会"成立，它就是今天的"美国教师联合会"的前身。"全美教育协会"的成员苏珊·布朗奈尔·安东尼曾将纽约女教师组织起来，这个组织的历史可以追溯到 1857 年，成员包括教师、行政官员甚至大学教授和校长。"NEA"（全美教育协会）的行事风格是温和的，它调查教育情况并以礼貌的方式倡议提供教育经费。而"教师联合会"则从一开始就是完全不同的类型：这是一个效仿芝加哥教师的父兄们所属的工会而建立的军事化组织。

教师联合会的目标是以激进的方式提倡为教师加薪并争取教学计划和学生训育方面的自由；教育改革者们认为没接受过大学教育的女性没有资格在她们的课堂中做出自主选择，而该组织则力求抵制他们带来的影响。"教师联合会"于 1897 年 3 月 16 日举行了她们的第一场会议，到 6 月时，该组织已经吸引了超过 2 500 名成员，约占小学教师队伍的一半。两年后，她们精心组织了一次跨越芝加哥各社区的活动。在此次活动之后，玛格丽特·海利向位于斯普林菲尔德的伊利诺伊州议会呈上了一份经 5 000 人签名的请愿书，抗议威廉·雷尼·哈珀的教育改革法案。该州议会本来要授予学监聘用和解聘社区学校教师的专有权利，停止涨教师工资，并对芝加哥的所有孩子进行分轨教育——让他们进入职

[①] Haley, *Battleground*, 35.

业型或学术型院校，这样就会把他们都隔离开了。这项法案被否决了。教师工会主义变成了美国公民生活中的一股强大势力。

凯瑟琳·戈金（Catherine Goggin）长期担任教师联合会主席。在就职典礼上，她为这个组织勾勒出了一幅愿景，它不仅是一个教育组织，还是一个政治组织：

> 教师联合会应当有一个更为广阔的前景，应当考虑与开启民智相伴相生的全部因素。它提供的支持应当是强大的帮助，它不赞同的意见也应同样有力。它应当如此培养民众的心态：让企图贬损公众心目中本市教师形象的报纸立刻尝到苦果——发行量下降，广告栏变空。[1]

戈金对该市的资本家们不加掩饰的威胁——他们应当支持教师或者出资——抓住了早期教师工会主义的精髓。“二战”前为女性教师争取权利的活动是由和安东尼一样出身于具有相对特权、受过良好教育的家庭的女性领导的；这种活动是先天不足的。而以爱尔兰裔天主教徒为主的教师联合会则更加具有工人阶级政治直觉。在担任教师联合会业务代表的时候，身高 5 英尺、长着一双锐利的蓝眼睛的海利是工会大人物，人们称她为“女性劳工重击手”[2]，她敢敲市政厅和州议会大厦里那些有头有脸的人物的头。在世纪之交，在女性甚至还不能投票之前，看到女性教师组织成一支战斗力量为加薪而斗争是一件惊世骇俗的事情。《芝加哥纪事报》编辑部的反应能代表通俗报刊对这一现象的反应：他们称教师联合会争取加薪的要求鲁莽荒谬，还抗议“当说客的女教书匠

---

[1] Herrick, *The Chicago Schools*, 98.
[2] 玛格丽特·海利的这个绰号是由芝加哥市长威廉·“大比尔”·汤普森这位共和党人创造的。

给人留下的印象很糟糕"①。对教师联合会冷眼旁观的《亚特兰大宪政报》(*Atlanta Constitution*) 质问道："工会主义让姑娘们变得男性化了吗?"②

海利似乎乐于见到这样的批评。她自认是一个骄傲的"爱尔兰斗士",也是一个女性主义者："为了赢得基本的正义,女性必须动用智慧,有时甚至要动用武力去斗争。"她在她的自传《战场》(*Battleground*) 中写道,"如果你生来没有自由,你所在的群体没有自由,大众没有自由,那你就必须为之抗争——而且必须奋力抗争。"③

海利的斗士姿态并不总是符合教师工会运动的长远利益。但是在芝加哥教师联合会诞生之时,她精心策划了几次行动,取得了令人叹为观止的政治胜利。1900 年,38 岁的她请了假,这一去,她就永别了课堂。她要去调查在 19 世纪 90 年代晚期经济繁荣的局面下,芝加哥市为何会声称本市资金不足,无法取消对教师工资的限制并保障她们新成立的养老金体系。在埋首研究伊利诺伊州税收、企业和房地产法律细节之后,海利发现了两个令人震惊的事实。第一,根据《1787 年西北土地法令》授予公立学校系统的土地已经被芝加哥教育委员会以远低于市场价的价格出租给该市的一些大企业,租期长达 99 年,而且几乎没有机会重新估计这些地产的真实价值。比如《芝加哥论坛报》就用市场价的一半从教育委员会那里拿下了地段理想的卢普区 (Loop district) 的地皮,用作该报的总部。④《芝加哥每日新闻报》(*Chicago Daily News*) 也做了类似的"暗箱交易"。当教师联合会公布教育委员会主席还是《论坛报》的

---

① Herrick, *The Chicago Schools*, 103.
② Frank G. Carpenter, "Women Taking Part in Labor Movement", *Atlanta Constitution*, May 15, 1904.
③ Haley, *Battleground*, 3 - 4.
④ Hannah Belle Clark, *The Public Schools of Chicago: A Sociological Study* (Chicago: University of Chicago Press, 1897), 58 - 60.

律师的时候，这些低价交易成了一桩丑闻。总而言之，如果芝加哥公立学校拥有的市中心地皮得到妥善管理的话，每年这一块能带来 2 亿美元的租金①，这本来不仅可以用来给教师加薪，还可以改善芝加哥公立教育的各个方面。虽然教师联合会没能成功按照这个猜想提高租金，但是其针对此事而发起的运动在早期吸引了该市富有影响力的善政改革者们，例如"社区服务中心斗士"珍妮·亚当斯和社会主义记者卡尔·桑德堡的支持。

　　海利的第二个重大发现对芝加哥公立学校的启示更加深远，她也因此赢得了美国各地平民主义进步人士的敬佩。她发现伊利诺伊州没有执行该州自己的企业税收法律。7 大以营利为目的的公用事业，包括有轨电车、天然气、电力和电话公司，都没有为它们的企业特许经营权缴税，导致该市损失了上百万美元的收益。1900 年 10 月 29 日，教师联合会举行了一场激动人心的大型会议，会上该组织公布已经提起诉讼，逼该州征收这些税。成百上千的教师和其他有利害关系的市民齐聚市中心的中央音乐厅。会议上群情激愤。女性活动家们控诉男性商人在过去几十年间明知故犯、偷税漏税，而政客们则睁一只眼闭一只眼。在海利对伊利诺伊州 30 年税收的历史情况进行详尽报告之后，神色庄严的珍妮·亚当斯起身，用更加发自肺腑的感性措辞描述了这场斗争。额外的税收收益不仅能用于给教师加薪，她说，还可以用于改善公共卫生、保护贫困儿童的健康。商人偷税漏税，"财产……就失去了它的道德价值"，亚当斯说道。她呼吁整个群体团结起来，"唤醒（商人们）的义务感，让纳税看起来名正言顺——因为，我猜在很多人看来，如果偷税漏税是为了股东利益，那么就是正当之举"②。

---

① George S. Counts, *School and Society in Chicago* (New York: Harcourt, Brace and Company, 1928), 97.

② "Minutes of Mass Meeting of the Teachers Federation at Central Music Hall, October 29, 1900", 27, MH/ CTF archives.

芝加哥的文化领袖们对亚当斯话里的政治意味心领神会，他们对教师联合会的税收斗争表达了满腔热忱。伊丽莎·艾伦·斯塔尔（Eliza A. Starr），研究文艺复兴艺术的作家和演说家，为海利"于财阀统治在我们的土地横行无忌的局面下力挽狂澜的英雄壮举"而向其致敬。童书作家露西·菲奇·珀金斯（Lucy Fitch Perkins）对海利和戈金说："你们令我想起了摩西和亚伦，而且我坚信你们将带着以色列人的孩子们和你们一起穿过这片'红海'。"① 芝加哥交响乐团大力宣传 1901 年 1 月的音乐会，为教育联合会募集诉讼费。教师工会主义已经形成（至少暂时形成了）一股风潮。

1901 年 10 月 1 日，伊利诺伊最高法院裁定芝加哥公用事业公司必须补缴税款，这笔钱后来的估值为 230 万美元。联邦法庭将补缴税款减至每年 60 万美元，其中近 25 万美元会缴给芝加哥教育委员会。教师们赢回了工资。这是海利和早期教师工会主义运动的一次大胜利。不久，她走遍全国，敦促课堂中的教师们在各处组织活动。当威斯康星州教师联合会安排时间让她做一场演讲时，他们在宣传中将海利描述为"个子小，胆子大，带领芝加哥教师们成功反击偷税漏税的伊利诺伊州企业。她是出类拔萃的演讲家，威斯康星州的每位教师都应当听听她的讲话"②。《芝加哥论坛报》对教师组成工会的行为抱有敌意，而为该报工作的记者威廉·哈德（William Hard）则跟他雇主的态度不同。哈德以自由作者身份给《时代》杂志（Times）写了一篇文章，赞颂"反抗者玛格丽特·海利"。在两百万芝加哥人中，"只有一个人，一个女人，下定决心改正大错"，他在评价税收斗争时写道，"我不在乎海利小姐做过哪些其他事情，在那个时刻她的确做成了一件大事。"③

---

① Eliza A. Starr and Lucy Fitch Perkins to Margaret Haley, published in "Souvenir Programme" for CTF fund-raiser, January 18, 1901. MH/CTF archives.
② Wisconsin Teachers Association Meeting Program, December 1903, MH/CTF archives.
③ William Hard, "Margaret Haley, Rebel", *The Times Magazine*, January 1907: 231–237.

1904 年，当女性投票权运动中的一位领导人哈丽雅特·泰勒·厄普顿（Harriet Taylor Upton）请海利帮忙联系全国各地新加入组织的教师们参与她们的斗争来争取投票权时，海利欣然照办了。[1] 信奉行动主义的她深信，没有投票权，女教师在政治谈判中就永远都只能屈居下风，因为她们无法用投票来支撑她们的政治选择权。但是，海利没有坐等投票权斗争的胜利，而是在 1902 年做了一个非常具有争议的决定：锐意革新的律师克拉伦斯·达罗（Clarence Darrow）和尤金·德布兹（Eugene Debs）等工会领导人一样欣赏教师联合会，在他们的引荐下，海利带领着她的女教师组织加入了以工人阶级男性为主的"芝加哥劳工联盟"（Chicago Federation of Labor）。[2] 芝加哥劳工联盟的投票和游说能力将有助于增强教师政治选择权。芝加哥教师联合会也向美国劳工联盟（American Federation of Labor）申请了特许证，后者的领导人是塞缪尔·冈珀斯（Samuel Gompers），他正在与美国民主党建立深厚的联系。

1869 年，当苏珊·布朗奈尔·安东尼建议印刷店培训女性替工以响应排字工人罢工的时候，她就在女性运动和隶属工会的工人之间播下了不信任的种子。33 年之后，虽然女教师们往往都是强硬的女性主义者，但是她们对于男性手工业者的威胁小多了；男性工会成员们没有资格也没有兴趣担任小学教职，而且和教师们联手，美国劳工联盟可以干预城市教育政策制定，这能影响到工会成员们的子女。但是，虽然女性教师工会成员和男性工会领导人认为建立分会对双方都有好处，但是他们的合作令这个芝加哥组织左右为难，加入工会的教师能在以工人身份为她们自己的利益而奋斗的同时，为这座城市的孩子们争取教育利益吗？这两者的优先顺序是否互相矛盾？

---

① Harriet Taylor Upton to Margaret Haley, October 19, 1904. MH/CTF archives.
② Hard, "Margaret Haley, Rebel", 234.

1902 年秋，在教师联合会和芝加哥劳工联盟联手的情况下，芝加哥儿童组织也发起了一场声势浩大的抗议行动，此次行动似乎是以工会政治活动为榜样的。学监埃德温·库里（Edwin Cooley）正在发起一场运动，目的是实现芝加哥教育系统的集中管理和专业化。[1] 作为这场运动的一部分，他将两名女校长换成了男校长，并将数名受欢迎的女教师调离她们长期工作的学校，因为她们可能会跟与她们同一种族的学生和家长（通常是爱尔兰人和捷克人）走得太近。按照教师花在工作上的时间来给报酬，这已经是城市校区的现行政策，但是和其他改革者一样，库里不想这样做，他想将教师晋升和加薪与她们的书面考试成绩以及由校长们进行的"效率"评估联系起来。他还要扫清这座城市街道上的逃学儿童，让许多不习惯课堂上那一套的新学生进入本就人满为患的工薪阶层小学。

教师联合会的活跃分子简·麦基恩（Jane McKeon）是安德鲁·杰克逊学校的一名老教师，她和附近以爱尔兰人为主的"西区"社区私交很深。她的班上有 55 名孩子。万圣节那天，她开除了班上一个原来是逃学儿童的学生，以示对其说脏话行为的惩戒。[2] 当新上任的男校长将这个闹事的学生送回课堂时，麦基恩拒绝让他进去。于是，她被停职30 天，并且没有薪酬，然后被告知她将被调往其他学校。

一周之后，安德鲁·杰克逊学校的学生走出学校游行示威，力挺麦基恩。[3] 这些学生说，除非他们的老师恢复原职、永远不会被调走，否则他们就不回去上课。《芝加哥论坛报》第三版上的一幅大照片展示了

---

[1] Marjorie Murphy, *Blackboard Unions: The AFT and the NEA: 1900 - 1980* (Ithaca, NY: Cornell University Press, 1990), 7 - 10.

[2] "Teacher Refuses to Quit", *Chicago Daily Tribune*, November 1, 1902. 要研究这一事件，不可避免地要提到 Murphy, *Blackboard Unions: The AFT and the NEA*, 7 - 10。

[3] 在 "Board Suspends Woman Teacher" 一文中得到报道，*Chicago Daily Tribune*，1902 年 11 月 9 日；以及 "School Rioters May End Strike", *Chicago Daily Tribune*, November 7, 1902; Murphy, *Blackboard Unions* 一书也对其有所描述。

一群脸蛋胖乎乎的示威者在他们学校大门集会的情景。"我们要的是麦基恩老师……其他人都不行。"一个头发上戴着大蝴蝶结的女孩对《论坛报》说。一个戴着报童帽的男孩说:"不把她找回来,我们就不回去。"① 麦基恩请来的一位律师,说她是因为工会成员身份而遭到报复。在一篇社论中,愤怒的《论坛报》无视大到难以管理的班级规模,指责管教不严的"西区"父母们造成的动荡局面:这些家长中有些人支持"正在安德鲁·杰克逊学校上演的无聊又滑稽的场面",来"一点硬气"对这个"阴柔"的地方有好处——大概就是让更多男教师施以适当的管教。这份报纸敦促教育委员会坚决执行让麦基恩停职的命令,上面写道:"雇用一个人意味着这个人要来工作,而不是来争辩。教育系统不是辩论协会。"报纸质疑教师们"带着小孩子和她们一起造反……我们芝加哥需要的是能和教育委员会和谐共事的教师队伍,做不到的人就出局。暴动分子完全不适合当年轻人的导师"。② 最后,学生抗议者们回到了课堂,而麦基恩则拒绝了分配给她的新职务并从教育系统辞职了。

1905 年,工会教师们还在传媒界引发了另一场道德恐慌。当时,教师联合会成员们和 35 000 名"卡车司机兄弟会"成员们团结一致、游行示威,争取对"只雇佣工会成员的商店或企业"的权利。卡车司机兄弟会成员罢工的目标是马歇尔·菲尔德百货(Marshall Field)、西尔斯百货(Sears)、蒙哥马利·沃德公司(Montgomery Ward)等受关注度高的百货公司。此次示威时间长达 105 天,过程中有 415 人受伤、21 人丧生。卡车司机兄弟会会员们控制了城市街道,以阻挡代替他们的卡车司机,不让他们在市中心的商店间运送货物。有些替工是黑人,有几个人遭到了野蛮殴打。自由党杂志《哈珀周刊》(*Harper's Weekly*)和《国家》杂志将此次罢工比作"恐怖的法国大革命",把卡车司机兄弟会成

---

① "Calls Teacher a Victim of Plot", *Chicago Daily Tribune*, November 12, 1902.
② "Enforce the Decision", *Chicago Daily Tribune*, November 14, 1902.

员们比作暴徒。[1]

对于上层中产阶级，甚至是那些开明的政治家来说，女教师们会愿意参与到这种运动中来是令人完全不解的事情。《论坛报》担心，教师联合会成员和有时候会采取暴力措施的卡车司机兄弟会成员结成联盟，她们会教 24 万名芝加哥学童"暴动、反抗宪法权威、不尊重法律、侵犯私人和公共权利"[2]。芝加哥作家大卫·斯温·维克（David Swing Wicker）对早期教师工会行动主义作出了最公允的（也是最有先见之明的）评论。在给聚焦国家改革的期刊《教育评论》（Educational Review）写的一份报告中，维克称，教师联合会成员们对库里学监教师评价计划的抗议否定了一个事实："教师不是天生的"，而是在高质量的培训和监督下"培养出来的"[3]。《斯克里布纳杂志》（Scribner's Magazine）的编辑们赞同这个看法。他们认为和劳工结成联盟的教师目光短浅，因为"工会主义的根本原则，其最致命的原则……就是让个人发展屈从于能力平均化。这个原则从根本上来说是与教育或职业生活的独立或进步相抵触的，这些芝加哥教师们要通过她们变成'工会分子'的举动来坚持这个原则吗"?[4]

的确，教师工作和工会里的许多其他工种不同。在教育工作中，糟糕的表现会立刻将儿童的福祉置于险境。然而，虽然海利和教师联合会组织起来反对库里的教师评价计划，但她们没有提出任何替代方案，无法考评教师成绩从而将表现优秀者和表现不佳者区分开。库里提议让教师参加测验，并按绩效发工资，他认为这不仅仅是一种奖励最佳从业者

① Cohen，The Racketeer's Progress，136.
② "Teachers of Sedition"，Chicago Daily Tribune，June 8，1905.
③ David Swing Wicker，"The School-Teacher Unionized"，Educational Review，November 1905：371.
④ "The Point of View：A Radical Departure in Unionism"，Scribner's Magazine，June 1903：763-764.

的方法，还是避免全面提高教师工资的策略。为了防止预算削减，教师联合会提出，教师工资的首要发放依据应当是工作时间。[①] 海利和她的组织在教育系统的许多优先事务方面实际上是赞同库里和他在芝加哥大学的盟友的意见的，例如设置更多艺术和音乐课程并修建操场。但是，考虑到此二人对女教师带有性别歧视的假设——她们永远都不应该成为校长，而且工资应当比男教师低——教师联合会没有与他们在这些领域合作，而是采取了全面敌对的态度。

1909 年，一位名叫海伦·托德（Helen Todd）的芝加哥工厂检查员对 500 名从公立学校辍学的童工进行了非正式调查。[②] 当她问孩子们，如果把经济需要摆到一边，他们是愿意在工厂工作还是上学时，412 人选择了工作。他们将学校描述为无趣的地方，那里充满种族偏见、体罚[③]，还有无聊透顶的死记硬背。典型的城市贫困儿童感觉学校是“只有残忍”和“羞辱”的地方，托德总结道，难怪他们成群结队地辍学，其中有些人变成了诚实的劳动者，有些人变成了罪犯。

托德的研究是不科学的，而且世纪之交有 3 万名芝加哥儿童从未报名上学[④]，有鉴于此，有人质疑童工是否可能对课堂实践作出可靠的判断。然而，在美国各大城市风雨飘摇的时代，像托德这样揭发丑闻的报告颠覆了典型的美国信念：公立教育能缓解贫困造成的伤痛；只要学校和教师能做得更好，童工和青少年犯罪等问题就能得到解决。作家兼摄影师雅各布·里斯（Jacob Riis）因在 1890 年首次出版的《另一半人如何生活》（How the Other Half Lives）中对纽约贫民窟生活的透彻描述

① 绩效工资和预算削减通常的确是密切相关的。当亚特兰大于 1915 年实施教师绩效工资时，该区的整体教师工资减少了 15 000 美元。
② Helen M. Todd, "Why Children Work", McClure's, vol. XL, 1913: 68 - 80.
③ 凯瑟琳·比彻曾经预言，如果女教师取代男教师，那么体罚就会终结。情况并非如此。
④ Herrick, The Chicago Schools, 86.

而出名。他采访了从未上过学、整日窥视社区里的妓女们或者在血汗工厂中做苦工的男孩们。里斯写道，这些人大部分都是移民的孩子，他们的种族贫民区就是他们的根。他们从未去过"中央公园"，也未曾看一眼"布鲁克林大桥"这样的建筑奇迹，尽管只要五分钟就能走到那里。[1] 里斯承认移民儿童的生活受到一系列因素的局限。美国政府对童工现象疏于管束，严重依赖于过度扩张的当地慈善机构，由这些担负劝人皈依的宗教使命的机构给穷人提供医疗保健和工作培训。当时没有《住宅卫生法》，负责鼓励童工们报名入学的劝学员也少之又少。然而，和今天的许多改革者一样，里斯认为教师是一个孩子能否摆脱贫困的决定因素。在 1892 年的著作《穷人的孩子》（The Children of the Poor）中，他写道，学校是"我们面对摇摇欲坠的旧公寓大楼和从中涌出的会将我们吞没的无知洪流的主要屏障……教师的个人影响力对儿童问题的处理有举足轻重的作用。它会跟着孩子进入到家庭中，而且往往会在生活中传给第二代、第三代，通过各方面的建议和援助让困苦之路变得平坦"[2]。

尽管有哗众取宠之嫌，但是许多以揭发丑闻的形式对公立教育进行的批评不无道理。课堂人数过多意味着学校对逃学现象确实视若无睹，有时候学校甚至劝退才 7 岁大的不听话的孩子，让他去找工作。[3] 一个小学就辍学，或者从未报名上学的孩子很有可能最后就是在工厂车间里和危险的大机器打交道，或者在街上面对恶劣的天气、受伤寒病菌感染的水龙头和疾驰的有轨电车卖报纸或者其他商品。

1905 年，当珍妮·亚当斯被支持改革的芝加哥新任市长爱德华·

---

① Jacob A. Riis, *How the Other Half Lives* (New York: Charles Scribner's Sons, 1890), 183.

② Jacob A. Riis, *The Children of the Poor* (New York: Charles Scribner's Sons, 1902 edition), 127.

③ Herrick, *The Chicago Schools*, 66.

邓恩（Edward Dunne）派往该市教育委员会时，她热切地希望能让教育系统意识到这些更大的社会问题，特别是辍学问题。不过，简·麦基恩等教育联合会的教师们一直以来都秉持更务实的观点：如果问题儿童被允许留在课堂中，他们会对行为端正的同龄人的学习造成威胁。亚当斯赞同教师联合会的意见，教师应当对教材采购和课程建设有更大的影响力；但是她也认为应当有更多正式的教师能力测试，毕竟有些教师只接受过小学教育。"大公立学校系统总有一种风险，那就是教师们失去了灵活性和开放的思维，"她写道，"许多教师显然已经变得古板而冷漠。"① 当海利意识到亚当斯不会完全支持教师联合会的计划时，她开始用嘲弄的口吻称呼这位社会改革家"和事佬珍妮"②。

虽然亚当斯完全是出于善意，但是她对库里学监的教师评价计划的支持很有可能是错误的。库里企图避免让教师了解教师评价报告③，这意味着，作为改善课堂实践的工具，这个系统是毫无用处的。随后教育委员会对秘密评价进行了调查，发现有些得分很高的教师——达到 95 分或者更高——并没有得到加薪和升职的机会，而分数较低的教师却因为对行政官员的忠诚而获得奖励。珍妮·亚当斯发现教育委员会沮丧到了极点。她无法从中斡旋来改善教学质量，或者缩小班级规模以更好地为问题儿童服务。芝加哥教育的政治性太强，似乎已经无可救药，改革措施因行政管理无能和教师工会的反抗而处处受阻。

1909 年，邓恩校长任命更支持改革的人士进入芝加哥教育委员会，他们聘请了一位学监，希望她能突破这些分歧。这位学监就是教师培训

---

① Jane Addams, *Twenty Years at Hull-House* (New York: Macmillan Company, 1910), 332.

② Haley, *Battleground*, 103.

③ Herrick, *The Chicago Schools*, 105 - 106.

方面的专家艾拉·弗拉格·扬。

在成为美国首位主要学校系统的女性领导人时，扬已经名声大振。她是一位娇小精致、极度认真、头脑机敏的女性，丈夫比她年长许多，在扬才二十几岁的时候就去世了。在担任几年教职之后，她在该市的第一高中管理师范部门。在那里，她尝试过送 13 岁的女孩们到该市一家最糟糕的小学去接受 6 个月的培训，让她们变成合格的教师。但是，这些师范生当中有许多人只在落后的语法学校中接受过教育，还不足以胜任困境中的移民儿童的教师一职。当扬尝试将能力不足者从培训项目中剔除掉的时候，她发现市政官员在保她们，原因往往是她们的父母在政界有关系。①

扬继续当了 30 年知名小学校长，然后又担任学区副学监。她有许多惊人的超前理念。② 她不赞成手下的教师们布置家庭作业，理由是条件更好的学生会向他们的父母求助，而来自教育程度较低家庭的孩子则会越来越落后，导致我们今天说的"成就差距"。她注意到一些贫困儿童到校时一身邋遢，于是创办了学校澡堂，并且尽她所能缩小班级规模，让班级学生人数从 70 人减少至 54 人。③ 她反对使用"大熔炉"这个词来描述有大量移民的芝加哥学校，因为她认为这个说法令孩子们的个性特征模糊不清，而且不尊重他们的多样文化。④ 此外，在她看来，教授正规英语大概是学校系统至关重要的责任，而且她为许多教师缺乏良好的语法和写作技巧而感到震惊。

政敌们后来将扬和全国各地其他支持改革的教育者们描绘为教师工会的谄媚者。其实，在她漫长的职业生涯中，扬常常是教师队伍素质的

---

① Herrick，*The Chicago Schools*，49.
② McManis，*Ella Flagg Young and a Half Century of the Chicago Public Schools*，67.
③ Ibid.，92.
④ Ibid.，60.

批评者。在 1887 年题为"如何教导父母们鉴别优劣教法"① 的讲话中，她指出，关于教育改革的政治辩论是毫无效果的，因为记者对公立学校内发生的真实情况知之甚少。与其让喜欢揭发内幕的人把视线集中于最差劲的课堂，不如让管理者们经常观察每位教师的课堂，教室的门也应当一直向家长敞开。教育行业的"脸皮太薄"，扬哀叹道，该行业应当有意地向改革和透明化努力。这一建议相当于侵犯课堂中的教师隐私，这种事情通常会激怒玛格丽特·海利，但是这位教师联合会领导人一直是愿意倾听扬的想法的，因为扬"是我所见过的男人和女人当中天赋最为出众、头脑最为聪敏的人"。② 而且，扬的批评蕴含着对教师们真正的尊重。

她曾每隔一周在自己家中举办教师读书俱乐部③；那些女性当中有些人只接受过七年级左右的教育，但是她们却在阅读并讨论莎士比亚和但丁的著作。扬安排教育理论家给教师们作关于儿童发展的最新研究的演讲，参加的学者包括约翰·杜威和哈佛大学的哲学家威廉·詹姆斯，他们都为能有在现实世界的从业者身上检验他们理念的机会而感到兴奋，而女教师们则为她们能够得到顶尖思想家的认真对待而激动不已。④

1900 年，在芝加哥大学里与杜威合作的扬完成了教育学博士学位论文，题为《学校中的孤岛》(Isolation in the School)。这既是一篇关于教育问题的论文，也是对任何领域中的低效管理问题的评论文章。为了让员工们感受到尊重并愿意努力工作，扬写道，"每个部门的成员之间"

① Ella Flagg Young, "How to Teach Parents to Discriminate Between Good and Bad Teaching", in *Journal of Proceedings and Addresses of the National Educational Association* (Salem, MA: The Association, 1887), 245 – 248.
② Haley, *Battleground*, 23.
③ McManis, *Ella Flagg Young and a Half Century of the Chicago Public Schools*, 64.
④ Ibid., 84.

必须有"思想互动"①，教师、校长和行政官员都要从他们的同事的专长中学习，无论其层次是高于还是低于自身。不应该让教师们觉得自己只是机械地按照学校管理者的喜好而照本宣科的"机器人"②。扬认为，如果以更加民主的方式组织学校系统，孩子们就能通过直接观察来更好地理解公民的主要权利和责任。

这些理念在芝加哥大学实验学校（University of Chicago Laboratory School）中得到了检验。这所学校是杜威于 1896 年创建的，扬在此担任了一段时间的教学总监。约有 140 名学生上过这所学校，学生大多是教授们或者其他与该校关系密切的专业人士的子女。杜威经常对他称之为"中世纪式"③ 的传统公立学校教学技巧表示担忧：在这种方法的指导下，学生们阅读教科书，背诵书本内容，埋头研习历史或生物学之类的每个科目，各个科目彼此孤立。在 1894 年致妻子爱丽丝的一封信中，他写道："当你想到每年有成千上万的年轻人在芝加哥的学校中被毁掉时……这足以逼你像'救世军'一样走出去，在街头奔走呼号。"④ 相比之下，实验学校的课程是以对儿童心理的观察为基础的。作为一名年轻的父亲，杜威也注意到了这一点：从警察抓强盗游戏到过家家，孩子们的游戏通常都是以他们身边大人的专业和家庭职业为模仿对象的。杜威没有选择通过书本和背诵来学习，他希望能以对儿童的实际学习方式的"科学"观察为基础，打造一种"新教育"⑤ ——通过寓教于乐的实

---

① Ella Flagg Young, *Isolation in the School* (Chicago: University of Chicago Press, 1900), 17.

② Ibid., 46.

③ John Dewey, *The School and Society and The Child and the Curriculum* (Minneola, NY: Dover Publications, 2001), 18 - 19.

④ Robert B. Westbrook, *John Dewey and American Democracy* (Ithaca, NY: Cornell University Press, 1991), 95.

⑤ 杜威在描述"进步教育"时喜欢用这个词。杜威在 *The School and Society and The Child and the Curriculum* 第 24 页解释了这一点。

验，让他们在探索中了解成人世界的运作方式。

虽然杜威谈到了在校体验应更多地以儿童的好奇天性为中心，减少成人主导的书本课程，但是他不赞成教师扮演被动的角色。教育者应当通过向学生提出有趣的问题，并提供回答问题所需的工具来"引导孩子的活动"①，杜威写道。在实验学校的一个项目中，学生们被要求思考纺织业在人类历史的形成过程中扮演的角色。② 他们仔细观察了亚麻原料、棉花植株、羊毛，并用纺车处理每种物料。通过这些实践，他们了解到棉花纤维比亚麻纤维更难从植株上剥离，从而解释了亚麻和羊毛布料为何早于棉花布料出现以及美国棉花生产者为何如此依赖奴隶劳工；也解释了棉纺织厂的诞生为何是美国内战前经济的重大福音，令奴隶制在政治上更加站不住脚。

通过这样的课程，杜威希望学生们能学会尊重并理解抽象和实体世界。他经常回忆自己在佛蒙特州伯灵顿度过的童年。在那里，他的祖父母用他们农场中出产的材料制作蜡烛和肥皂。杜威担心，在世纪之交，城市孩子们见不到通过劳动将自然产物转变为工业产品的过程。他希望实验学校中的学生们了解人们吃、穿、用的每一件物品都承载着人类用聪明才智书写而成的历史。③

杜威的方法几乎不考虑实验学校的人数与芝加哥公立学校的群体差异。实验学校的学生们英文流利、不愁吃穿。几乎没有人，即使有也是极少数人，会面对 12 岁就要离开学校帮家里养家糊口的命运。另外，许多芝加哥公立学校学生的父母都是木匠或者屠夫，他们每天都在将原材料变成工业品。和那些家境更加殷实的孩子们不同，他们根本不会与生产资料脱节。

---

① Ibid., 25.

② Ibid., 14 - 15.

③ Jay Martin, *The Education of John Dewey: A Biography* (New York: Columbia University Press, 2002), 14.

在后来的几十年里，新型的实验学校将证明，进步教育学也能让后进学生获得优秀的成绩。不过，在芝加哥公立学校实施她和杜威在芝加哥大学首创的理念时，艾拉·弗拉格·扬遇到了许多困难。作为学监，她的确取得了一些重大成绩：她提高了教师薪酬和养老金缴款额，为困难学生建立了课外班和暑期项目，聘请首批语言病理学专家和女性体育教育指导员，并且召集教师委员会每年开两次会以便与行政管理层最高长官交流意见。[1] 通过增加关于建筑、会计、速记、机械制图和其他技巧的职业选修课，她降低了居高不下的辍学率。

教师工会支持她，但是这座城市的商业精英们并不买账。

1915 年，芝加哥的新任共和党市长、人称"大比尔"（Big Bill）的威廉·汤普森（William Thompson）任命雅各布·勒布（Jacob Loeb）和许多主张减税的人进入教育委员会。勒布是芝加哥保险公司的创始人，他被选为委员会主席。他的第一项议程就是削减 7.5% 的预算；他还恰好反对任命女校长和管理者。勒布拉帮结派，把扬从她的岗位上逼走，实际上也消灭了教师联合会。教育委员会通过了《勒布条例》（Loeb Rule），禁止"教师组织成员隶属于工会"。该委员会宣称，加入工会的行为"与纪律相抵触，不利于提高教师队伍的效率，对学校有害"。[2]

9 月 8 日，在大礼堂中，工会组织了一场反对《勒布条例》的集会。美国劳工联合会的塞缪尔·冈珀斯对人群宣布，商人们发起了一场"根除"教师队伍的"大脑、心灵、同情心和个性"的运动。[3] 美国劳工部助理部长、原为邓恩市长的开明的教育委员会成员的路易斯·波斯

---

① John McManis, *Ella Flagg Young and a Half Century of the Chicago Public Schools*.
② Herrick, *The Chicago Schools*, 122–123.
③ "Minutes of Chicago Federation of Labor meeting at the Auditorium, September 8, 1915", MH/CTF archives.

特（Louis Post）发表讲话，谈及教师联合会对企业利益造成的威胁时，他表示这些企业更关心的是给自己减税，而不是改善其他人的孩子的教育。"在全国各地，这变成了所谓的各方利益之争：各种特殊利益、公众利益、普通人的利益。这就是一场斗争。"[1]

经过一场漫长的法律和政治之战，教师联合会同意脱离美国劳工联合会。可能是与勒布达成了协议，那些因参加工会运动而被解雇的教师恢复了教职。[2] 也是在同一时期，教师联合会为参加工会的教师们赢得了 3 次更加影响深远的胜利。第一，1913 年，海利和伊利诺伊州其他主张妇女参政的人士成功游说州立法会支持给予妇女投票权。联合会成员最终获得了民主选举权。

第二，1916 年，芝加哥教师联合会联合芝加哥当地人士、纽约市、印第安纳州盖瑞市、亚特兰大市、明尼苏达州圣保罗市以及华盛顿哥伦比亚特区，发起并成立了"美国教师联合会"[3]。在接下来的 4 年中，美国劳工联合会另外组建了 174 个分支机构。

最后，勒布对联合会展开了恶毒的攻击，这让锐意进取、追求善政的改革者们勃然大怒。勒布的攻击手段包括企图开除大受欢迎、工作效率高的一线教师，这样做的目的是报复这些人对他政策的反对。改革者同联合会以及芝加哥市议会联手游说了州立法机关于 1917 年通过法案，让教师在经过一段为期 3 年的试用期后得以受到终身制保护。[4] 以前，教师的合同是每年一签的，而且随时都可能会被终止。当《奥提斯法案》（Otis Bill）通过之后，如果要解雇一名终身教师，学校董事会就得举行听证会，教师有权在会上获得法律代表。

---

① "Minutes of Chicago Federation of Labor meeting at the Auditorium, September 8, 1915", MH/CTF archives.
② Herrick, *The Chicago Schools*, 135.
③ Murphy, *Blackboard Unions*, 83 - 87.
④ Herrick, *The Chicago Schools*, 131 - 134.

第一批获得终身制权利的美国教师来自新泽西州，时间是 1909 年。① 时至今日，在当代教师工会主义之中，最具争议的一个方面还是教师终身制。但在第一次世界大战之前，工会领导人、学校改革派和知识分子们都有着一定的共识，支持教师终身制。长期以来，这一制度都是知名的普鲁士教育体系的一大特点。该体系成功说服了哈佛大学校长查尔斯·威廉·艾略特和纽约市的改革派领军人物威廉·麦克斯韦（William Maxwell），促使他们致力于提升教师的职位安全度。在经过 3 年试用期之后，教师将得到终身制保护，在纽约人民看来，这一改革让政府更加廉洁，在任命教师时也不会像过去十多年间那样受到政治因素的影响，学校也不会跟过去一样受任命制度的操控。② 尽管全美教育协会对那些属于蓝领阶层、组织有序的一线教师抱有敌意，但是全美教育协会的领导也欢迎终身制度。

艾拉·弗拉格·扬厌倦了芝加哥的官场斗争，打算退休并搬到加州。在 1916 年 1 月 1 日辞去芝加哥学监一职时，她向新闻界发表了一份声明。时至今日，这份声明仍能定义什么是进步教育学。这一声明认为，在进步教育学中，老师是孩子们独立的、充满创造力的智慧导师：

> 我相信，每位孩子在学校里都应该是快乐的，所以我们试图用寓教于乐来替代严格的课堂教学……我们尝试着弄清一位母亲会给自己的孩子培养出什么样的心智来。当读到了五年级时，我们发现孩子们的童趣基本都消失了。通过让他们动手实践，我们挽救了其中许多人。老师若是要唤醒孩子的灵魂，那他们自己就得是清醒

---

① 有关终身教职的简短历史介绍，可参阅 Hess, *The Same Thing Over and Over Again*, 153 - 157。

② Diane Ravitch, *The Great School Wars: New York City, 1805 - 1973* (New York: Basic Books, 1974), 118.

的。我们试图解放教师们。希望有一天，这套系统能够发展完备，让孩子和老师们欣喜若狂地去上学。到了晚上，当孩子回到家之后，他们会谈论自己白天做的事情，并会带着自豪的语气。我想让学校成为民主的伟大工具。①

玛格丽特·海利和教师联合会也许认为，在扬离开之后，他们继承了她的愿望。他们有时候确实会照着她的愿望行事，但是在两次大战之间，由于政治和商业压力越来越大，芝加哥及其他地区的教师工会常常发现自己订下了不合时宜的盟约，并且还卷入到了混乱的官场斗争之中，这些东西跟教育本身相距甚远。

芝加哥市长威廉·德维尔（William Dever）是一位善政改革派的民主党人。选民在 1923 年将他选为市长，以清理"大比尔"·汤普森留下的烂摊子。人们发现汤普森的教育委员会盗用了 800 万美元的学校资金。德维尔任命威廉·麦克安德鲁（William McAndrew）为学监。麦克安德鲁是一位现代自行车的铁杆粉丝，他在布鲁克林的公立学校担任过管理员，并在那里声名鹊起、誉满全国。同样，他的理念也得到了"科学管理"运动的创始人弗雷德里克·温斯洛·泰勒（Frederick Winslow Taylor）的推动。泰勒是一位工程师，他相信人们应该测量生产过程的每一个环节，比如说一个工人在一个小时内可以缝多少花边，或者说公司由于工人的失误（比如缝错针）而损失了多少钱。这将有助于企业改善工作培训，并使得管理者能够更轻松地将劳动者派去执行耗时较少的特定重复任务，泰勒将其称为"最佳途径"。他相信，当工人制作出了高质量产品之后，应该得到一小笔奖金，从而激励他们努力工作。②

---

① McManis, *Ella Flagg Young and a Half Century of the Chicago Public Schools*, 210–211.
② Herbert M. Kliebard, *The Struggle for the American Curriculum*, 1893–1958（New York: Routledge, 1995），78–83.

尽管泰勒希望他的理论能够应用于工厂中，但它却很快成为了公立学校管理者追捧的对象，在20世纪20年代经济飞速发展，他们希望能采用各种具有创新色彩的商业模式。《教育评论》等著名刊物发表了错综复杂的表格，以评判教师的产出。[1] 人们可以通过学生的学习证明来衡量教师的水平，这些证明包括考试的分数，或者学生的散文、书法和绘画作品。教育研究者威廉·兰斯洛特（William Lancelot）的一项研究解释说，在学期开始和结束时，管理人员可以通过测试学生在某一学科方面的知识储备增加程度，来记录每位老师的"学生变化"分数。[2]（到了今天，这种计算过程的结果则被称为教师的"增值"分数。）兰斯洛特把他的学生变化法应用到了衣阿华州立大学（Iowa State College）的数学教师身上。结果他发现，有些教师确实比其他教师更高效。然而，当学生跟从最好的老师时，他们的知识增加程度却只处于中游：用百分制衡量的话，平均分数只增加了不到三分。[3] 这是为什么？根据同行评议员海伦·沃克（Helen Walker）以及当今许多"增值"评论家的观点，到头来，学生的变化程度与真正的教师素质只有"低度关联"：因为除了教师以外，还有许多因素会影响学生的考试成绩，比如说班级的规模，或者是学生的家庭参与到教育中的程度。

学生的成就并不是新效率标准所衡量的唯一因素。在评估制度下，对教师的评判标准包括了他们的个性，同时在一些较为主观的评分项目中，评判者也会给他们打分，这些项目包括"服从程度"、"敬业爱岗"、"着装情况"、"声音"和"品格"。[4] 迟到或不守规则的学生数量，甚至

---

[1] Joseph S. Taylor, "Measurement of Educational Effciency", *Educational Review 44* (1912): 348–367.

[2] William Lancelot et al., *The Measurement of Teaching Effciency* (New York: Macmillan Company, 1935).

[3] Ibid., xiii.

[4] Taylor, "Measurement of Educational Effciency".

是教师分发或收集作业所需的秒数和分钟数，都会被用于评估教师对课堂纪律的掌控程度。校长们要费时费力地在表格上记录所有这些数据——当然了，那个时候还得靠手写来记录——级别更高的管理人员则可以通过查看整所学校的表现来对校长进行评分。

芝加哥学监麦克安德鲁对这些新的据说十分合理的教师评级制度抱有极高信心。他在 1916 年出版的《公众与学校》一书中写道，根据学生的考试成绩对教师进行评估的这种管理法远远优于传统的方法——传统方法指的是校长"每天巡查一次教室"[①]。他热衷于寻找并解雇效率低下、无法改进的教师，这一点让人想起了最近在华盛顿特区担任教育主管的米歇尔·李（Michelle Rhee），他似乎热衷于大规模裁员。麦克安德鲁写道：

> 如果校长不能从其他职责中抽出身来，拨出适当的时间向一位老师展示如何获得教学能力的话，那他必须采取措施确保这位老师能自由地转行从事其他工作。如果我们坐视孩子们的人生和社区的财富因差劲的教育而流失的话，那我们不仅是最糟糕的管理者，而且还犯下了臭名昭著、怠惰不堪的不诚实恶行。现在有一种谬论存在：之所以要开设学校，是为了让我们找到工作，如果出现了问题的话，那我们这些雇员应该得到偏袒。没有哪所私立学校，也没有什么公共服务是以这种逻辑为基础的。这是胡扯。[②]

当麦克安德鲁到达芝加哥时，他立即采取了两项行动，这让玛格丽特·海利和其他有组织的劳工勃然大怒。首先，他解散了扬成立的教师

[①] William McAndrew, *The Public and Its Schools* (Yonkers, NY: World Book Company, 1917), 49.

[②] 麦克安德鲁 1923 年对芝加哥教育委员会提交的报告，引用自 Counts, *School and Society in Chicago*, 80.

理事会，这一组织深受爱戴。像大多数泰勒派成员一样，麦克安德鲁信奉的原则是这样的：让一个理性的、以专业技能为标准的经理来掌控职员。如果管理者能获得改善学校体系所需的知识和数据，他们就不需要定期与教师见面或听取他们的想法。然后他又提出，根据初中生智商分数的不同，将他们分配到职业或学术学校中去。① 芝加哥学校董事会支持麦克安德鲁的提议，他们在 1924 年发布了一份"调查公报"，声称"一战"期间对新兵进行的智商测试证明，人们有 5 种所谓的"天生"智力，每种各自都对应着一个职业阶层："职业性行业和商业"、"文员"、"技术性行业"、"半技术性行业"和"非技术性的劳动力"。

联合会跟艾拉·弗拉格·扬一样，更喜欢杜威式的"单轨"方法：学校应该帮助所有的孩子灵巧地运用自己的双手，但不应该引导学生去从事具体的工作，也不应该忽视学术方面。芝加哥有组织的男性劳工与教师联合会一起，在反对职业决定论的大军中占据领导地位。伊利诺伊州劳工联合会领导人约翰·沃克（John Walker）认为，双轨制学校将让公共教育"以牺牲儿童发展机会为代价，变成训练廉价劳动力的场所。儿童们将无法成为完美的公民，将无法变得心胸宽广、从容淡定、充满智慧"② 美国劳工联合会出版了一本小册子，警告说智商测试会将"劣等品"③ 这一烙印打到工薪阶层子女身上。

工会阻止人们采用高风险的智商测试，④ 事实证明，这一举措是正确的。1922 年时，受人尊敬的研究人员们已经开始谴责战时对智力的

---

① 引用自 Counts, *School and Society in Chicago*，186。
② "Minutes of Chicago Federation of Labor meeting at the Auditorium", September 8, 1915.
③ Counts, *School and Society in Chicago*, 188.
④ 关于智商测试的历史，请参阅 Nicholas Lemann, *The Big Test : The Secret History of the American Meritocracy* (New York: Farrar, Straus and Giroux, 1999); Diane Ravitch, *Left Back: A Century of Battles over School Reform* (New York: Touchstone, 2000)；及 Raymond E. Callahan, *Education and the Cult of Effciency* (Chicago: University of Chicago Press, 1962)。

研究了。他们认为这一研究错漏百出，没有考虑到新兵在过去的教育差异。此时，麦克安德鲁还要再等两年才会来到芝加哥。一项对超过10万名纽约市五年级学生的研究发现，家庭收入和医疗保障水平等社会经济因素在预测学业成就方面要比智商更为重要。另外，智商似乎在随着时间的推移而变化，并不是一种天生的才能。哈珀发表的一项研究显示，在北方生活了几年之后，南部出生的黑人在智商测试中的得分会提升。①

尽管如此，在那些注重效率、希望将孩子和各种职业配上对的改革者推动下，学校仍纷纷抢购并应用标准化的智商测试。1932年对150个学区进行的调查发现，其中3/4的学区通过智力测验将学生分配到了不同的学术轨道上。智商测试已经取代了颅相学，成为了学校改革中受到追捧的手段，管理者用它将孩子们划为三六九等。

海利在与这种双轨制作斗争，同时也在反对麦克安德鲁其他追求效率的政策，比如要求教师每天在一张时间表上登记4次。与此同时，她也赢得了《芝加哥论坛报》的支持。该报通常持有反工会立场，但此时它警告学监，不要因为一项过于自上而下的改革而"跟大多数教师站在对立面"②。但是当海利充满激情地忙于让麦克安德鲁走人时，她却跟一位阴暗的角色联合了起来③："大比尔"·汤普森，腐败的前市长，他希望利用"美国第一"这一孤立主义口号重新获得市长一职，并竞选总统。1927年3月30日，汤普森在《芝加哥论坛报》的一则广告中指责麦克安德鲁和德维尔市长选择了将乔治·华盛顿称为"反叛者"而非"英雄"的历史教科书，因此是"歪曲了历史真相的亲英走狗"④。这些

① Julius Metz, "IQs and the Underprivileged", *The New York Teacher 1*, no. 4 (1936): 60 - 63.
② Herrick, *The Chicago Schools*, 161.
③ Counts, *School and Society in Chicago*.
④ Ibid., 268.

指控是错误的。① 事实上，麦克安德鲁强烈支持在学校课程中加入爱国主义元素。然而在教师联合会的支持下，汤普森击败了德维尔，然后把麦克安德鲁扫地出门，后者的改革思想从未得到充分实施。即使在"走狗"麦克安德鲁离职后，教育委员会仍然听到了各种证词，声称学校里有所谓的反美"宣传"。

在教师工会主义出现后的 30 年间，这一破坏芝加哥教师联合会的运动获得了许多极具理想主义色彩的成就：让逃税的公司遵从法律、代表贫困儿童抵制智商决定论以及帮助妇女争取投票权。然而，教师工会运动过去是（现在也是）种务实的运动，旨在进行游说活动，有时候甚至还是玩世不恭的。它也会保护一些表现不佳的教师。通过与本土派政治力量合作给麦克安德鲁打上"不够爱国"的标签，玛格丽特·海利和她的"女性劳工重击手"（lady labor sluggers）为一场严重破坏到了美国城市教育体系的运动增添了底气。这场运动也是对职业教育工作者在意识形态方面的"石蕊测试"②。

---

① Counts，*School and Society in Chicago*，269 - 270.
② 一种测试溶液酸碱度的实验，在这里指的是测试工作者们的意识形态。——译者

第五章
"疯狂的调查"

战争期间的"猎巫"运动和工会主义的社会运动

1917 年，玛丽·麦克道威尔（Mary McDowell）[①]正在布鲁克林的斜坡公园（Park Slope）工人阶级社区的手工培训高中（Manual Training High School）教授拉丁语。她是一个 40 岁出头的单身女性，与丧偶的母亲一起住在展望公园（Prospect Park）南边。麦克道威尔就像漫画里的老龄女教师一样，看起来很普迪、缺乏魅力，戴着一副用细绳连接的薄眼镜，双眼位于正圆形镜片后面。虽然她的大部分女同事只上过普通学校，但信奉贵格派的麦克道威尔毕业于英国牛津大学的斯沃斯莫尔学院，之后又在哥伦比亚大学获得硕士学位。自"一战"爆发以来，她每月都会向美国公谊服务委员会（American Friends Service Committee）捐款 35 美元，用于法国的平民赈济工作，这是她微薄月收入的 1/5。

在 1914 年的绩效评估中，手工培训高中的校长指出，麦克道威尔"是女子的典范。她兢兢业业，殷切地渴望做到最好，这给我留下了深刻的印象。她不是那种盼着下午两点半到来的人"——这里的意思是，当最后一堂课的下课钟声在 2:30 响起之后，她并不会急着冲出校门。但 3 年后麦克道威尔遇到了麻烦——毕业于耶鲁的工程师霍瑞斯·曼·斯奈德（Horace Mann Snyder）取代了她之前的老板。当一般学校的双轨制愿景浮现之后，斯奈德担任学监的父亲把他任命到了这所学校。斯奈德对当时流行的新潮教育改革理论了如指掌，在来到布鲁克林之后，开始充满热情地贯彻它们。②当时只有 17% 的美国人上完了高中，而在高中里占主导地位的课程则是古典类和学术类课程。在人们眼中，设立职业轨道和开设体育项目是让学校更具吸引力、让学校与青少年间关系更为紧密从而减少辍学的一种手段。斯奈德计划引入智商测试，将手工培训高中的新生划分到 3 条轨道上去，这将决定他们在未来 4 年中所学的课程，以及毕业后他们可能获得的机会。如果学校只打算让 1/3 的手工培训高中学生走上大学之路的话，那么在学校眼中，像麦克道威尔这样的老式全职拉丁语老师几乎肯定是多余的：她们就像恐龙一样，向那些条件落后、极少使用拉丁语的学生们教授这门死语言。

校长热衷的第二件事是"公民"培训，这是"一战"期间席卷全国各大学校的热潮。与其说他想要设置一种严格的公民课程，不如说他想要让整个手工培训高中充满爱国主义精神。他要求教师每天在黑板上抄写爱国语录，并派发传单鼓励学生购买战争储蓄邮票③。麦克道威尔履行了这些指示。但是，当斯奈德让她每周花一个小时来讨论美国比其他国家优秀的地方时，麦克道威尔便感到不快了。她是来教拉丁语的，在她眼中最能体现学生爱国精神的举动，就是去努力学习。斯奈德通过教师评估系统报复了她。

在 19 世纪后期，纽约市有一套教师评估系统，校长们将 99.5% 的

---

① 参见 "Brief for Mary S. McDowell, Respondent" (In the matter of the charges of conduct unbecoming a teacher preferred against Mary S. McDowell before the Board of Education of the City of New York, 1918)；"Teachers Who Are Not Loyal"，*The New York Times*，November 18, 1917；及 "Quaker Teacher's Case Is Argued"，*The New York Times*，May 16, 1918.

② David Tyack and Larry Cuban, *Tinkering Toward Utopia: A Century of Public School Reform* (Cambridge, MA: Harvard University Press, 1995), 47 - 48.

③ 美国邮政局在"一战"和"二战"时发行的邮票，用于战争筹款。——译者

教师评为"良好"等级。1898 年，当改革者威廉·麦克斯韦成为学监时，由于缺乏有关教师表现的集中信息，他感到十分沮丧。他制定了一套新体系，要求校长从 A 级到 D 级对教师进行更好的评级。用《纽约时报》的话来说，在一开始那几年，人们普遍认为这是一个"玩笑"①。校长们对评估系统带来的大量文书工作感到不满，包括麦克道威尔在内的绝大多数教师每年都会得到 B+，表明他们的表现优于平均水平。但在手工培训高中，斯奈德决定惩罚麦克道威尔，让她为抵制自己的爱国主义议程付出代价。他把她的评分降到了 B，威胁说"C 或 D 会更准确地反映你当前为这座城市和这个国家服务的情况"②。两人之间的敌意在 1917 年的圣诞假期之前愈演愈烈。当时，斯奈德要求他所在学校的每位成员签署一份所谓的"忠诚宣言"。在市长、学监和教育委员会的要求下，这份宣言在纽约市的学校系统中流传。共有几个版本的宣言，而麦克道威尔要签名的那份很可能是这样的：

> 我们是纽约市公立学校的老师，在美国与德国和奥地利帝国的这场战争中，我们在此庄严地宣誓自己对美国总统和国会忠诚。
>
> 我们会积极主动地言传身教，向学生们灌输爱国之情，毫不怀疑地忠于政府的军事政策，并忠于总统和国会宣布的政策和原则。
>
> 我们宣布自己拥护政府的目的及其为了在世上保卫民主而作的努力，相信我们此刻的最高义务就是在这场危机中维护总统和国会。
>
> 我们相信，如果有任何教师无法认同这种情操的话，那他们就不应该教导我们城市中的青年。③

---

① "Principals Dislike Teachers' Ratings", *The New York Times*, October 19, 1919.
② "Quaker Teacher's Case Is Argued".
③ "Loyal Teachers Urge Internment of Disloyal", *New York Tribune*, December 17, 1917.

在纽约市的两万名教师中，有数百名教师最初表示不愿背诵这些文字，或者不愿意签上他们的名字。但是，当他们意识到自己的工作处于危急关头时，基本上就都屈服了，只有30个人除外[1]。麦克道威尔是其中一个坚持到底的人。一个严格的贵格派信徒不可能许下这样的誓言。她是一个和平主义者，原则上讲反对一切战争，无论其原因如何。她给斯奈德校长写了一封信，在信中表达了意见，在这之后她遭到了无薪停职。1918年5月，麦克道威尔在教育部的上东区总部接受了"审判"[2]。这场"审判"不是该市或州法律制度的一部分实际程序，而是在教育部内部进行的就业听证会，以确定麦克道威尔是否会失去她的终身制保护和工作。这个房间里充斥着记者、麦克道威尔的老师和她来自贵格派的支持者。审判员表示，"法官"发现麦克道威尔在纽约的学校工作了13年之久，其教学记录"无懈可击"。没有证据表明她曾经对自己的学生灌输过和平主义思想或贵格派信仰。那么，问题就出在她自己的信仰上了。纽约市学监威廉·艾丁格（William Ettinger）逼迫证人席上的麦克道威尔回答自己是否会亲自拿起武器抵抗军事入侵。麦克道威尔说，她确信包括自己的学生在内，大多数美国人都会这样做，但她则不能；除了暴力以外，还有"许多抵抗入侵的方式"。她的律师指出，贵格派在纽约州公立学校体系的建设中发挥了重要作用。1830年时，该州教育委员会发布的一份声明也保护到了教师们的一项权利：免于被他人质询自身的宗教信仰。

但这些都毫无作用。一种极端爱国主义情绪侵袭了公立学校，不管在课堂上的表现如何，持不同政治观点的教师都位列解雇名单上。如果他们教授的是不符合职业框架，而又不受欢迎的科目（如古典学或外

---

① "Teachers Yield on Pledge", *The New York Times*, May 10, 1917.

② 参见"Brief for Mary S. McDowell, Respondent"及"Quaker Teacher's Case Is Argued"。

语）的话，那就更是如此了。① 麦克道威尔被判犯下了"不符合教师要求的行为"，并遭到解雇。

对于"一战"期间的教育工作者来说，在政治上持有不同见解，又反对智商测试、设置严格的职业轨道或者新形式的教师评估的话，那在职场上就尤其有可能遭遇风险。受人尊敬的布鲁克林学校校长亚历山大·费希兰德（Alexander Fichlander）也是一位拒绝签署忠诚宣言的和平主义者。② 他还支持附属于美国劳工联合会的纽约市教师联合会，该联合会成立于 1916 年，为的是效仿玛格丽特·海利在芝加哥的成功。费希兰德是该市 A－D 教师评级系统众所周知的批评者，他认为该系统实际上并没有改善学生所受的教导，并且还加重了校长在官僚程序上的负担。1917 年，教育委员会拒绝让他晋升去一家更大的小学担任校长，但在布鲁克林区的学监已经同意升他的职了。作出这一决定的委员会成员约翰·格林（John Greene）说，这个荣誉只会让费希兰德获得"更为强大的影响力，用以宣扬他那些毫无爱国精神的观点。此人对他的公民义务大加贬低，拒绝签署对美国的忠诚宣言"③。

陷害了费希兰德和麦克道威尔的这些"猎巫"运动受到了公众的广泛支持。1917 年 11 月 18 日，《纽约时报》的编辑部宣布："教育委员会应铲除所有不忠于国家，或者情况可疑的教师。这些受到误导，或者失去理智的人对美国发动的这场小型私人战争必须停止。学校必须将他们

---

① 麦克道威尔在手工培训高中的同事之一是一位德国教师，人们指控他同情法西斯主义，此人也遭到了驱逐。从 1910 年左右一直到 1960 年期间，整个城市中教授语言的老师似乎在"猎巫"行动中都遭到过冲击，他们的受影响程度远大于其他老师。人们觉得这些人无助于提升社会效率，对教授职业课程也没帮助。

② "Won't Promote Pacifst", *The New York Times*, March 29, 1917; "Principals Dislike Teachers' Ratings"; 及 Alexander Fichlander, "Teachers' Ratings", *Journal of Education 91*, no. 2（1920）：36－37.

③ "Won't Promote Pacifst".

拒之门外。如果他们继续公开煽动叛乱的话，就必须把他们关起来。"①

对所谓的不爱国教育者所产生的道德恐慌，是由世界大战导致的歇斯底里情绪以及对群众的煽动所导致的。人们试图让群众认为教师工会所掌控的国内政治力量在不断增长，以此煽动群众。1917 年和 1918 年，国会通过了《间谍法》和《煽动法》，试图禁止公众对美军和美国政府的"不忠"言行，这些法律尤其关注社会主义者、共产主义者、和平主义者、移民和其他可能跟欧洲左派有联系的团体。跟其他力量相比，"美国军团"这一退伍军人组织更加有力地将这种斩钉截铁的爱国主义传播到了美国的公共学校之中。军团的影响力很强：有 16 名美国参议员和 130 名国会议员是该组织的成员。② 它宣称苏联共产党积极招募美国教师，以便让他们对美国的青年进行洗脑。军团把所有左派的政治活动都看作令人无法接受的反美活动。该组织要求其 100 万名成员留意公立学校中工作的"赤色与粉红色分子"，声称"某些所谓的社会主义、自由主义、激进主义和共产主义者之间几乎没有区别"③。

1921 年，军团与全美教育协会合作④，以抵制玛格丽特·海利的美国劳工联合会不断增长的影响，这两个组织都渴望把联合会描绘成一个不专业、鲁莽而激进的工会，是照着布尔什维克主义塑造出来的，任何正派的教师都应该避免加入。在全美教育协会的支持下，军团在 11 月推出了一年一度的"美国教育周"，在此期间军团要求教师宣传这样的观点："革命派、共产党人和极端和平主义者是对生命、自由、公正、安全和快乐的威胁。"他们在上课时提出了以下的作文题目："爱国主义，最重要的人类情感"。

---

① "Teachers Who Are Not Loyal".

② Marcus Duffeld, *King Legion* (New York: Jonathan Cape and Harrison Smith, 1931).

③ Ibid. , 286.

④ Ibid. , 269 - 271, 280 - 287.

军团还与报业大亨威廉·伦道夫·赫斯特（William Randolph Hearst）建立了关系①，此人反对设立所得税，也反对增加对教师和学校的拨款（这些都是美国劳工联合会所支持的东西）。1935 年，赫斯特的报纸上刊登了由军团一位指挥官所撰写的一系列文章，他在文章中攻击了一些公立学校的教师，因为这些人把经济大萧条解释为自由市场的失败。没有购买自由债券，没有在教室里展示美国国旗，也没有向国旗致敬的那些教师，在这位军团成员笔下成了忠于苏联的"第五纵队"。校长、学校董事会和市长都十分同情军团，或者说出于害怕而不敢得罪他们。这些人对上面说的这种教师展开了调查，有时甚至会解雇他们。1939 年，军团促成众议院非美活动委员会对共产党在美国劳工联合会中的影响力展开调查。

　　1917 年至 1960 年间，爱国方面的道德恐慌浪潮席卷了全美各地的学校，历史学家霍华德·K. 比尔（Howard K. Beale）将其称为"疯狂的调查"②，成千上万的教师成为了受调查对象。在这 40 多年里，美国公众时不时地见证着持有左派政治思想的教师们被解雇，或者遭到审判，有时候甚至会在国会调查委员会面前"缄口不言"或"指名道姓"。加入美国军团这场恐惧运动的是保守派的宣传组织，如对外战争退伍军人协会（the Veterans of Foreign Wars）、"美国革命的女儿"（the Daughters of the American Revolution）以及基督教阵线（the Christian Front），最后这个与天主教传教士库格林神父有关，是一个反犹太组织。在地方一级上，活动分子经常瞄准个别教师，一心要炒了他们。教育史学家兼评论员黛安·拉维奇（Diane Ravitch）记得，在 20 世纪 50 年代初的休斯敦，麦卡锡主义正处于高峰期，她所就读的公立高中受到了美

　　① Murphy, *Blackboard Unions*, 96 - 98，137 - 138.
　　② Celia Lewis Zitron, *The New York City Teachers' Union*, *1916 - 1964*（New York：Humanities Press, 1968），173.

国平凡妇女组织（the Minute Women of the USA）成员的支配，这些成员是学生们的母亲，而这个反共组织也反对罗斯福新政所提出的社会计划以及联合国的成立。[1] 学校的图书管理员迫于压力，从书架上拿走了关于苏联的书籍，学校董事会迫使拉维奇最喜欢的老师内尔达·戴维斯（Nelda Davis）[2] 辞职，因为她抱有自由派的国际主义观点。戴维斯也反对种族隔离。

在美国公共教育史上，受到"猎巫"运动攻击的老师们属于一个特殊人群。由于私营部门在大萧条时期遭遇了失业狂潮，再加上学术、医学和法律等专业中存在着种族、族裔和性别限制，所以这一时期的城市教师变得格外多样化，受教育程度特别好，甚至有点大材小用的意思了。从 20 世纪 30 年代开始一直到 50 年代为止，大城市的学区雇用越来越多拥有硕士和博士学位的教师。1929 年至 1960 年期间，教师中的男性比例从 17% 上升到了 30%[3]，高于今天的水平。在大萧条时期的纽约市，受过大学教育的教师候选人已经严重过剩了，以至于该市的教育委员会制定了一套复杂的多步骤考核，只有通过这套考核才能获得教师证书。[4] 考生要参加有关教育学和学科知识的考试。比如说，一位申请高中英语教师职位的候选人需要解读一首经典诗歌。考生必须通过一套标准英语语言测试（这通常针对的是那些带工人阶级黑人或犹太人说话腔调的人），然后在真实的教室里上一堂示范课。最后，学校官员会对这些未来的老师进行一次令人紧张的面试，也会对他们的外表、穿着和

---

[1] Dana Goldstein, "Diane Ravitch, the AntiRhee", *Washington City Paper*, June 24, 2011.

[2] Cheryl J. Craig, "Nelda Davis, the McCarthy Era, and School Reform in Houston", *American Educational History Journal 29* (2002): 138 - 143.

[3] Thomas D. Snyder, ed., *120 Years of American Education: A Statistical Portrait* (National Center for Education Statistics report, U. S. Department of Education, January 1993), 34.

[4] 有关如何成为纽约注册教师的过程，参见 Ruth Jacknow Markowitz, *My Daughter, the Teacher: Jewish Teachers in the New York City Schools* (New Brunswick, NJ: Rutgers University Press, 1993), 75 - 92.

态度进行直言不讳的评估。

其中一些通过严格测试、受过教育的年轻老师拥有左派或激进的政治观点。他们在大学生活中耳濡目染，接受了这些理念。这并没有改变下面这个事实：在 20 世纪中期，大部分公立学校的教育工作者仍然没有什么政治立场。当历史学家比尔在 20 世纪 30 年代于全国范围内对教师进行调查时，发现许多人对时事一无所知①。但是保守主义活动家们也正确地认识到了一件事，这是件小事，但是有着重大的政治意义：在城市教师中，有一小部分人于两次大战期间以及冷战期间积极参与了各种左翼运动，他们觉得这些活动是维持美国政府稳定时的主要障碍。在一些令人震惊的案例中，持有共产主义思想的教育者甚至卷入了国际间谍活动里。② 有 3 名纽约市女教师参与了 20 世纪 40 年代初期的一场阴谋，目的是释放在墨西哥暗杀了列昂·托洛茨基（Leon Trotsky）的那些苏联刺客。

然而绝大多数的和平主义者、社会主义者和共产主义教师都像内尔达·戴维斯和玛丽·麦克道威尔那样：他们是些忠于美国的地方活动家和知识分子，但会批评美国的战争行为和国内存在的不平等现象。令人遗憾的是，在"猎巫"大潮中失去职务的那些老师，正是因为有着这种社会正义观，所以会倾向于成为最敬业的教育工作者，并且也会最乐意教育属于弱势群体的学生。正如比尔指出的那样，受到政治迫害的不是"普通"教师，而是把强烈的使命感带入课堂的"卓越"教师③。

跟这有关的故事中，最引人注目的发生在纽约。1935 年时，共产主义活动家获得了该市教师联合会的控制权。他们创造了一种"社会运

① Howard K. Beale, *A History of Freedom of Teaching in American Schools* (New York: Charles Scribner's Sons, 1941), 247–248.
② Clarence Taylor, *Reds at the Blackboard: Communism, Civil Rights, and the New York City Teachers Union* (New York: Columbia University Press, 2011), 58.
③ Beale, *A History of Freedom of Teaching in American Schools*, xii.

动工会主义"①，其成就比玛格丽特·海利在芝加哥创建的日常组织要大很多。虽然主流工会和共产主义教师工会成员都反对智商测试，且支持提升教师薪酬、缩小班级规模，但在两次大战期间，一些年轻教师持有左派政治观点，这些人让仍处于襁褓中的教师联合会运动分出了两个阵营。隶属于海利和约翰·杜威的那个阵营是当今工会的先驱，它由温和的纽约教师协会（New York Teachers Guild）领导，属于社会民主主义派，专注于通过立法手段来提升学校经费、提升教师自主权。时至今日，我们已经找不到跟第二个阵营对应的组织了，它和 W. E. B. 杜波依斯的共产主义思想与全球反殖民主义理念有着联系，此人在"一战"结束后成为了马克思主义者。这个教师团队为争取学术自由，为了让学校接受众多反种族主义和反贫困议程而作了激进的斗争——这些纲领尽管当时属于激进主义，但预见了 20 世纪后期教育改革的许多目标。

欧文·阿德勒（Irving Adler）总是说将其引向共产主义的是他的妻子露丝。② 20 世纪 30 年代早期，在一场和平主义的学生活动家会议上，两人的人生道路首次有了交叉，当时他们一边在为示威活动准备海报，一边暗送秋波。欧文是纽约市立学院（City College）的数学专业学生，认为自己是社会主义者。但露丝的父母则是从明斯克移居到纽约北部的犹太农民，她的政治观点要激进得多。她属于共产主义青年团的一个分支，甚至翘掉了自己在巴纳德学院的毕业仪式，目的是声援由于持有反战观点而被哥伦比亚大学拒之门外的一些医学专业学生。因为没有参加毕业仪式，所以直到第二天她才发现，自己获得了该学院的数学最高奖项。那一周晚些时候，露丝和欧文结婚了，两人都开始进行培训，目标

---

① Taylor，*Reds at the Blackboard*.

② 这些传记资料来自作者对朱丽叶·雷伊斯·伯恩斯坦（2013 年 2 月 11 日）、布鲁斯·伯恩斯坦（2013 年 2 月 7 日）和亚伦·伯恩斯坦·穆雷（2013 年 2 月 12 日）的采访，以及欧文·阿德勒 2007 年自己发表的回忆录 *Kicked Upstairs: A Political Biography of a "Blacklisted" Teacher*. Tamiment。

是成为纽约市公立学校的老师。

共产主义教师往往是受过高等教育的犹太人，而且像阿德勒一样，纽约市立学院的毕业生也有着"哈得孙河边的哈佛学子"这样的美誉。与常春藤联盟中的大学不同，纽约市立学院不歧视犹太申请者，在这些申请者中，许多人希望学习数学、物理和新兴的社会科学，如政治学和社会学。是什么促使这些年轻的知识分子去教书呢？当犹太学生从纽约市立学院毕业时，他们进入了受大萧条和反犹主义影响的就业市场，遭到了严重排斥。欧文·阿德勒在数学方面获得了很高的荣誉，但他很快得知，纽约的一些顶级保险或会计师事务所很少雇用犹太人，甚至连纽约市立学院自己的数学系都没有聘请犹太教师。露丝·阿德勒则因其种族和性别而经历了更加恶毒的就业歧视。在公共教育系统中工作的话，则能给他们一席之地，躲避这种堂而皇之的偏见。这对夫妇正式加入了共产党和纽约市教师联合会。

纽约市教师联合会[①]于 1916 年成立，拥有社会民主主义理念，是美国教师联合会的五号支部（Local 5）。1927 年，它成功游说州立法机关增加了教师工资。这是一场重大的胜利。但在 1929 年经济崩溃之后，纽约便开始采取预算紧缩措施。这个城市聘请了一些新老师，包括欧文和露丝·阿德勒，让他们担任全职教师的"永久性替补"——该地区对这些教师支付的工资更少，并且不向他们提供带薪病假。对于那些领导五号支部的老教师来说，替补教师并不是一个大问题，当时纽约教师联合会正专注于驳回对终身教师的减薪。五号支部也并未特别在乎纽约市许多过分拥挤、卫生程度堪忧的学校建筑物，对贫穷的黑人社区中的那些更是置之不理，而年轻的犹太替补教师恰好很可能在那儿工作。欧文·阿德勒被派往哈莱姆的哈伦高中（Haaren High School）任职。他在

---

① Zitron, *The New York City Teachers' Union*.

那招募了 60 位老师加入工会，并帮助创办了该市第一项穷人子女免费午餐计划。①

阿德勒和其他年轻教师认为工会领导人过于"谨慎和保守"②，不愿意批评曾经跟他们进行过谈判、推动了《教师工资法案》出台的政治家。工会内部形成了一个名为"普通成员"的反对派小团体，并在 1935 年获得了五号支部执行委员会的控制权。工会的新领导层年龄均为二三十岁大，其中有许多人参与了反法西斯组织；有几个人甚至在暑假时前往西班牙充当志愿军，攻打佛朗哥的保守派。这些教师大多数都不是共产党员，其中包括教师协会的新主席查尔斯·亨德利（Charles Hendley）和该组织最著名的黑人领袖露西尔·斯宾塞（Lucille Spence）。工会经常建议其成员投票支持与美国劳工党（American Labor Party）有关的候选人，这是一个支持富兰克林·D. 罗斯福的纽约州社会主义组织。③ 教师联合会最有声望的组织者中，也有几个是持有党员证的共产主义者，其中就包括了阿德勒在内。

五号支部的新领导层重新开始发行《纽约教师新闻》这一联合会简报，它是教育政策方面的重要期刊。亨德利在该杂志的第一期中表明，联合会鼓励教师在课堂中抱有"智识上的诚实"，反对"因循守旧"和"墨守成规"。④ 虽然杜威的"新教育"在知识分子和私立学校中声名鹊起，但他的进步思想只有很少的一部分深入了城市的公共教育体系中，而且基本都是不太激进的那些，比如把小学生们分好组，让每个组的小

---

① Mark Naison, *Communists in Harlem During the Depression* (Champaign: University of Illinois Press, 1983), 214.

② Zitron, *The New York City Teachers' Union*, 21.

③ 参见 1945 年发行的 *New York Teacher News*. Tamiment。

④ 参见 *New York Teacher News*, vol. 1, no. 1, November 1935. Tamiment。

学生坐到一起，而不是排成一排坐着。① 绝大多数教师在教课时继续以管理者选定的标准化教科书为基础，在学生面前大声朗读，或者教授课本上的内容。在纽约市，有 41% 的班级拥有超过 40 名学生。新的工会领导人认为，要想进一步推广创造性教学的话，前提条件就是减少班级规模，在低收入家庭子女就读的学校更是如此。

五号支部在教室之外也有一项使命。玛丽·麦克道威尔一直把自己的反战理念藏在心里，直到效忠誓言激怒了她为止。但教师联合会和亨德利则大声地宣誓，誓要"反对发动战争的军国主义和帝国主义者"。他们发誓说要游说各方，促进健康保险、社会保障、失业福利和童工法政策的出台。在教育政策方面，工会主要关注的是种族平等。随着南方黑人向北方的大城市进行大规模迁移，教育在种族多样性方面所受的挑战变得更加清晰。北方的学校从法律上讲不应该是种族隔离的，但实际上各种族间已经受到了隔离，他们是否应该被整合到一起？白人的迁移日益加快，有鉴于此，在各大城市中，"整合"到底还能不能算是一个现实的目标呢？或者说这些城市里的白人孩子是不是会不太够？所谓"白人迁移"指的是爱尔兰、意大利和犹太裔的中产阶级家庭从曼哈顿的哈莱姆和布鲁克林的贝德福德·斯图维扬特（Bedford Stuyvesant）这样的社区迁移出去。教师联合会选择支持一套三管齐下的公民权利体系：首先要为贫困儿童服务的学校争取严格的课程；其次，学校中使用的教科书必须删除种族主义内容，并编写新的课程，介绍黑人和波多黎各人的历史；最后，要与社区组织合作，并改善贫困社区的社会状况。

在 20 世纪 40 年代和 50 年代，联合会的抗议活动之一涉及了曼哈

---

① 公立学校教育学这一进步（其实一般是在原地踏步）的最佳评论来自 Larry Cuban, *How Teachers Taught: Constancy and Change in American Classrooms，1880 - 1990*（New York：Teachers College Press, 1993）。

顿东边的约克维尔高中（Yorkville High School）[1]，那里95%的学生是黑人或波多黎各人。许多女孩之所以选择这所学校，是因为它有一套备受好评的护士先导教育体系。但是当新生来到学校时，却需要接受一系列的智商和能力测试，导致大部分非白人女孩被分流到了一个为期3年的"附加"课程里，这个课程和护理毫无关系。就读于附加课程中的学生几乎没有英语课，也没有数学课可以上。他们一整天都在学习"家政"技能，比如简单的缝纫技巧。离开学校之后，她们也很难获得就业或升学的资格。与此同时，曼哈顿下城的斯图维扬特高中（Stuyvesant High）和布朗克斯的科学高中（Science High）等一批学术上最为严格的学校，则开始使用考试成绩来限制入学率，以便在这座人口多样化程度急剧上升的城市里继续单纯给白人提供服务。（这两所学校今天依然保持着选拔传统，其入学率完全取决于标准化考试的成绩，学生中只有少数是黑人或西班牙裔。）

教职工领导不反对职业培训，他们认为这对于大多数永远没法从大学毕业的学生而言至关重要。在大萧条时期，连杜波依斯这种拥护"有天分的十分之一"理论的人，也热心地支持给黑人青少年提供高质量职业培训的计划。但是像欧文·阿德勒这样的联合会教师则相信职业高中应该继续提供高等数学和外语课程，而不该把这些课题看作工人阶级孩子不需要、学校系统又无力承担的额外待遇。[2] 像芝加哥联合会一样，纽约联合会也认为学生和其家庭应有权选择上什么样的课程，而不是由于某次智力测试的结果而被限制在固定的学术或职业轨道上。

由于许多来自南方的黑人移民抵达北方城市，而他们的读写能力又

---

① 教师联合会主席 Abraham Lederman 致校长 William L. Jansen，June 11，1954. Tamiment。

② Irving Adler, "Secondary Education," *New York Teacher 2*, no. 3 (April 1937): 11 - 12. Tamiment.

较差，因此教师联合会认为黑人社区的学校应保证班级规模小于 30 人，并给辅导员、热午餐和校医院分配更多的资金。联合会的积极分子们在贝德福德·斯图维扬特和哈莱姆区催促当地警察分局建立课外项目和体育联赛①，以预防青少年犯罪，而不是设立苛刻的宵禁和其他惩罚措施。这些惩罚措施会将每个年轻的黑人男性当作潜在罪犯看待，让青少年害怕并警惕权威。

联合会的小册子建议教导移民家庭子女的教师们学习基本的西班牙语，并设置有关波多黎各历史的课程。从 20 世纪 30 年代开始，联合会便在游说纽约市教育委员会，让后者停止使用含有种族刻板印象的课程材料。1950 年，联合会对城市学校的教科书作了一番研究②，总的来说，这些课本忽略了奴隶抗争的经历，宣称大多数奴隶主都善待他们的奴隶，把废奴作为一种特权看待，认为黑人还没准备好享受这一好处，并认为南北战争后的重建阶段给被解放的奴隶们带来了更多机会但在政治方面却十分混乱，还导致了 3K 党和种族隔离思想的兴起。地理课本则把欧洲殖民主义描绘成一种仁慈的力量，宣称它把文化带到了尼加拉瓜和危地马拉这些"落后"的国家；在其中一本书中，这些国家的人们被描述成"不停争吵，因此难以进步"的人群。

民权运动的领导人在努力尝试解决问题，因而促使联合会加快脚步跟上。1952 年，W. E. B. 杜波依斯接受了教师联合会的年度奖项。但是，正如历史学家克拉伦斯·泰勒（Clarence Taylor）在他 2011 年的《黑板上的红色》一书中对教师联合会的研究所表明的那样，该组织在种族正义方面所做的工作虽值得赞扬，但并不能掩盖它的深层问题。

教师联合会的出版物对铁幕后的苏联生活作出了积极的描绘。该组

---

① "Police, Parents in Joint Program vs. Delinquency", *New York Teacher News*, March 11, 1944. Tamiment.

② Teachers Union of the City of New York, *Bias and Prejudice in Textbooks* (New York: Teachers Union, 1950). Tamiment.

织 1943 年的一本小册子①赞扬了苏联为男孩准备的童子军项目和为女孩准备的农业教育。3 年后，《纽约教师新闻》专门分配出了一整版来为苏联唱赞歌。它提出了一种公民课的上课方式：在课上，教师会向学生解释美国"免于"政府干涉的自由和苏联的"自由"概念之间的区别。按它的说法，苏联的"自由"包括了拥有工作、食可果腹的自由。报纸承认苏联是一党国家，但这个党也是工人阶级的代表。

信奉共产主义的教师们究竟是不忠诚的间谍呢，还是爱国的美国异议人士？1932 年到 1945 年是教师联合会最为强大的岁月。在此期间，厄尔·白劳德（Earl Browder）领导着美国共产主义运动②，虽然参加过苏联的间谍活动，但白劳德仍是一个相对温和的人。他在美国中西部参与了工会主义及和平主义运动，因而在政治理念上变得激进，他相信共产主义可以更好地适应美国的民主传统。在第二次世界大战期间，白劳德试图缓和共产主义者和社会主义者之间的敌意。他代表进步分子，主张设立统一的反法西斯战线。到了 30 年代末，他领导美国共产党人支持了罗斯福总统的新政。

白劳德将共产党视为美国诸多左派人士的合作伙伴，这吸引了许多公立学校的活跃教师。虽说理念激进，但教师联合会在 1940 年时已经有了 6 000 名成员③，成为了纽约市最大的教师机构。一些共产主义教师积极参与到罗斯福的连任选举工作中，他们认为自己是务实的理想主义者。但联合会成员是教师队伍中比较小的一部分。在两次世界大战之间，大多数公立学校的教师都觉得工会主义带着蓝领的污点，担心加入有组织的劳动者群体中会降低公众对教师职业的尊重。1940 年

---

① Teachers Union of the City of New York, *Safeguard Their Future* (New York: Teachers Union, 1943). Tamiment.

② James G. Ryan, *Earl Browder: The Failure of American Communism* (Tuscaloosa: University of Alabama Press, 1997).

③ Taylor, *Reds at the Blackboard*, 60.

12 月，美国教师联合会驱逐了纽约和费城支部，担心他们的共产主义政治理念会影响整个教师工会运动。作为替代，美国劳工联合会认可了纽约教师协会，该组织是教师联合协会（United Federation of Teachers）的前身，后者是目前代表纽约教师的组织。虽说遭到了开除，不过教师联合会仍然保留着大部分前任成员，它隶属于产业工人大会（Congress of Industrial Workers，CIO），这是一个同情共产主义的伞式工会组织。

几年之后，以白劳德和许多教师联合会成员为代表的温和派共产主义者开始失去国际支持。1946 年，共产党开除了白劳德。教师联合会的立法主任贝拉·多德（Bella Dodd）等人是他的内部圈子成员，他们此时突然遭到了同道中人的疏远。隶属于他的教师们本来十分亲近，但现在他们组成的社会群体却因内斗而四分五裂。有一回，欧文和露丝·阿德勒在进行抗议时遇到了多德，后者发现许多老朋友和同事假装不认识她，因而感到沮丧。多德是一位闻名于纽约政坛、充满魅力的演讲者，此时她孤身 人、垂头丧气，重新捡起了她的天主教背景，成了媒体宠儿及过去战友的叛徒，开始了新的职业生涯。

这些戏剧性的事件正好跟冷战的开端撞到了一起。美国和苏联不再是共同对抗纳粹主义的盟友，美国共产主义者发现自己不仅在进行内斗，而且又再次成了强硬派政客的猎物。1949 年，纽约州的立法机构通过了《费因伯格法》（Feinberg Law），该法律允许学区解雇属于任何"颠覆组织"的教师，其中就包括了共产党。这个时候，连劳工运动的极左翼派别都在忙着跟共产主义撇清干系。1950 年 3 月，产业工人大会驱逐了教师联合会和其他 11 个支持共产主义的工会。随之而来的是为期 10 多年的反共大清洗，终结了 378 名纽约市公立学校教师的职业生涯，其中大部分是终身教师，并且非常专业、声誉颇高。（还有 1 000

名教师遭到了调查，不过保住了工作。）① 当一位教师（通常是一名教师联合会成员）收到通知要求向威廉·詹森（William Jansen）学监报告时，清洗过程就开始了。一旦这名教师到达，詹森会问她这个臭名昭著的问题："你现在是共产党员吗？或者说你之前是否加入过共产党？"回答"是"的话，教师会立即遭到解雇；若是拒绝回答，相关组织可能会对教师的政治活动和个人生活进行调查，然后学校董事会将审判这位教师，这场审判将在报纸和广播电视上受到连篇累牍的报道。至少有少数教师通过揭发出所谓的"共产党"同事而拯救了自己的职业生涯；许多人在收到传票后立即辞了职，不愿意作伪证、忍受公开审判或告发朋友。

最臭名昭著的一场审判发生在 1950 年 9 月和 10 月。教师联合会的 8 名犹太教成员拒绝回答他们是否共产主义者，他们被指控犯有"不服从命令"罪，并有"不符合教师要求的行为"。《纽约教师新闻》编辑西莉亚·齐特隆（Celia Zitron）教拉丁文，并设置了一套希伯来语课程。教师联合会主席亚伯拉罕·莱德曼（Abraham Lederman）是"二战"军人和初中数学老师。在 8 人小组中，爱丽丝·齐特隆（Alice Citron）尤其受人关注。她在哈莱姆区的公立学校工作了 19 年之久，以撰写非裔美国人的历史课程而闻名。她会邀请学生到家，用自己的钱给有需要的孩子购买眼镜、书籍、鞋子和食物。15 位居住于哈莱姆区的学生家长出席了审判，代表齐特隆发言。珀尔·弥赛亚（Pearl Messiah）描述了她家孩子所在的学校，表示那里油漆剥落，厕所破破烂烂，书本又"丑陋而令人讨厌"，并解释说齐特隆通过上下游说而"激励了我们，让我们知道自己可以改变这些事情"。弥赛亚说："人人都喜欢爱丽丝。"另一位母亲罗斯·斯科特·加兰特（Rose Scott Gallant）说："她是我们的

---

① Ralph Blumenthal, "When Suspension of Teachers Ran Unchecked", *The New York Times*, June 15, 2009.

邻居，是整个社区的好伙伴。"齐特隆的"老板"、185 小学（P. S. 185）的校长亚伯拉罕·戈德证明，齐特隆做出了"了不起的工作"，应该得到"最高的赞誉"。①

但教育委员会对这些"共产主义教师"的课堂记录几乎毫无兴趣；检察官约翰·麦克格拉斯（John McGrath）直率地承认，他没有"在课堂上任何可充当证据的具体行为"② 中看出这些老师给学生灌输了共产主义信仰。美国最高法院后来维护了纽约的《费因伯格法》，这一法律只关心教师的私人政治观点，以及这些"反美"观点是否与教育美国儿童的目标不相容。麦卡锡时代"猎巫"运动的第二个借口在于，当教师拒绝回答学监所提的政治背景问题时，他们便表现出了"不服从上级"的非专业姿态。委员会认为，这样的不服从会教导孩子质疑现实而不是听从权威。《芝加哥论坛报》当初就是拿这个理由来指责全美第一个教师工会的。

审判员西奥多·西恩德尔（Theodore Kiendl）作出裁定，要求 8 名教师全部被解雇，他说出了 1918 年对玛丽·麦克道威尔审判时人们曾说过的话语。在他眼里，一个积极地给学生"洗脑"的老师，跟那些观点不受欢迎的组织里的老师之间没有任何区别。他是这样裁决的：

>······这位老师有意支持任何主张以暴力推翻我们政府的意识形态，并且准备在时机成熟时将这种意识形态付诸实践。这位老师极度不适合在我们的公立学校中教育孩子们。这样的老师若是继续教书的话，其危险会远胜于所有其他的考虑，即使作为教师有完美的

---

① Morris U. Schappes, "Free Education on Trial", *Jewish Life*, December 1950；Naison, *Communists in Harlem During the Depression*, 216.

② Taylor, *Reds at the Blackboard*, 148.

表现，也不能以此来维持他的工作。①

1952 年，美国参议院国内安全委员会（U. S. Senate Committee on Internal Security）抵达纽约，前来调查教师联合会。贝拉·多德作证说，工会的邻里行动主义只不过是一个"阴险的阴谋"②，用来欺骗假慈悲的教师加入共产党。"我爱乔·麦卡锡。"③ 她宣称。欧文·阿德勒在被问及其共产党身份时，援引了第五修正案做保护。④ 他失去了工作，然后成为了作家，撰写了许多关于儿童数学和科学的畅销书籍。（1956 年，他和他的妻子为抗议苏联入侵匈牙利而脱离了美国共产党。）许多遭解雇的教师又找到了第二条职业道路，且大获成功。⑤ 爱丽丝·齐特隆成了作家和社会活动家雪莉·格拉汉姆·杜波依斯（Shirley Graham Du Bois）（W. E. B. 杜波依斯的第二任妻子）的私人秘书。齐特隆安排前教师联合会成员阿贝尔·梅罗波尔（Abel Meeropol）和妻子安妮去养育朱利尤斯（Julius）和埃塞尔·罗森堡（Ethel Rosenberg）的年幼孩子——罗森堡夫妇是共产党人，在 1953 年因叛国罪而被处决。[阿贝尔·梅罗波尔从事歌曲创作，是《奇异的果实》（Strange Fruit）这首歌的词作者，这是一首由比利·霍乐迪（Billie Holiday）所演唱的反私刑歌曲。]

遭到"猎巫"运动袭击的教师里，并非每位都是共产主义者。教师

---

① "Report of the Trial Examiner" (In the matter of the trial of the charges preferred by Dr. William Jansen, Superintendent of Schools, against David L. Friedman, a teacher in Public School 64, Manhattan, December 11, 1950), 25 - 26.

② Taylor, *Reds at the Blackboard*, 223; Adler, *Kicked Upstairs*, 63; 及 Trussell, "Bella Dodd Asserts Reds Got Presidential Advisory Posts."

③ 乔·麦卡锡即约瑟夫·麦卡锡，是麦卡锡主义的领导人物。——译者

④ Adler, *Kicked Upstairs*, 63.

⑤ "Children of the Black List: Robert Meeropol," Dreamers and Fighters Web site, http://dreamersandfighters. com/cob/doc-meeropol. aspx.

联合会秘书露西尔·斯宾塞是联合会级别最高的非裔美国人，她从未加入共产党。但一名被告宣称斯宾塞是共产党成员，在此之后，联邦调查局跟踪了她整整 9 年。参议院委员会发现斯宾塞在 1936 年夏天访问了苏联，考察了那里的学校，他们抓着这一点不放。当问及她是否相信共产主义者（或纳粹党员）有资格在公立学校教书时，她回答说："我认为对教师的评判标准是课堂上的表现，无论共产党员、黑人还是犹太人，都不该被排除在外。"①

纽约的最后一次教师清洗发生在 1960 年。过了几年后，麦卡锡时代的恐怖和强硬派思潮便逐渐散去了。几名遭到清洗的教师得到了重新聘用，并获得补偿。1967 年，最高法院在纽约州立大学教职人员提起的案件中推翻了之前对《费因伯格法》的裁决，宣布该法律违宪。10 年后，纽约市教育委员会恢复了欧文·阿德勒和其他受"猎巫"运动波及的教师们的养老金。

但教师联合会再未恢复。1960 年，一个名为"教师联合协会"的新工会出现了，这是持有社会民主主义思想的教师协会与中学教师之间的联盟，该组织的成员大部分是男性，他们认为自己的工资应该比干同样工作的女教师要高。教师联合协会作出了折中处理，支持设立一种新的工资安排：教师工作时间长会得到奖励，学位高也能得到奖励。这种制度是性别中立的，不过也会提升许多男性高中教师的薪水，因为他们更可能拥有大学和研究生学位。教师联合协会答应帮老师们解决日常生活中遇到的烦恼，比如安排免受学校工作烦扰而安然享受午餐的时间。它承诺抛弃共产主义政治理念。联合协会的新领导人们是蓝领工会成员的儿子，其中包括大卫·赛尔登（David Selden）、乔治·阿尔托玛尔（George Altomare）和艾尔·夏克尔（Al Shanker）这样的人，与教师联

---

① 作者通过《信息自由法案》向联邦调查局申请获得的参议院证词和联邦调查局文件，2013 年 3 月 13 日。

合会的领导者相比，他们对教师一职的看法远没有那么理想化。阿尔托玛尔在跟历史学家丹尼尔·佩尔斯坦（Daniel Perlstein）对话时回忆起了教师联合协会的早年岁月："高中教师是流水线上的工人，是计件工人。"由于老师每天只能和每个学生一起学习 40 分钟，阿尔托玛尔便表示说："人们对这些孩子的了解（不够高），所以无法获得任何工作满意度方面的信息。"①

　　尽管政治思想较为温和，但教师联合协会仍采取过包括罢工在内的武装抗议手段，连教师联合会都禁止"职业"教师进行这些活动。1960 年 11 月 7 日，教师联合协会进行了为期一天的罢工，要求教师获得更高的薪水、拥有集体谈判权、缩小班级规模、在午餐时间内免于处理学校工作。教师联合会的成员越过罢工纠察线开始工作。按照该州法律规定，参与罢工的 5 000 多人可能会失去工作，但实际上这些人占到了纽约教学队伍的 10%，他们的地位无可取代。② 尽管这次罢工并未立即让政府在薪酬和工作条件方面作出让步，但全市教师对于教师联合协会展现力量的这番表演都留下了深刻印象。1961 年他们投出了压倒性票数，支持集体谈判，而教师联合协会则是谈判时他们的唯一代表。这意味着一个大型教师联盟不仅仅是一个活动组织，而且在法律上有权代表其成员在行政人员、学校董事会和政界人士所组成的谈判桌上谈判雇佣合同，这还是美国历史上的头一次。到了第二年，教师联合协会为每位老师争取到了每年 995 美元的涨薪，在当时这是纽约历史上规模最大的加薪；这也是教师们的一种申诉手段，他们能以此来质疑其上司的决定。教师联合会现在变得无足轻重，它于 1964 年解散，到 1967 年时，有

① Daniel H. Perlstein, *Justice, Justice: School Politics and the Eclipse of Liberalism* (New York: Peter Lang, 2004), 19.

② Richard D. Kahlenberg, *Tough Liberal: Albert Shanker and the Battles over Schools, Unions, Race, and Democracy* (New York: Columbia University Press, 2007), 47 - 48.

97％的纽约市教师加入了教师联合协会。①

有什么东西丢失了吗？在哈莱姆、贝德福德·斯图维扬特和美国各地，极左的政治理念一般会让老师在低收入家庭子女所组成的课堂上提高自己的教学效率。我们很难想象欧文·阿德勒、爱丽丝·齐特隆，露西尔·斯宾塞这样的联合会激进分子会把为穷人家孩子教课的行为比作流水线工作。1978 年，哈莱姆的牧师大卫·里科雷什（David Licorish）感叹，教师界的大清洗将共产主义教师赶出了他左邻右里的学校。里科雷什告诉历史学家马克·奈森（Mark Naison），那些老师们"会教导黑人儿童，让他们摆脱美国生活所带来的严酷考验，并且比现在的老师们专心太多了"。"当他们离开之后，哈莱姆变成了一个更糟糕的地方。以前，他们放学后会跟孩子们一起留在学校，并进行课外辅导，提升他们的学业水平……这些人为他们的工作作出了奉献。"②

虽然全美国遭到清洗的教师并不多，但是"猎巫"运动却向整个教师队伍发出了强有力的信息：某些教育工作者——那些生活在主流文化和政治之外的人——在课堂上不受欢迎。具有讽刺意味的是，种族一体化、文化相关课程乃至提升人们对有色人种中贫穷学生的学业期望等许多激进的教师理念，将成为接下来几十年学校改革工作的主流。

---

① Richard D. Kahlenberg, *Tough Liberal: Albert Shanker and the Battles over Schools*, *Unions*, *Race*, *and Democracy* (New York: Columbia University Press, 2007), 60.

② Naison, *Communists in Harlem During the Depression*, 216.

第六章
"唯一有效的贫困护照"

伟大社会教师的远大前程

1954 年 5 月 17 日，最高法院在"布朗诉托皮卡教育局案"中一致宣布，学校的种族隔离在法律上来说是违宪的。虽然 W. E. B. 杜波依斯是黑人教师领导的黑人学校的终身捍卫者，但他被这个事件的象征意义感动了。"我看到不可能的事发生了。"[①] 他写道。小说家拉尔夫·埃里森（Ralph Ellison）宣称："另一场内战已经赢了。"[②] 似乎 9 个法官都是在 19 世纪出生的白人，他们推翻了美国种族关系的结构。"布朗诉教育委员会"名义上是关于传教士的黑人女儿琳达·布朗（Linda Brown）上距离她家只有 7 个街区的托皮卡白人小学的权利。律师瑟古德·马歇尔（Thurgood Marshall）和他在全国有色人种协进会（NAACP）的同事们施行了一个大胆的法律战略：并不是说种族隔离的黑人学校违反宪法是因为他们的质量比白人学校差、资金不足、教科书老旧、运动设施少，而是根据《第十四修正案》——在法律面前做到平等保护，他们认为种族隔离本身就应该是非法的。他们这样做便成功地挑战了《吉姆·克劳法》（*Jim Crow*）的基本法律原则"隔离但平等"，这是 58 年前法院在"普莱西诉弗格森案"（Plessy v. Ferguson）中首先确立的。首席大法官厄尔·沃伦（Earl Warren）的"布朗决定"成为美

国历史上引用频率最高的司法意见之一:

> 公立学校中白人和有色儿童的隔离会对有色儿童造成不利影响；受到法律制裁时影响更大，因为种族隔离政策通常被解释为表示黑人低人一等。因此我们得出结论，在公共教育领域，"隔离但平等"的理论无立足之地。隔离的教育制度在本质上是不平等的。

　　虽然种族隔离的学校在全国是常态，包括北方，但"布朗决定"只适用于17个南部、西部和边境州以及哥伦比亚特区，在这些地方法律明确禁止白人和黑人儿童上同一个学校。（在北方，学校种族隔离主要是由于歧视性的住房政策造成的社区人口分布，以及学区有意决定将黑人孩子分配到以黑人为主的学校，即使他们住在白人学校附近。）40%全国公立学校的学生，约1 070万儿童，将受到裁决的影响。但是老师呢？甚至在布朗之前，黑人社区一直担心合并黑人和白人学校将摧毁黑人中产阶级，这取决于隔离学校的工作。1953年，黑人社会学家奥利弗·考克斯（Oliver Cox）在《国家》杂志中写道，他想知道黑人老师是否会"像烈士那样——工作自由至少与教育中非歧视权利一样神圣"[3]。考克斯认为，任何学校的废除种族隔离计划都必须对黑人工人提供强有力的保护。

　　"布朗决定"的案文只有一次提到了教师，指出南方各州已经采取措施平衡教师资格，并支付黑人和白人学校的费用。事实上，州立法者这样做是为了防止一体化的要求。现在法院指示各州慎重地整合学校，

---

① David Levering Lewis, W. E. B. Du Bois: *The Fight for Equality and the American Century, 1919 - 1963* (New York: Henry Holt, 2000), 557.

② James T. Patterson, Brown v. Board of Education: *A Civil Rights Milestone and Its Troubled Legacy* (New York: Oxford University Press, 2001), xiv.

③ Oliver C. Cox, "Negro Teachers: Martyrs to Integration?" *The Nation*, April 25, 1953.

但法官并没有界定条件，也没有具体要求南方白种人转向赤裸裸的种族主义政治手段，统称为"大规模抗争"，这在很大程度上打击了从前的黑人教育者。南方有一半州通过法律撤销了加入支持学校整合组织的人的教学执照，其中包括 NAACP。① 在 1955 年，亚拉巴马州、佛罗里达州、田纳西州、南卡罗来纳州、北卡罗来纳州、肯塔基州和弗吉尼亚州都废除了教师任期，其目标是更容易解雇黑人教师，避免他们在新整合的学校里与白人竞争。有 4 个南方的州甚至修改宪法废除公共教育的权利。在"布朗案"之后，许多南方白人立法者的表现就好像一个整合的公立学校制度会比没有公立学校制度更糟糕一样。

一些著名的南方黑人，他们本身就是隔离学校引以为傲的校友，估量了白人抵抗整合的形势后认为根本没这个必要。1958 年，当被问及"布朗案"，华盛顿特区的女性教师领导者安娜·朱莉娅·库珀告诉报社记者："我反对。"② 她已是 100 岁高龄，年纪大得足以知道在由黑人教育工作者领导的黑人学校中，孩子们更有可能对自己和黑种人所做出的成就感到自豪。在佛罗里达州中部隔离区长大的 64 岁作家佐拉·尼尔·赫斯顿（Zora Neale Hurston）也表示赞同她的意见。在 1955 年写给《奥兰多哨兵报》的信中，她担心黑人教师和行政人员会因为所有黑人学校被关闭和学生的离开而失去工作。赫斯顿写道："整个事情关乎黑人的自尊：让那些不希望我靠近他们的人与我在校园里交往，这样做能得到多少满足感呢？"③

在 20 世纪 50 年代中期和 60 年代初期，废除种族隔离运动正在缓慢进行，没有人可以肯定地说"布朗决定"最终可能会影响到黑人儿童

---

① Michael Fultz, "The Displacement of Black Educators Post-Brown", *History of Education Quarterly 44*, no. 1 (2004): 11 – 45.

② Johnson, *Uplifting the Women and the Race*, 89.

③ Zora Neale Hurston, "Court Order Can't Make the Races Mix", *Orlando Sentinel*, August 11, 1955.

的教育或者是黑人教师的就业。在作出裁决的 10 年之后，90%以上的黑人学生仍然上的是全黑人学校。[1] 在被整合的 33.3 万名黑人儿童中，80%的人生活在边境地区，而不是在大规模抵抗的南方腹地。在密西西比州，不允许一个黑人孩子上白人学校。为什么呢？ 除了艾森豪威尔总统使用联邦部队整合小石城中央中学这类少数几个重大案例之外，[2] 当白人学校拒绝黑人学生时；当本地银行拒绝那些请求让子女就读白人学校的黑人父母时；当雇主解雇进行报复的黑人家长时，法院和行政部门都不能介入。

所有这一切都在 1964 年改变了。约翰逊总统在肯尼迪遇刺后的巨大声望以及雷厉风行的立法行动，使他为联邦政府的当地公共教育起到了前所未有的作用。之前扩大华盛顿对当地学校影响力的努力已经取得了一些成果。[3] 1957 年苏联人造地球卫星的发射促使国会通过了《国防教育法》（NDEA），该法案为培养科学、数学、工程和外语领域的优秀学生提供了数亿美元。法案并没有解决种族和阶级引起的教育不平等。约翰·肯尼迪于 1960 年担任总统，承诺通过全面的联邦教育援助计划，这是一个可追溯到美国重建时期的自由梦想。但是，肯尼迪的努力受到了国会山抗议活动的阻挠：一方是代表天主教主教的游说者，他们希望为教区学校提供资金；另一方是代表教师工会的人，他们反对向宗教学校提供援助，并拒绝为教师提供更高的工资。接着在"布朗案"之后的挫败的 10 年里，废除种族隔离的确成为了法律，但不是现实。

当国会通过《1964 年民权法案》时，司法部终于可以起诉抵制或延迟整合的学校。第二年，《投票权法案》允许许多南方黑人父母首次登记投票，这意味着黑人公民可能威胁要推翻反对整合的政治家和学校

---

[1] Weinberg, *A Chance to Learn*, 93.

[2] Ibid., 90.

[3] Gareth Davies, *See Government Grow: Education Politics from Johnson to Reagan*（Lawrence: University Press of Kansas, 2007）.

董事会成员。到了 1972 年，南方的黑人学生中不到 10% 上了全黑人学校。尽管在许多社区，真正的学校整合时期相对短暂，但至少暂时实现了这一点。

国内学校最为持久的变革是通过了《中小学教育法》（ESEA）[1]，这是布什时代"不让一个儿童落伍"法令的前身。最初是以每年 12 亿美元大规模资金资助的《1965 年法案》将左派和折中派联合起来，使华盛顿成为国家教育机构和当地学校的标准制定者。NDEA 针对最优秀和最聪明的学生提供资金支持，而 ESEA 则是关于 19% 的低收入公立学校的贫困学生，大部分是对黑人和西班牙语学生的"补偿性教育"。现在将根据当地政策制定者是否遵守国家指令提供或保留联邦援助，例如向低收入学校提供最新教科书、建立学校图书馆以及对落后学生进行课外补充辅导。那些向低收入学生提供更多国家级资助的州将获得更多来自联邦政府的资金。约翰逊用极具感染力的言论描绘了联邦官僚机构的大量扩张。他在家乡得克萨斯州的约翰逊市签署了 ESEA，他的小学老师就在旁边。他说："通过这项法案，我们弥补了 500 多万教育贫困儿童的无助与希望之间的差距。我们重振革命，革命精神反对无知的暴政。作为佃农的儿子，我知道教育是脱离贫穷唯一有效的通行证。作为一名曾经的教师，我希望在将来，这个法律可以给我们所有年轻人带来很大的希望。"[2] 对于教育工作者来说，这些寄予他们的厚望，就像向贫困宣战的士兵一样，今天仍与我们同在。

为了说明教育的变革力量，总统精心编织了一个政治神话，他曾有

---

① 有关《中小学教育法》的优秀评论，可参见 Irwin Unger, *The Best of Intentions: The Triumphs and Failures of the Great Society Under Kennedy, Johnson, and Nixon* (New York: Doubleday, 1996), 119–125。

② Lyndon B. Johnson, "Remarks Upon Signing the Elementary and Secondary Education Act" (Johnson City, Texas, April 11, 1965).

9 个月在一所低收入的公立小学担任教师。① 1928 年，作为一名 20 岁的大学辍学生，约翰逊跟着女朋友来到了得克萨斯南部，两人计划通过教书赚些钱。约翰逊在科图拉尘土飞扬的牛村找到了工作，那是 3 000 位居民的家乡。他曾在得克萨斯州中部高低起伏的山区中的低等教育学校上过学，但是对实行种族隔离制度的维尔豪森学校感到恐惧——他在那教墨西哥裔美国工人的孩子。学校没有课外活动，没有午餐时间，也没有运动器材。学生和他们的父母住在没有室内管道也没有电的家中，一起努力学习基础英语。约翰逊写信让母亲寄 250 支牙膏来。因为他是男性，很快便被任命为校长。他在学校制定了"仅用英文"的规则，成立了一个辩论小组与附近的学校竞争，为学生布置经典诗歌去背诵，并要求教师放学后留下来辅导需要额外帮助的孩子。他的学生们会记得他是一个严厉的人，他打过那些讲西班牙语或者顶撞老师的孩子。但是大多数人都说约翰逊是一位鼓舞人心的教育家。他每天都以"摇篮里的小宝贝"② 的故事开始上课，故事讲述的是一个贫穷的墨西哥裔美国人的孩子，有时长大想成为老师，有时是医生，有时甚至是美国总统。

用历史学家欧文·恩格尔（Irwin Unger）的话来说，约翰逊被指将教育视为"社会失败和经济不平等的灵丹妙药"③。但有关约翰逊传递的科图拉孩子们的相关政治信息其实是相当复杂的。约翰逊相当谦虚地讲述了他的多年教学，而不是把学校和教师描述为可以克服贫困的救星（借鉴许多当代学校改革者的措辞）。他回忆起饥肠辘辘地来上学的学生，他们不知道白人鄙视他们的棕色皮肤和外来身份。在 1965 年 3 月

---

① Robert Caro, *The Years of Lyndon Johnson: The Path to Power* (New York: Knopf, 1982), 164 - 173; Doris Kearns Goodwin, *Lyndon Johnson and the American Dream* (New York: Harper & Row, 1976), 65 - 66; Robert Dallek, *Lone Star Rising: Lyndon Johnson and His Times, 1908 - 1960* (New York: Oxford University Press, 1991), 77 - 82.

② Caro, *The Path to Power*, 168.

③ Unger, *The Best of Intentions*, 335.

向国会发表的关于"美国承诺"的演讲中，他将自己描绘成一名年轻的老师，从工作中拖着疲惫的身子回到家，陷入了沉思，仅仅希望自己能做得更多。

> 但我知道只能教他们我所知的一点点，希望这些能够帮助他们克服前路的阻碍。不知何故，你永远不会忘记，贫穷和仇恨的疤痕出现在充满希望的年轻孩子脸上的时候。1928 年时从来没有想到1965 年我能站在这里。我甚至做梦都没想过，我有机会去帮助这些学生的儿女，并帮助这个国家里所有像他们一样的人。[1]

仅仅作为一名课堂教师，约翰逊暗示说，他无法充分解决学生面临的社会挑战。为了能做得更多，他不仅需要推进教育计划，而且还需要制定广泛的议程来否定贫穷和种族主义的弊端。他将增加食品券、经济适用房以及课后和暑期课程。他将为贫困儿童提供一个称为"开端计划"（Head Start）的联邦资助的学前教育项目。约翰逊以近乎宗教的方式制定了这个议程。"我想成为总统，帮助同胞结束仇恨，并促进各族人民、各地区和各方人民之间的爱，"他告知国会，"我想成为帮助地球上的兄弟们结束战争的总统。"虽然仍然存在一个共识，即收入和教育机会是密切相关的，但是全国学校的改革议程不会再次伴随如此激进的反贫困推动力了。

然而，伟大的社会教育计划往往执行得很糟，结果难以量化。1971年向联邦政府提交的一份关于 ESEA 资助的暑假项目报告[2]说明了这个

---

① Lyndon B. Johnson, "Special Message to Congress: The American Promise" (March 15, 1965).

② *Approaches to Learning Motivation: An Evaluation of the Summer*, 1971 ESEA Title I Program of Community School District No. 16, Brooklyn, NY (New York: The Human Affairs Research Center, September 1971).

问题。该项目在布鲁克林周边贫困的贝德福德-施托伊弗桑特地区进行。评估发现，一个有着 510 个孩子的学前教育项目是显著有效的。孩子们注射了疫苗并接受了医疗、牙科和眼科检查。在课堂上，他们复习了字母和数字，学习了餐桌礼仪，还用果汁罐制作了花盆。另一个项目则是针对肮脏教室里的残疾儿童：用于判断学生学业需求的测试从来没有实现过，许多老师也长期缺席。在非裔美国文化课中，舞蹈老师声称天气太热不能跳舞，让孩子们出去玩，自己却一遍又一遍地播放非洲音乐唱片。除了知道哥伦布曾经在波多黎各登陆之外，教西班牙文化课的老师似乎对拉丁美洲知之甚少。考试成绩显示，其中的一些课程增加了孩子们的阅读理解能力和拼读技能，但结果总体来说不均衡，还有一些课程根本就没有评估。

像这样的轶事很快就引发了对约翰逊广泛而昂贵的学校改进理念的政治敌意。但在短期内，总统的政策激励工作非常有效地推进了至少一项教育优先事项：整合南方公立学校学生。1966 年 9 月，南部的白人管理人员审查了约翰逊行政法规，并且不情愿地承认，如果没有整合学校，他们将会错过联邦资助的机会，或者被起诉。在亚拉巴马州的塔斯卡卢萨，校董事会谨慎地开始把两名黑人教师调到白人学校，而不是通过重新分配学生。这使白人父母感到恐慌，数十人冲进了校董事会会议。在会上，负责人 W. W. 艾略特告诉他们，虽然整合使我们心烦意乱，但鉴于华盛顿的坚持，该地区别无选择。[1] 亚拉巴马州州长乔治·华莱士表示反对，他怒吼着："现在隔离，明天隔离，永远隔离！"[2] 他宣布将动用警察权开除白人公立学校的黑人教师。暴力威胁至少暂时产生了效果，两名黑人老师因太害怕而无法上班。但直到 1970 年，即使像华莱士这样的白人至上主义者也勉强接受了象征性的废除种族隔离，

① Davis, "Elliott Denies Any 'Deals'", *Tuscaloosa News*, September 12, 1966.
② "Wallace Gives Warning on Negro Teachers", *Miami News*, September 10, 1966.

以换取大量联邦教育经费。

在落实了整合的学校里，两个种族的教师都对教育力量形成了一种新的理想主义。在北卡罗来纳州的西夏洛特高中，黑人和白人教师都参加研讨会，以借鉴彼此的经验。"我们团结起来了，"学校的黑人教师尤妮斯·法尔（Eunice Pharr）回忆到，"当学生们进来时，我注意到教师又一起帮助团结学生。一想到这种情况，我就激动得起鸡皮疙瘩。"[1]在亚拉巴马州伯明翰新整合的伍德拉温高中，黑人教师克莉奥帕特拉·戈里模仿安吉拉·戴维斯穿着蓬松的带着流苏的皮革背心。她基于非裔美国人的经验创建了一门历史课程，讲述三角贸易的中间通道，以及革命战争时期、美国重建时期和3K党诞生时期的黑人士兵。尽管一些白人学生的父母实际上属于3K党，但她认为黑人和白人学生都很喜欢这些课程。戈里说，"我学会去爱这些学生，"那些白人也是一样的，"我知道他们也像我一样喜欢我的黑人学生，我们变得彼此相爱"。

废除种族隔离能使学校迅速发展。在20世纪60年代，夏洛特全黑人的第一沃德小学只有一个堆满玻璃碎片的操场和一个旧式图书馆。当1970年白人小孩开始上学时，改善学校的政治压力也越来越大。校董事会很快便整修了操场，建起了围栏防止孩子跑到大街上，并购买了新的教室用品。由黑人和白人父母组成的家长教师协会（PTA）与当地科学博物馆和非裔美国人文化中心建立了课程合作关系。[2]

但是学校的废除种族隔离政策经常伴随着"布朗决定"黑人评论家预测的一些令人不安的难题。在整合导致裁员和学校关闭的情况下，黑人学校不同程度地关闭，黑人教师也不同程度地被解雇或降职，无论其资历有多高、资格有多少或在课堂上有多成功。在南方，特别是在白人

---

[1] Eunice Pharr, interview ♯K-0471, April 12, 2001, SOHP/UNC, 4.

[2] Frye Gaillard, *The Dream Long Deferred: The Landmark Struggle for Desegregation in Charlotte*, North Carolina (Columbia: The University of South Carolina Press, 2002), 144.

中，感觉黑人教师只受黑人孩子认可。许多白人父母认为黑人教师不如白人老师够格，尽管他们是差不多同时获得大学学位。对种族通婚的恐惧可能让白人父母担心把他们十几岁的女儿送到年轻黑人男性工作的学校。

白人学校董事会采用了一些策略来掩盖种族主义在阻止黑人教育者的决定中所发挥的作用。在整合的过程中，黑人教师比白人教师更有可能被重新分配到他们不具备专业知识的科目或年级，这样他们便会受到差评，因不胜任而被解雇。新黑人教师的聘用率也比新白人教师低。许多南方学区开始要求教师候选人进行有争议的标准化考试，即国家教师资格考试，通常白人更容易得高分。[1] 到了 20 世纪 60 年代，AFT 和 NEA 都支持整合，并从他们的华盛顿总部谴责出于种族歧视的解雇。但是，在大多数州，"布朗决定"之后的黑人和白人联合工会意味着黑人教师不再有专门的组织来发表意见。联邦卫生、教育及福利部估计，在 1954 年至 1971 年间，全国失去了 31 584 个黑人教师职位和 2 235 个黑人校长，即使公共教育的就业总数在增加。[2]

对于黑人教师来说，调入整合的学校被认为是信任，而对白人教师来说则是一种降级。威利·迈·克鲁斯（Willie Mae Crews）在伯明翰市的海因斯高中教英语，这个学校曾经被称为该市黑人社区的"小型大学"。1970 年，黑人克鲁斯加入了海因斯整合委员会，他对白人学生（主要是那些有纪律问题的学生）以及市教育局分配给学校的白人教师感到失望。一些新的白人教师认为，他们必须降低学术水平来教导可怜的黑人孩子。更讽刺的是，海因斯认为其中有许多具有研究生学位、在教育领域以外就业机会很少的黑人教师，他们的水平远高于只读过低质

---

[1] Fultz, "The Displacement of Black Educators Post Brown", 27 - 28.
[2] Ibid. , 37.

量师范学校的白人教师。[1]

同时，行政人员还挑选了黑人指导顾问海伦·希思（Helen Heath），于是他离开了海因斯，并在伯明翰市的一所白人学校格伦高中（Glenn High School）废除了种族隔离。希思记得格伦的白人校长是种族主义者，他鼓励白人远离希思，去拜访白人顾问，但他重视在新整合的环境中帮助高素质黑人学生的机会，意识到他们也是"读大学的料"。[2] 不知道将希思和其他有能力的黑人教育工作者重新分配到历史上的黑人学校有什么作用，因为这个过程被明显的歧视所玷污。但希思认为，历史上像海因斯这样的黑人学校已经"被剥夺了优秀的老师，并被毫无准备的白人教师所取代"[3]。在 1970 年，教育研究员克莱夫顿·克莱（Clayton Claye）注意到，高龄白人老师正在被分配到以前的黑人学校。[4]

废除种族隔离期间进行的几次关于南部教师的调查[5]显示，白人教师对黑人学生的期望很低。白人教师比黑人教师更有可能报告黑人孩子的纪律问题：白人教师抱怨说，黑人父母有着"不同的价值观"[6] ——他们普遍对教育和良好行为的支持力度较差。在 1965 年，13 岁的格洛丽亚·雷吉斯特（Gloria Register）进入了北卡罗来纳州教堂山的 B. 菲利普斯初中，这里之前都是白人。她和其他黑人学生被白人教师告知每天早晨要洗脸刷牙。"这并不是说我们就是动物园里的猴子，"她回忆道，"但我们就是受到这样对待的，我对此非常生气。"[7]

---

① Willie Mae Lee Crews, interview #U‑0020, June 16, 2005, SOHP/UNC.

② Helen Heath, interview #U‑0031, November 13, 2004, SOHP/UNC, 8.

③ Ibid., 18.

④ Clifton M. Claye, "Problems of Cross-Over Teachers", *Integrated Education 8*, no. 5 (1970).

⑤ Thomas H. Buxton et al., "Black and White Teachers and School Desegregation", *Integrated Education 12*, nos. 1‑2 (1974); Mary Victoria Braxton and Charles S. Bullock III, "Teacher Partiality in Desegregation", *Integrated Education 10*, no. 4 (1972).

⑥ Buxton, "Black and White Teachers and School Desegregation", 21.

⑦ Gloria Register Jeter, interview #K‑0549, December 23, 2000, SOHP/UNC, 1.

当时的主流社会科学可能支持白人教育工作者的态度。1965 年，劳工部助理秘书长兼未来的纽约州参议员丹尼尔·帕特里克·莫伊尼汉（Daniel Patrick Moynihan）在他发表的"黑人家庭：国家行动案例"① 一文中警告说，黑人社会越来越混乱，越来越多的孩子出生在远离美国白人中产阶级社会规范的种族隔离社区中。他写道，父亲在外务工的黑人孩子在智商测验中表现不佳，不是因为他们的基因缺陷，而是他们缺少父母的支持。第二年，社会学家詹姆斯·科尔曼（James Coleman）向国会提交了关于"平等教育机会"② 的报告，把 2/3 的黑人与白人孩子之间的学业成绩差距归因于家庭贫困与种族隔离。这两份报告与他们的建议相吻合，都认为父母和社区对儿童的影响力远大于教师和学校。但他们并未声称教育就是无关紧要的。科尔曼报告更是不断被其支持者和批评者所误解，他们认为教师对于贫困是无能为力的。但科尔曼的研究真正揭示的是，与白人相比，普通的黑人孩子入学资金不足，缺乏合格的教师，科学和外语课程也较少。然而，那些在资源充足的整合学校上学的黑人学生往往比种族隔离学校的黑人学生获得更高的考试成绩，并且感觉更能控制自己的生活。科尔曼写道："正如一条面包对于饥饿者比对饱食者来说意味着更多，一本很好的教科书或者最好是一位能干的老师，对于贫困孩子而言，比对于二者都拥有的人来说可能意味着更多。"③ 科尔曼要传达的意思是，尽管家庭收入可能在学生成绩中占有最大因素，但是教师和学校也尤为重要，特别是对于贫困孩子而言。然而，由于呼吁关注黑人家庭相对缺乏书籍等差异，同时忽视贫穷白人中同样的不足，莫伊尼汉和科尔曼的报告可能会导致一些教师得出这样的

---

① Daniel Patrick Moynihan, *The Negro Family: The Case for National Action* (Office of Policy Planning and Research, U. S. Department of Labor, 1965).

② James S. Coleman et al., *Equality of Educational Opportunity* (U. S. Department of Health, Education, and Welfare, 1966).

③ Ibid., 8.

结论：他们几乎没有办法帮助黑人学生成功。研究将在 10 年后明确地显示出来，对孩子如此低的期望值可能真的导致不理想的结果。

但是偏见和低期望值并不是许多学校未能有效地教育黑人和低收入孩子的唯一解释。许多教师缺乏教育任何种族贫困生的相关工作经验或培训，并且他们太多人对非洲裔美国人的教育发展策略一无所知——自内战以来就已经有了旨在帮助种族主义、贫困和政治弱势地位学生的教育方式。教育理论家丽莎·德必（Lisa Delpit）和格洛里亚·德森·比林斯（Gloria Ladson Billings）已经阐述了黑人教师如夏洛特·华滕和安娜·朱莉娅·库珀使用历史上的一些策略成功教育黑人学生的事例。严格的管教较少地作为一种控制手段，她们的教育更多地表现为对孩子的爱：老师告诉学生，我帮你来理解你的行为所造成的后果，因为我个人非常关注你的成功。高效的黑人教师会寻求与学生家长的密切联系，经常在校外与他们进行社交，并与他们进行关于子女教育的谈话。黑人教师为黑人孩子介绍了非洲裔美国人的英雄人物，从而建立种族自豪感。由于许多贫穷的黑人孩子在家里不讲标准英语，所以他们的老师要花额外的时间在语音和扩充词汇量上。

早在 1965 年，约翰逊政府就承认黑人学生问题日益严重，尤其是在南方，太少的黑人教师授课。美国教育局长弗朗西斯·凯普尔（Francis Keppel）担心学校没有黑人楷模，黑人儿童将被迫独自面对学校整合的剧变。他说："我们绝不能自欺欺人地说，黑人教师不会被孩子们排斥。"[1] 甚至连约翰逊总统向全美教育协会的演讲都表示他很担心解雇问题。[2] 然而，无论是行政部门还是法院都不准学区承担除了象征性整合教师以外的更多责任。1965 年，在纽约市学校董事会聘请的

---

① Fultz, "The Displacement of Black Educators Post-Brown", 45.

② Carol F. Karpinski, "A Visible Company of Professionals", *African Americans and the National Education Association During the Civil Rights Movement* (New York: Peter Lang, 2008), 151.

500名南方黑人教师通过整合被撤职之后，全国有色人种协会的律师杰克·格林伯格（Jack Greenberg）写了一封信给《纽约时报》投诉。他写道，决策者必须保护黑人在南方的教师工作，因为黑人教育家在南方社会中占有"独特的重要地位"①。卫生、教育及福利部不情愿地采取了教师整合所必需的正式立场。不过，我们并没有看到有关部门的执法。事实上，次年四面楚歌的塔斯卡卢萨学校董事会收到了一封来自卫生、教育及福利部的信，表明在白人占多数的学校，有一个黑人教师就足够了。②

美国教育史上这种痛苦的插曲未得到当今问责制改革者的承认，因为他们奉行的政策，如关闭社区学校、重组特许学校或英才学校，都或多或少地导致了非裔美国人失去了教学工作。据芝加哥教师工会提起的一项联邦诉讼，2000年全市教师有40%是黑人，但在2010年只有30%。2012年在该地区重建10所学校后，被解雇的教师中51%是黑人，虽然黑人教师仅占全市教师的28%。在2007至2009年，新奥尔良的黑人教师比例从73%下降到57%，净损失100个工作岗位，因为有着相对较低少数民族代表比例的教师快速培训计划在城市学校中有所扩大。与以往不同，当今的裁员与其说是明确的种族敌意，还不如说是事实的产物，即黑人教师更有可能在表现不佳、以倒闭或裁员为目标的种族隔离的黑人学校里工作。而像其他在"婴儿潮"时期的教师一样，他们开始大量退休。但这些数字令人担忧，半个世纪的研究表明，有色人种教师更可能对有色人种学生持高期望，也更可能长期在极其贫困的学校里工作。这两个因素都与提高有色人种学生的学业成绩和升学率相关。为进入教学行业提供有竞争力方案，像"为美国而教"计划，已作出协调一

---

① Jack Greenberg, "For Integration of Negro Teachers", *The New York Times*, August 21, 1965.
② Paul Davis, "Elliott Denies Any 'Deals'".

致的努力来招收非白人教师，在吸引力方面取得了相当大的进步，在许多情况下比传统的师范院校更加成功。然而，在全国范围内，有色人种教师的数量总体上在许多年内都没有增加，并且许多极其贫困、少数民族居多的城市都已对大规模的学校作出了变革，使得人数有所下降。相对于40%的美国公立学校非白人学生，只有大约17%的美国教师不是白人。①

即使约翰逊总统拒绝采取监管措施来保护老一辈的黑人教师，但他个人积极施行一个策略——他在得克萨斯州科图拉呆过一年，对这种方法很熟悉，它现在也因日益发展的"为美国而教"组织变得流行起来：招募优秀青年大学生为贫困孩子们短期授课。"国家教师队伍"是约翰逊最喜欢的一个伟大社会计划，他聚起相当大的政治能量通过国会授权。该计划创立于1965年，是高等教育法的一部分，它部分基于两年前由华盛顿特区名为琼·沃福德（Joan Wofford）的教师所创建的一个项目。②

1962年，毕业于布林莫尔和耶鲁大学的沃福德在波士顿郊区的牛顿高中教书，这是全美最富裕、最先进的公立学校。在肯尼迪总统呼吁公众服务的鼓舞下，她决心在一个市中心地区找工作。在丈夫获得司法实习机会后，这对年轻夫妇搬到了华盛顿特区，沃福德被聘为卡多佐高中第二任白人教师，因为这所学校在哥伦比亚高地的工人阶级黑人社区。学校的校长本尼塔·华盛顿（Bennetta Washington）嫁给了未来的

---

① Ulrich Bosser, *Teacher Diversity Matters* (Center for American progress report, November 2011); Sun Times Media Wire, "CPS Teachers Who Lost Jobs File Discrimination Suit", December 26, 2012; Sarah Carr, *Hope Against Hope: Three Schools, One City, and the Struggle to Educate America's Children* (New York; Bloomsbury Press, 2013), 39. 了解将有色人种教师跟有色人种学生配对后学生成就的增加情况，请参见 Betty Achinstein et al., "Retaining Teachers of Color", *Review of Educational Research 80*, no. 1 (2010): 70 - 107.

② 作者对琼·沃福德的专访，2013 年 5 月 10 日。

市长沃尔特·华盛顿（Walter Washington），她是一位愿意给年轻白人妇女机会的政治改革者。

在卡多佐，沃福德负责教优等生英语。她热爱学生，但对在学校目睹的教学与纪律的做法感到震惊。副校长把他大部分时间花在穿过走廊催促孩子们脱下自己的帽子。当沃福德坐下来与一位数学老师筛选年鉴的课堂场景的照片时，后者拒绝了一张双手悬在半空中的学生的照片。沃福德告诉我："有一种想法就是要乖乖地表现好，但那不是我的理念。我想要的是热情和振奋！我希望孩子们表达出来，而不是端端正正地把双手合十就这么坐着。"

沃福德承认当时她是傲慢甚至是"盲目的"。在她之后的职业生涯研究中，她意识到，如果你想改变一种制度文化，就不能忽视执行规则的管理者和员工，你必须与他们合作并得到他们的反馈。她可能也已经听几代人说过，严明的纪律一直被视为黑人社区高品质教学的标志，这是为了使孩子们作好生活在一个有偏见的世界的准备；在这个世界中，他们几乎不能享受到质疑的好处。然而，沃福德的"自以为是"却有效地改变了对公立学校教学的全国性辩论。

全国调查显示，在低收入学校工作的教师中，有一半希望转为中产阶级。① 沃福德想知道，即使是对于最得天独厚的年轻人，如果市内教学成为一个令人垂涎的光鲜工作会怎么样呢？沃福德读她姐夫哈里斯·沃福德（Harris Wofford）的一封信时，就有了这个想法。她的姐夫是肯尼迪的顾问，当时在为非洲和平工作队效力。哈里斯写道，许多和平工作队的成员被分配在非洲学校任教，并对教育产生了热情。然而，他们回到美国后将无法继续教学，因为根据国家法律的要求，他们需要在教

---

① Robert E. Herriott and Nancy Hoyt St. John, *Social Class and the Urban School: The Impact of Pupil Background on Teachers and Principals* (New York: John Wiley and Sons, 1966), 86, 95 - 97.

育学校学习或者获得教师资格证书。

沃福德赶紧给姐夫回信。在薄薄的蓝色空邮纸上，她勾画出了一个计划：和平队的退伍军人能为卡多佐这样的学校奉献多少。她没有寄出这封信，于是这便成为了一个建议方案。她设想从和平队或高校招收一批年轻教师，他们将通过"特级教师"的指导成为一个特殊的群体，就像沃福德这样，拥有精英家庭背景但已在课堂上取得成功的特级教师。在卡多佐的第一年，"实习"教师每天只有两节课，其余时间用于观察特级教师、互相观察并与同事分享反馈。课后，实习教师将参加城市社会学课程，了解贫困儿童所面临的挑战，努力开发与文化相关的新课程材料，使孩子重新对学习产生兴趣。通过与霍华德大学合作，新成员将获得教育硕士学位，从而避免学校和他们的传统角色，用沃福德的话来说就是"米老鼠课程"。这一构想引起了共鸣，1963 年，前哈佛校长詹姆斯·布赖恩特·科南特（James Bryant Conant）出版了备受广泛讨论的《美国师范教育》①一书。科南特警告说，美国高中辍学者的队伍日益壮大，这将成为"社会炸药"，引发失业，从而导致犯罪。他明白更高质量的教学是使低收入孩子上学的最好方式，他呼吁不再强调本科教育课程对支持文科班加上课堂"实践教学"的未来教师的作用。

哈里斯·沃福德帮小姨子安排会见了肯尼迪的表弟、和平工作队创始者萨金特·施瑞弗尔（Sargent Shriver）。施瑞弗尔作为幕后支持者签了约。几个月后，博比·肯尼迪（Bobby Kennedy）邀请沃福德到他的办公室。他递交了一份总统委员会关于未成年人犯罪和青少年犯罪的调查，以及在 1963 年秋季开展的有关 10 个实习教师的卡多佐项目。媒体很喜欢这个主意。《华盛顿邮报》的女性版块②介绍了在卡多佐教九年

---

① Conant, *The Education of American Teachers* (New York: McGraw-Hill, 1963).

② Carolyn Bell Hughes, "Peace Corps Teachers Start Here", *Washington Post*, October 13, 1963.

级英语的和平队老将、在密歇根农场长大的朱迪思·克里得勒（Judith Crindler），她教授学生《安提戈涅》和梭罗的作品。为期两周，《纽约客》的记者都盯住了沃福德和她的团队。沃福德谦逊地笑着回忆道："作为一个年轻人，我可以说是被推崇备至。我们得到了如此好的宣传效果，甚至有白人父母说：'我们可以把孩子送去卡多佐吗？'"

但是不久，实习教师和老教师之间便开始出现怨恨，他们几乎没有正式的互动机会。卡多佐项目获得了联邦资助，这意味着实习生可以有自己的油印机以及一些退伍教师经常缺乏的学校用品。实习生主要是年轻、缺乏经验的白人，而卡多佐的退伍军人一般都是中年黑人。最大的冲突是发生在课程上。在和平工作队，罗伯塔·卡普兰（Roberta Kaplan）[①] 曾在塞拉利昂的私立学校给非裔美国人教授文学。但是，当她试图将一些相同的资料，包括《黑人男孩》《隐形人》和朗斯顿·休斯（Langston Hughes）的诗歌带回卡多佐时，遭到了英语系一位常务成员的反对，因为他曾看见一名年轻白人老师给黑人学生分配二级阅读清单——这些作品还没有被高度重视。卡普兰告诉我，他们想确保孩子们接触到同样的经典文学，比如说薇拉·凯瑟（Willa Cather）关于内布拉斯加州白人先驱的小说——《我的安东尼娅》。"即使是《杀死一只知更鸟》在当时也不算作经典！"

沃福德在两年后离开了该项目。沮丧的是，学区禁止她在怀孕期间进行教学，这是当时全国普遍的做法，不久之后便被废除。但她的工作已经扎根：1965 年，参议院民主党人泰德·肯尼迪（Ted Kennedy）和盖洛德·纳尔逊（Gaylord Nelson）开始起草基于卡多佐项目的立法，还有另外类似的工作，像在全国范围内实施的密尔沃基实习计划。他们设想了一个国家教师队，让优秀的年轻人有机会进入教育界，然后改造教

---

① 作者对罗伯塔·卡普兰的采访，2013 年 4 月 19 日。

师职业，而不必像在媒体和国会山看到的那样，通过上教师学院或获得教育学位反而使教师水平停滞不前。正如历史学家贝瑟尼·罗杰斯（Bethany Rogers）指出的那样，将"更好的人"招募到教师队伍的设想已经明确贬低了在高等教育学校工作的教师的智慧。[1] 他们的想法是，现在的老师，其中许多是老年黑人妇女，对于如何教育贫困儿童几乎没有什么洞见。

后来，由教师兼理论家拉里·古班（Larry Cuban）领导的卡多佐项目更好地利用了卡多佐老教师的集体经验，他聘请了部分教师担任新实习教师的导师。22 岁的来自俄克拉何马州的白人简·戴维（Jane David）[2] 于 1966 年开始在卡多佐进行教学。当时，报纸分开列出男性和女性的工作清单，雄心勃勃的安提亚克大学毕业生戴维看到"仆人星期五"的广告感到很沮丧。她想尝试教书，虽然起初对这工作拿不定主意，但很快就爱上了它。她的导师是一位名叫贝丝·霍华德（Bess Howard）的黑人老教师，她学会了在数学课程中使用"教具"，像木块这样的物体可以帮助学生掌握数学概念。赢得霍华德的信任对戴维来说同样重要。这位老教师告诉年轻的戴维，她在教室里表现得很自然，戴维将此归功于身为大学教授和专业舞蹈家的父母。"教学的一部分是表演，"她告诉我，"我血液中流淌着一些表演基因。与一些新手不同的是，我在课堂控制上没有任何困难。"

卡多佐项目和教师队伍的一个不寻常的方面是期望实习教师住在他们工作的社区里。1970 年，拉里·古班解释说：

> 教师必须走出自己的堡垒，进入社区。他们必须在非专制环境

---

[1] Bethany Rogers, "'Better' People, Better Teaching: The Vision of the National Teacher Corps, 1965-1968", *History of Education Quarterly 49*, no. 3 (2009): 347-372.

[2] 作者对简·戴维的采访，2013 年 4 月 18 日。

中与学生合作。他们必须了解社区的人。如果没有其他原因，这些事情必须做到……而不只是提高教学质量。简单地说，有效的教学与教师是否很了解其掌控的人以及他们周围环境的性质密切相关。如果不这样做，老师的观念将持续受到电视、报纸、社会科学公式和恐惧的影响，而非自己的第一手经验。这种经验，我不是指在贫民窟里乘公共汽车、在街上走来走去或是突然造访。不是纸上谈兵的城市社会学。我的意思是要了解那些住在该地区的人是很难的。就让社区来教教老师吧。

对于像戴维这样的中产阶级白人来说，他们距离卡多佐高中仅几个街区，这种体验为美国的不平等提供了有力的教育。学校坐落在一座小山上，3 英里以南的美国国会大厦为学生们提供了壮丽的景色。戴维对大多数社区里的孩子从来没有去过那里感到震惊，正如 60 年前的雅各布·里斯对从未去过中央公园的下东区衣衫褴褛的叫花子感到遗憾一样。

戴维住的社区在 1968 年 4 月 5 日周五正对老师展开培训，那是马丁·路德·金遇刺的第二天。当悲伤的学生和教师焦急地聚集在卡多佐的走廊时，一个声音传了出来："十四街着火了！"这是持续 4 天的骚乱席卷这座城市的开始。卡多佐的篮球教练让戴维坐他的汽车回家。当他缓慢通过阻塞路口时，暴徒们来来回回敲打着车子。戴维遮住脸蹲在地上。"教练吓坏了，"她回忆道，"他不想和这个白人小妞在车里被抓住，我们都祈祷没有人看见我。"学校在第二周开学，戴维带着学生讨论发生了什么。"一半的孩子说：'抢还是不抢是一个道德困境。'有一个孩子说：'你知道，这是我人生中第一次穿复活节套装。'而其他人却说：'不，这是偷窃。'听他们争论什么是对什么是错，非常有趣，我认为双方都有强有力的论据。"

卡多佐和教师队伍的实习生也会参加课堂外的社区服务。教师队伍的网站在全国各地的评估表明，由于教学本身已经很费时，很多实习生最终忽视了交给他们的社区责任。然而，一部分实习生相当重视社区服务这一项目。曾在巴尔的摩长大的中产阶级黑人贝弗利·格伦（Beverly Glenn）[1] 是卡多佐项目的新成员，她加入了"中央卡多佐关怀市民"项目，这是一个致力于改善住房内部条件的群体。格伦与其他几个实习教师一起为生活在落后的克利夫顿梯田的学龄前儿童组织了一个暑期项目。

格伦和她的室友，另一名实习老师，甚至自愿监护一名被继父性虐待的学生。格伦当时只有 21 岁，只比她的养女大 4 岁。格伦说，在卡多佐的那些年"感情疲惫，体力消耗"。尽管在校外有着丰富的经历，但她最重视的还是项目中所接受的教学培训。她后来经常回想起职业生涯——曾任波士顿的教师、哈佛大学的研究生，接着是国家认可的教育政策专家和霍华德大学教育学院院长。格伦说："我们在教师队伍里有很多冒险的经历，但主要是学习如何教学。我们学到了很多关于儿童发展、心理学、课程开发以及课程计划的意义，还有关于学生个性化的方式，以及你如何评估孩子们学到的东西。"这些实际问题并不始终是传统师范学院课程的一部分，后者更倾向于强调理论而不是实践，直到最近都很少关注如何衡量孩子的学习成果。

在计划第一年，华盛顿特区的国家教师队伍办公室选出了全国各地队伍的所有新成员。但在国会中，来自俄勒冈州的民主党和前工会教师代表伊迪丝·格林（Edith Green）试图使该计划更多地受到地方控制。像当今"为美国而教"的批评者，格林和全美教育协会认为，教学上的捷径对于花时间获得教育学位的职业教师来说是不公平的，而且从长远

---

① 作者对贝弗利·格伦的采访，2013 年 4 月 25 日。

来看这些课程也会使教学非专业化。她所代表的北方人和拥有南方各州权利的南方人之间建立了一个联盟，共同要求修改该计划。到了 1967 年，国家教师队只是一个小型的分散项目：当地有权雇用实习生并监督他们的工作。这种变化非常成功地将更多的黑人、西班牙语美国人和美洲原住民教师带入教室；在教师队的前 3 个周期中，10% 至 30% 的实习生来自少数民族，在后来的几年中达到一半以上。[①] 社区服务和导师与实习者之间的关系仍然存在，教师队和地方学院之间的伙伴关系也仍然存在，以便为新成员提供课后学术课程。《纽约时报》的编辑委员会对联邦政府不再完全控制该项目表示失望，特别是对新来的实习生质量和人数统计，更不用说他们是怎样培训的。董事会写道："绝不是威胁，'局外人'老师往往是新想法的持有者。对于城乡贫民窟学校，没有什么比从地方和国家教育制度的僵局逃脱出来更好的办法。"[②]

"教师队伍"计划在今天是否成功是很难判断的；在 20 世纪 60 和 70 年代，标准化的成绩测试并没有广泛用于学生学习或教师业绩考量。1973 年，社会学家罗纳德·科尔维（Ronald Corwin）发表了对该项目的确定性评估。[③] 教师队网站聘请了 3 000 名实习生，他们在 27 个州和波多黎各工作，其中包括纽约、芝加哥和洛杉矶等城市，农村黑带以及印第安保留区。55% 的新成员来自中产阶级家庭，相比之下，只有 1/4 是有经验的老师。科尔维发现，新成员确实对琼·沃福德等改革者所希望的学生抱有很高期望。实习生比老教师更有可能相信贫困学生可以从高中毕业，而不太可能表明"贫困的家庭背景"阻碍了孩子学习。实习生将教育视为最有效的反贫困工具，而老教师则认为职业培训、有保障的收入和有价值的技能更有意义。绝大多数的新成员都没有成为职业教

---

① Rogers, " 'Better' People, Better Teaching", 363.
② "Teacher Corps", *The New York Times*, July 4, 1967.
③ Ronald G. Corwin, *Reform and Organizational Survival: The Teacher Corps as an Instrument of Educational Change* (New York: John Wiley & Sons, 1973), 96-97.

师，但许多人从事了教育管理或政策的工作。

教师队的实习生报告说，他们帮助贫困儿童完成了大学申请，并组织了之前不存在的家长教师协会。在南部的农村，实习生有时是黑人唯一认识或信任的白人。然而，一些项目点已经失败了。许多教师成员藐视他们在合作大学中的课程，这些大学没有他们所参加的本科院校精英。在南方，气愤的父母指责了几名实习生对进化论或共产主义的教学，在少数情况下，实习生之间的种族关系引起了地方的流言蜚语和敌意。有些校长厌恶了他们学校的教师团队成员的存在，并试图将他们与普通教师隔离开来。总的来说，科尔维总结道，该项目的目标是迫使教育机构接受新的教学观念，使高年级的青少年更容易接受没有传统认证的教学。这种相对较小的联邦干预在大学教育部门及 K‑12 的行政人员和老教师中引起了广泛的"地位威胁"[1]，其中许多人对"嬉皮士"教师队成员感到不满。国防教育协会一直对教师队持怀疑态度，"实习生与教师在社会态度或地位上的差距越大，产生的变化就越少"[2]。

除了对嬉皮士的批评之外，关于教师队的许多争议听起来都像是关于今天"为美国而教"项目的辩论。就像卡多佐项目一样，这是由一位想要为这个行业提供捷径的理想主义者创立的。"为美国而教"的使命是要在美国贫困社区引领"教育革命"。总统约翰逊有着相同的目标，他尊敬教育工作者，认为他们的工作或许比国家历史上任何其他总统的都要好。他的"伟大社会议程"，从"教师队伍"到"标题 I"再到"开端计划"都确实起到了作用。联邦资金前所未有地流向极度贫困学校。通过传教士凯瑟琳·比彻首次提倡的教师模型，雄心勃勃的年轻人被鼓励在低收入的学校任教。

---

① Ronald G. Corwin, *Reform and Organizational Survival: The Teacher Corps as an Instrument of Educational Change* (New York: John Wiley & Sons, 1973), 389.
② Fraser, *Preparing America's Teachers: A History*, 219.

但是，安娜·朱莉娅·库珀和佐拉·尼尔·赫斯顿（Zora Neale Hurston）警告，约翰逊政府对南方学校整合的积极推动往往牺牲的是黑人老教师。而由于法院和司法部的串通，事实上大多数北方城市都实行了种族隔离的教育。到 1968 年，"伟大社会"教育议程的局限清晰可见。致力于教育平等的贫困儿童的家长和活动家感到失望，有时还感到愤怒。城市公共教育很快将爆发种族敌意，其中大部分是针对教师及其工会的。

第七章
"我们都变成了激进分子"

社区控制时代下工会教师对抗黑人权利

艾尔·夏克尔（Al Shanker）[①]是连接当今建立在改革和问责制基础之上的教师工会政治与 20 世纪早期民主社会主义的桥梁——也正是在这个时候，现代教师工会开始出现。夏克尔 1927 年进入幼儿园前并不会讲英语。他的父亲是推车沿街售卖报纸的小贩，母亲是血汗工厂的一名裁缝，他们在皇后区的家中讲意第绪语，这也是他们的官方和劳工语言，正如犹太教一样。他的母亲加入美国服装工人联合会后，工资有所提高；夏克尔后来回忆道，这个工会几乎是他们全家的"上帝"。他不是一个充满激情的学生，但是喜爱阅读。他还是孩子的时候，就从皇后区走过第五十九街大桥，来到第五大道，从纽约公共图书馆外的报摊买上一份《评论和党派评论》。他在史蒂文森高中（Stuyvesant High School）的辩论组表现相当出色，父亲希望他成为一名律师。后来，夏克尔在伊利诺伊大学厄巴纳-香槟分校里加入了 CORE——种族平等大会，并担任社会学研究俱乐部的主席。1948 年，社会主义政党总统候选人诺曼·托马斯（Norman Thomas）来到夏克尔的学校组织了一场盛大的集会，规模大过哈里·杜鲁门和托马斯·杜威的集会。

夏克尔毕业后返回纽约继续攻读哥伦比亚大学哲学博士课程，在那里师从约翰·杜威。为了完成毕业论文，他记录了大量笔记。但他似乎缺乏纪律，就是无法安心坐下写出东西来。由于沮丧又缺乏资金，他最终于1952年辍学，那年他24岁。当时正值"婴儿潮"的高峰，公立学校教师缺口很大。[②]大学毕业生只要通过笔试和面试，很快就能获得纽约市颁发的教学证书。夏克尔最初操着一口犹太工人的口音，没有通过第一次考试。后来他苦练自己的发音——预先练习了"看着可爱的黄百合"（Look at the lovely yellow lilies）这样的句子——最终获得了证书。他开始了教学生涯，首先进入哈莱姆小学，后来进入皇后区的一个初中教书。

在夏克尔的心中，教师就是一份照顾小孩、有损自己尊严的工作——一点都不像他曾经想象的学术生涯。午休的时候，夏克尔不得不巡视校园，拉开打雪仗的孩子们，跟着学生进入当地A&P商店防止发生盗窃事件。老师想请一天病假，还必须拿到医生的医嘱。更糟糕的是，夏克尔意识到他根本就不会教学，希望能得到一些指导。但是，好不容易有一位教务主管来听了夏克尔的课，结果留下的唯一反馈居然是抱怨地板上有3张纸。教职工会议能开3个多小时，会上校长一直抱怨那些打碎的钟表、嘈杂的教室，还有一些完全与教学无关的琐事。老师每周的薪水是66美元，比一个熟练的洗车工挣的还少。

所以夏克尔开始组织教师工会，这是老教师工会一个持反共立场的小分支。该工会随后发展成为全美教师联合会，即美国最大的教师工会，据称早期就有28 000会员，在这期间夏克尔发挥的作用不容忽视。

---

① 艾尔·夏克尔的生平资料：Kahlenberg, "Tough Liberal: Al Shanker" (speech to New York State United Teachers Convention, April 27, 1985); A. H. Raskin, "He Leads His Teachers Up the Down Staircase", *The New York Times Magazine*, September 3, 1967; 及 Edward B. Fiske, "Albert Shanker: Where He Stands", *The New York Times*, November 5, 1989。

② Christina Collins, "Ethnically Qualifed": *Race, Merit, and the Selection of Urban Teachers, 1920-1980* (New York: Teachers College Press, 2011), 107-109.

全美教师联合会是新式国家运动的倡导者，它围绕"教师权利"组织，呼吁劳资谈判、提高工资，并结束"不专业的琐事"，就像夏克尔曾经厌恶的那些。到了 20 世纪 70 年代中期，公立学校教学已经成为美国加入工会组织最多的职业，90%的老师加入了全美教师联合会和全美教育协会①；而且 70%在地区教学的老师，他们所属的工会也获得了集体谈判权，意味着工会领导人可以与各地区谈判争取教师的权益和需求。1960 年至 1980 年间，全美国有超过 1 000 名教师罢工。② 尽管许多州的法律规定公职人员罢工是一种违法行为，但是工会领导人越来越倾向于宁可坐牢也要改革到夏克尔相同的条件。这种激进组织活动最终奏效了。获得集体谈判权的教师比没有获得此项权利的老师多出 10%。③ 教师获得权利也会为学生带来大量好处。1962 年，纽约教师联合协会创始人乔治·奥特梅尔（George Altomare）所在的高中，每个班的学生多达 52 名。第二年，经过这场 2 000 名教师破坏性的大罢工行为，工会和校董达成协议将高中班级最大人数限制为 49 人；不久之后，工会进一步将这一数字降低至 44 人。④

激进的教师工会成员受到人权运动的影响而进行抗议和罢工。1963 年，夏克尔与华盛顿的金博士一起游行，从塞尔玛向蒙哥马利进发。第二年，夏克尔当选美国教师联合协会的主席，主要致力于"自由之夏"⑤ 的工作。美国教师联合协会的成员自愿来到南部自由学校教书，培养人权主义活动家。工会为黑人选民提供支持，帮助他们赢取民意测

---

① Jal Mehta, *The Allure of Order*（New York：Oxford University Press，2013），114.
② 1961 年，迫于美国劳工联合会的压力，美国教师联合协会改变自身，不情愿地接受教师集体谈判权。1967 年，该协会同意教师在特殊情况下可进行罢工。到了 1970 年，该组织内的管理人员已不再活跃。
③ Barry T. Hirsch et al.，"Teacher Salaries, State Collective Bargaining Laws, and Union Coverage"（working paper，American Economic Association，San Diego，January 6，2013）.
④ 作者对乔治·奥特梅尔的采访，2013 年 6 月 21 日。
⑤ Sandra Adickes, oral history interview, October 21, 1999. USM.

试。桑德拉·费尔德曼（Sandra Feldman）是美国教师联合协会的一名年轻管理者，之后继任夏克尔成为联合协会主席，他曾因试图与跨种族组织 CORE 的活动家在马里兰州被隔离的霍华德·约翰逊酒店共餐而被捕。美国教师联合协会被认为是人权运动中最值得信赖的盟友。

然而，就在几年间，CORE 组织和一系列其他人权组织转而更广泛地反对美国教师联合协会和教师工会主义。左翼知识分子夏克尔拥有工人阶级活动家的背景，被刻画成教育平等辩论中的反面人物，被视为不惜损害黑人贫穷小孩及其父母利益也要维护教师权益的人。关于教师工会的这种描述至今仍具有政治影响力——尽管，我们也能看到这种描述一点也不公正。20 世纪 60 年代末，那些同意缩小课堂规模、取消学校种族隔离、提高学校投入的工会老师和市内家长活动家怎么会站在学校改革辩论的另一方？为什么教师权力提高了，公众对于教师及其工会的信心反而下降了呢？

20 世纪 60 年代末期，工会在教育方面获得了前所未有的政治影响力，公众——尤其是黑人父母和活动家——对于学校越来越愤怒。国家工会支持的废除种族歧视并不会成为治疗众多自由党人所期待的教育不平等的万灵药，这一点也日益清晰。《柯尔曼报告书》（Coleman Report）显示，在前联邦州内，即使废除种族歧视活动最为积极，但是种族差距依然顽固存在。同时，在北方的大部分黑人和拉美裔美国人社区依然在等待种族融合。在波士顿和纽约这样的城市，白人家长活动家正在组织抗议活动反对学校进行的跨区校车接送项目，虽然有时会被暴力压制，但是抗议经常都会取得成功，而且法院很少干预那些由于居住方式甚至是歧视性学区划线（与南方为白人学生和黑人学生合法制定的"双重体系"相反）造成的学校种族隔离情况。尽管这些北方形式的种族隔离都是由白人决策者故意制定的，但它们只是事实存在，不是法律制度。

实际上学校种族隔离情况在北方有所加剧。1960 年，纽约市 40%

的黑人和波多黎各小孩所在学校中没有白人孩子；到了 1967 年，这一数字超过了 50%。白人中产阶级的公立学校学生成绩测验取得的分数比同年级平均水平提前两年，然而市中心学校的学生却往往至少落后两年。[①]

日益严重的种族隔离情况促使活动家和研究者转为关注教师素质。种族隔离学校中的老师在教育贫穷的非白人孩子方面做得足够好么？早就有研究表明，白人教师对黑人学生的智力水平期望较低，但是这些观点对学生学习方面产生的影响暂不可知。1968 年，哈佛大学教授罗伯特·罗森塔尔（Robert Rosenthal）和小学校长莱诺·雅各布森（Lenore Jacobson）写了一篇名为"教室里的皮格马利翁效应"（Pygmalion in the Classroom）[②] 的学术论文，成为极具参考价值的研究之一，在接下来的几年内被媒体、政客以及活动家们反复引用。罗森塔尔和雅各布森告诉旧金山公立学校的老师，他们有几位同学在"哈佛感染习得测验"（Harvard Test of Inflected Acquisition）中表现良好，有望在学术上"绽放"。实际上，根本不存在什么哈佛测试，就是随机选择了学校 20% 智商不同、种族不同的学生组成这个"高期望"组。在学年末的时候，这些学生不论是智商测验还是成绩测验方面都取得了比同班级同龄人更大的成就。研究者得出结论，老师的低期待值给对照组的学生产生了不好的影响——这一调查结果对于受到歧视群体的孩子们产生不安影响，老师们可能会认为这些孩子无法胜任高水平学习。现在看来，教师对学生

---

① Annie Stein, "Containment and Control: A Look at the Record", *Schools Against Children: The Case for Community Control*, ed. Annette T. Rubinstein (New York: Monthly Review Press, 1970); Doxey A. Wilkerson, "The Failure of Schools Serving the Black and Puerto Rican Poor", Rubinstein, ed., *Schools Against Children*; Barbara Carter, *Pickets, Parents, and Power: The Story Behind the New York City Teachers' Strike* (New York: Citation Press, 1971), 9.

② Robert Rosenthal and Lenore Jacobson, "Pygmalion in the Classroom", *Urban Review 3*, no. 1 (1968).

抱有较低的期待的确会影响学生成绩。

　　1967 年，纽约美国教师联合协会又一次发动了罢工运动，部分原因是为了获取将不守规矩的学生驱逐出课堂的权利。1902 年，芝加哥新工会的教师们也希望获得相同的权利，他们认为由于少数学生扰乱课堂导致大部分孩子都无法学习。65 年后，批评家察觉出了带有极大种族色彩的言外之意：白人教师——纽约市 90% 的劳动力——似乎都在声称有权决定哪个种族的孩子有能力学习。改革运动的黑人领袖罗德·迈考伊（Rhody McCoy）是工会的强劲对手，他认为如果黑人小孩的父母参与到孩子的学校中，那么他们就可以向老师演示如何"建立一种不会出现'破坏性孩子'的基调"。① 另一位著名的黑人教育家路德·塞布罗克（Luther Seabrook）对那些所谓的带有种族歧视的白人教师有更大的意见："即使自由主义教育工作者也将黑人孩子视为教养的怪胎……他们将黑人儿童说成'文化剥夺者'；或者他们没有那么强的种族主义，会将其称为'文化差异'。尽管有这些委婉语，孩子还是知道别人正在叫他'黑鬼'。"②

　　这些论据已经渗透到白人的主流社会。那些关于英雄教育家的畅销书和热门电影，例如《桃李满门》（*Up the Down Staircase*）、《吾爱吾师》（*To Sir with Love*）、《英年早逝》（*Death at an Early Age*）都提出一个观点，那就是大多数市内儿童无法享受充满活力的教学以及具有挑战性的课程。非洲裔美国黑人文化也反映了城市学校以及在此工作的老师们那种带有偏见的眼光。黑人作家勒鲁瓦·琼斯（LeRoi Jones）是美国"垮掉的一代"运动的成员，他生长在新泽西州的纽瓦克，父母分别是社会工作者和邮局工人。琼斯曾在取消种族歧视的巴林杰高中读书，他进入学校报社工作，最终获得了霍华德大学的奖学金。然而在小说中，他并没

---

① Rhody McCoy, interview by Blackside, Inc., October 12, 1988. Eyes/WU.
② Claye, "Problems of CrossOver Teachers", 13.

有关注取消种族隔离带来的机会，而是将重点放在大多数白人学校在学术上和心理上离间黑人学生所采用的方式。他的自传体短篇小说《汤姆叔叔的小屋：另类结局》①描述了一位白人教师奥巴赫夫人（Orbach），她是一个固执的老处女，憎恨打击班上一位名叫埃迪·麦吉（Eddie McGhee）的黑人男孩，这个男孩是班上最聪明的学生。最终，孩子亲爱的母亲，这位受过大学教育的家长向校长抱怨老师的行为。这类家长行动主义将成为社区控制运动的标志，其中城市的活动家父母———一些还与黑人权利运动有关———要求更大的话语权决定谁去教他们的孩子以及怎样教。社区控制从来不会集中围绕单一的需求，而是一些定义民族运动的特征。活动家想要那些支持"教师队伍"观念形态的教师———他们会家访，能够在下班后留下来提供额外的帮助，甚至可以居住在他们工作的贫民社区。他们认为父母、社区学校董事会———而不是全市的董事会或者管理人员———应该控制地区学校的预算编制以及老师的雇佣和解聘。大多数的社区控制倡导者认为非洲中心主义课程需要重新编入黑人孩子的学校中。

社区控制的两个主要支持者，CORE 和福特基金会（Ford Foundation），成为了同床异梦的两个组织。② CORE 逐渐发展成为左翼，浮着黑人分离主义的念头。福特基金会的主席麦克乔治·邦迪（McGeorge Bundy）是肯尼迪和约翰逊总统时期的前白宫国家安全顾问，还是越南战争时关键的战略设计者。邦迪深受福特基金会教育项目官员马里奥·芬蒂尼（Mario Fantini）的影响。芬蒂尼的学术著作代表了学校多元文化主义，例如非洲音乐和历史课程。他说服邦迪，如果黑人父母和老师能够一起为孩子所在学校设立一个吸引人的非洲中心主义课程

---

① Published in Imamu Amiri Baraka, *Three Books* (New York: Grove Press, 1975).

② Karen Ferguson, *Top Down: The Ford Foundation*, *Black Power*, *and the Reinvention of Racial Liberalism* (Philadelphia: University of Pennsylvania Press, 2013); Kahlenberg, *Tough Liberal*.

的话，那么"布朗诉托皮卡教育局案"中那些主张取消种族隔离的自由主义者的梦想就会变成现实；市内学校将会得到极大的改善，白人将会渴望将自己的孩子送入这些学校。回想起来，这似乎是一种天真的变革理论。没有任何证据显示大量白人父母愿意将孩子送到非洲中心主义的学校。然而1967年，社区控制运动呼吁那些急于摆脱战争的活动家和政客考虑是否要将黑人孩子送到白人学校。纽约市长约翰·林赛（John Lindsay）是一位激进的共和党人，他任命邦迪率领一个致力于学校改革的市级委员会。由此产生的《邦迪报告》认为，应废除城市学校董事会，将教师聘用、任期、解雇和课程事宜转交给由父母选举和市长任命组成的30至60个社区委员会。

不久之后，底特律、纽瓦克、华盛顿特区以及全国其他城市也开始研究社区控制议程。该议程在教师工会中引起强烈反对。工会刚刚获得集体谈判权，因此对这种可能会侵蚀他们权利的事件反应激烈，因为这可能会迫使他们与数个控制学校的董事会而非每个主要城市的中央管理部门谈判。工会领导者还惧怕由财力雄厚的慈善家资助的基层左派兴起，例如福特基金会，这些可能会考验教师的意识形态——非洲中心论。最根本的是，工会对社区控制运动这样一种说法表示不满：他们认为，恶劣的种族主义老师是因为贫困儿童的学业成绩低而被指责，而且运动对正当程序权利的正面攻击将会出现，导致校长难以将终身教师请出教室。教师工会与其他一些致力于公共教育的进修人员的关系一直很紧张。·亚当斯认为玛格丽特·海利拒绝对教师进行更严格的评估这一做法是错误的。约翰逊总统针对全美教育协会的反对意见创建了教师队伍。但在20世纪60年代末和70年代初期的城市老师罢工中，当工会为了保障白人教师的工作而反对黑人和拉美裔社区控制时，工会不仅对于反工会的保守主义者来说成为彻头彻尾的恶棍，而且首次对美国左派的大部分人来说也是如此。

在推动社区管理方面，我们看到了今天许多学校改革战争的先驱。正如 20 世纪 60 年代末福特基金会为布鲁克林的父母活动家提供资助，促使他们最终接管了学区并试图解雇终身教师一样，如今比尔·盖茨也捐助了加州和其他州为争取"家长制动权"（parent trigger）所做的努力：在这种情况下学校改革者走进低收入社区，帮助家长们组织请愿活动，促进子女学校的管理和人员配置的改革，有时经过改革这些学校会变成非工会的特许学校。① 不论是在过去还是现在，那些将自己描述为进步人士的改革者都认为工会阻碍了优质学校的形成。纽约大学法学教授、邦迪委员会成员霍华德·卡尔德纳（Howard Kalodner）在 1967 年发表了许多声明，宣称要"摧毁专业教育官僚主义。75% 至 80% 的教育工作者不相信黑人和波多黎各儿童有能力学习。你不能拥有这样的专业教育制度"②。如今的改革者们创造了"Blob"一词，用来指称卡尔德纳所谴责的那些官僚机构——教师工会、学校董事会和教师教育计划。卡尔德纳认为这些改革者对于自己的组织过于忠诚，以至于也认为少数种族学生没有智力潜力。

对于工会教师的这种诽谤遗漏了一个更加复杂的现实情况。虽然工会通常以一种自欺欺人的方式要求的工作安全保障很少有父母支持，但是有组织的教师仍然强烈拥护许多弱势儿童的教育政策，例如学前班学费减免以及更好的培训教师。不论如何，由于希望约翰逊总统融合的"伟大社会"的愿景能够在 20 世纪 60 年代实现，社区控制和黑人权利运动对工会教师进行了强有力的批评，慈善事业和政府中那些自由主义

---

① 2012 年由玛吉·吉伦哈尔（Maggie Gyllenhaal）和维奥拉·戴维斯（Viola Davis）主演的电影《永不放弃》描述了"家长制动权"运动。这部电影由一些慈善家资助，他们都具有保守派以及反工会活动主义的背景，例如《旗帜周刊》（The Weekly Standard）的所有人菲尔·安舒茨（Phil Anschutz）。

② Lillian S. Calhoun, "New York: Schools and Power — Whose?" Integrated Education 7, no. 1 (1969).

精英热切地采纳了这种批评，而且类似观点在今天仍然突出。

理查德·卡伦伯格（Richard Kahlenberg）在他的那本必读自传《艾尔·夏克尔，强硬的自由主义》中指出，城市学校的社区控制想法始于1964年的皇后区，那些反对取消学校种族隔离的白人认为家长们应该团结起来共同防止跨区校车接送。两年内，左派就采纳了这个提案。1966年，25岁的黑人分离主义支持者斯托克利·卡迈克尔（Stokely Carmichael）突然出现在国家政治舞台，当时他击败了温和的约翰·刘易斯（John Lewis）成为人权运动的先锋——学生非暴力协调委员会（SNCC）的负责人。卡迈克尔的当选代表着黑人权利运动占据了优势。他四肢瘦长、容貌俊美、穿着保守——修身的西装领带，与政治改革十分搭配，而这正是受到霍华德反殖民主义研究的启发。卡迈克尔对教育政策深表关切。他小时候曾就读于取消种族隔离的学校，包括纽约精英学校布朗克斯科技高中（Bronx High School of Science），但是他认为已经浪费太多时间在取消学校种族隔离制度了。1966年，卡迈克尔在伯克利10 000名左翼学生面前发表了他那篇最著名的演讲。他不仅谈到了越南战争、《公民权利法案》，还谈到了公立学校。"我们无法关注到你们允许进入白人学校的6%的黑人孩子，"他说道，"我们将要关注剩下的94%，"他们就读于黑人占多数的学校——他认为这些学校的老师和校长应该全部由黑人担任。"我们无法要求白人在黑人社区工作——出于心理原因考虑——黑人必须获取权利，为自己而做，表达自己。"白人观众一阵欢呼。在黑人观众面前，他表现得更加严苛。在"黑豹"国防部长休伊·牛顿（Huey Newton）的聚会上，卡迈克尔宣称黑人青年"比那些校董里的白鬼子更聪明……我们必须明白，除非我们掌控能够教育我们如何改变社区的教育系统，否则没有必要送任何人去学校"。①

---

① 参见 "Free Huey" and Berkeley speeches published in Stokely Carmichael, *Stokely Speaks: From Black Power to Pan-Africanism* (Chicago: Lawrence Hill Books, 1971)。

马丁·路德·金把这种哲学称为"虚无主义",并表示这不仅对黑人有用,对穷人维权更有意义。他写道:"在一个多种族社会,没有一个群体能够独立存在。"[1] 但是,黑人分离主义在城市内部地区发展势头迅猛,这主要是由于取消住房和学校种族歧视的承诺遭到背弃。在位于布鲁克林中心的海山布朗斯维尔,尽管经济衰退,近日还是新开了271 初中学校。[2] 低矮的红砖蓝瓦建筑就像是 20 世纪 60 年代早期和中期纽约市为了容纳扩张的学生建成的数十座建筑,而且教育部希望能够阻止工人阶级白人家庭的孩子逃离市内学校。在过去的 10 年里,海山布朗斯维尔几乎所有剩下的白人家庭都逃离了该地区,被长岛和新泽西郊区廉价的抵押贷款勾走。这里原本容纳 3 至 4 人的公寓,现在大多数犹太家庭都塞进了 8 至 10 人,都是来自波多黎各和南部的黑人移民。在洛克威大道附近有一条高速公路通过,在它对面许多公共住房开发项目密密麻麻聚在一起,就像是城市早就习惯了这些满是穷人,没有杂货店、电影院或者其他基本设施的社区或者校区一样。271 初中和其他附近的学校中黑人和拉美裔学生占了总人数的 98%到 99%。

尽管海山布朗斯维尔的生活可能很困难,但是社区拥有一个由教会和社会福利机构组成的完善的社区服务机构。在"布朗诉教育局"之后,这些组织希望解决由于跨区校车接送孩子以及将孩子带离社区而造成的学校过度拥挤、学生表现不佳等问题。白人天主教牧师约翰·鲍威斯(John Powis)帮助海山布朗斯维尔将 17 万名小学生安排进入其他布鲁克林街区的白人学校就读。他说,后果却令人"非常伤心"。接纳这些有色小孩的社区和学校并不是很欢迎他们,而且这些学校的老师们也不愿意教授课业落后好几年的学生。再说回海山布朗斯维尔,像多洛雷

---

① "Where Do We Go From Here", published in Martin Luther King, Jr., *A Testament of Hope*, ed. James M. Washington (New York: HarperCollins, 1986), 586.

② Fred Nauman, interview by Blackside, Inc., April 18, 1989. Eyes/WU.

斯·托雷斯（Dolores Torres）这样的家长对于在学校的所见所闻大感吃惊。托雷斯回忆道，老师实际上就像保姆一样，课程中几乎没有涉及写作。父母迫切需要延长上课时间，为孩子寻求更多的帮助；然而托雷斯说，当放学铃声响起时，"孩子还没离开教室，老师就没影了……我们实在是忍无可忍了"。甚至是教师联合协会都认为街区学生没有得到良好的教育。1967年，工会派出最出色的组织者之一桑迪·费德曼（Sandy Feldman）与该地区的老师合作。"你一走进去就会发现孩子们不听管控。"她说道，"而且走廊没人管理，特别脏。"① 而老师们面对这么恶劣的条件也不过是关上教室的门，充耳不闻。

鲍威斯、托雷斯和其他海山布朗斯维尔的活动家开始怀疑，把孩子送去白人街区学校是否真的能够改善学校的质量，如果不行的话，是不是应该根据斯托克利·卡迈克尔建议的那样做：完全摆脱白人官僚机构的控制，自己决定贫困的有色学生应该接受何种教育。如果说在富裕的纽约郊区城镇，例如查巴克（Chappaqua）或者斯卡斯代尔（Scarsdale），学生家长能够直接选举学校董事会为仅有的几千学生制定政策，那么为什么拥有几千名儿童的海山布朗斯维尔的父母不可以这样做呢？

工会提出了不同的解决方案：认为街区应该是"更有效学校"（MES）计划的一部分，教师联合协会设计了此项计划并说服城市采用。MES计划在贫困街区挑选几所学校，为其提供额外资助，用于小班教学，减免学前班学费，并派遣支援（社会工作者和阅读专家）。这项计划的主管，像许多进步的教育工作者一样，也旨在培训教师如何教授"异质群体"——一个班级的学生拥有不同家庭背景和学习能力。（今天我们通常称此策略为"差异化"，在小班里更容易实施。）

---

① Rev. John Powis, interview conducted by Blackside, Inc., November 4, 1988. Eyes/WU; Dolores Torres, interview conducted by Blackside, Inc., October 31, 1988. Eyes/WU; Sandra Feldman, interview conducted by Blackside, Inc., October 31, 1988. Eyes/WU.

好老师，坏老师　　151

但是社区并没有机会实施 MES 计划。1967 年春天，纽约市长约翰·林赛向海山布朗斯维尔和其他两个以黑人和拉美裔居民居多的社区哈莱姆和下东区授予社区控制权。虽然 MES 计划和社区控制运动二者并不矛盾，可以同时实施，但是城市拒绝 MES 计划资助建立三个"示范"区，声称如果社区控制运动能够证明自己是一个有效的学校治理策略，那么它就需要在定期的预算限制中如此进行。芭芭拉·卡特（Barbara Carter）是一名记者，她早期曾出版了一本关于海山布朗斯维尔变迁的书。她在书中写道，为了把 MES 计划挡在地区大门之外，"学校官员剥夺了社区为数不多的几点目标……逐渐疏远的教师和家长可能会联合起来"[①]。考虑到 MES 计划令人印象深刻的成就，这就更加悲剧了。一年多的时间里，就读 MES 计划学校的学生比那些没有参加此项计划的学生在阅读测试中多获得 2.5 到 4.5 分，数学、演讲和口头交流的成绩也有所提升。[②]

但是，对于城市来说，支持社区控制关乎着金钱、政治联盟和权力，和教学并没有什么太大关系。林赛市长拥有竞选总统的野心，他急切希望解决跨区校车接送争议问题，与那些放弃"布朗诉教育局"一致意见的黑人人权运动领导者结盟。美国最著名的人权组织——之前站在取消种族隔离阵营的 NAACP 和城市联盟，站在黑人权利左派阵营的 SNCC 和 CORE 都支持社区控制运动。最后，学校权力下放的言论引起了国家政治的转向。1969 年，理查德·尼克松上任时提出了一个"新联邦制"[③]，尽可能地将决策权力移交至各州和市政府。

---

① Carter, Pickets, *Parents, and Power*, 32.
② Simon Beagle, *Evaluating MES: A Survey of Research on the More Effective Schools Plan* (Washington, D. C.: American Federation of Teachers, April, 1969); Samuel D. McClelland, *Evaluation of the More Effective Schools Program* (Brooklyn: New York City Board of Education, September 1966).
③ Unger, *The Best of Intentions*, 303.

社区控制初步实验中，3 个示范区的选民有权选举社区学校董事会。该董事会由福特基金会资助，CORE 组织协助成立。在海山布朗斯维尔，董事会选出罗德·迈考伊来监督整个计划。迈考伊不满工会处理学生纪律的立场。这位 46 岁的黑人校长拥有城市的"600 所学校"计划工作经验，旨在帮助孩子解决社交和情感问题。作为一名年轻的教师，如许多黑人竞选者一样，他在参加白人学校校长工会管理员测试时也遇到了麻烦。所以他长期以来满怀对工会谈判条款的失望，加入了社区控制实验。他动情地谈到黑人和拉美裔家庭对他们孩子的教育能作何贡献。他在 1988 年回忆道，当父母负责时，"参加董事会议很有趣"。"会议总是表现出一种积极的态度：我们如何帮助年轻人？我们可以满怀热情地工作。整个社区会围绕着学校聚集在一起。"①

迈考伊住在长岛郊区，有一个 8 岁的孩子，尽管生活方式看似温和，但他与城市左翼激进分子有密切联系。他雇用"黑豹党"成员、皇后区前校长助理赫尔曼·弗格森（Herman Ferguson）担任教育顾问。尽管弗格森最近被指控参与秘密谋杀 NAACP 的罗伊·威尔金斯（Roy Wilkins）以及城市联盟的惠特尼·扬（Fredney Young），但他依旧坚持自己的任命，据说这样做是为了报复温和的"汤姆叔叔"政治。② 1968 年 2 月，哈莱姆公立学校举办了马尔科姆·艾克斯（Malcolm X）纪念集会，弗格森发表了一篇骇人的演讲。他把美国内陆城市比作越南的战场，向众多成年人和青年人提供建议说："死亡只是一瞬间的事情，你什么也感觉不到。但是如果你不能做任何事情，那么找个人陪你一起死。随身带上枪，放在看不见的地方，恰当的时候掏出来，扣动扳机。"

---

① Rhody McCoy, interview by Blackside, Inc., October 12, 1988. Eyes/WU.
② 1968 年 6 月，弗格森被控参与谋杀罪，判处最高 7 年徒刑。他逃离了美国去往圭亚那，但于 1989 年返回美国并服刑。1996 年，纽约最高法院司法部长布鲁斯·赖特（Bruce Wright）批准了弗格森的假释，并质疑对他的指控，指出在 20 世纪 60 年代后期，"所有黑人民族主义活动家不仅是当地警察，而且是联邦调查局的目标"。

那天莱斯·坎贝尔（Les Campbell）[1] 也出现在观众席中，他是布鲁克林贝德福德·斯图维扬特街区一位黑人老师，身材高大，总是穿着花褂子，从非洲中心主义视角讲授历史。由于坎贝尔不顾主管的阻止，带中学学生参加集会，所以几周之后他就被解雇了。

他并没有失业太久。在弗格森的举荐下，迈考伊雇用坎贝尔进入海山布朗斯维尔工作。坎贝尔可以说是271初中一个充满魅力的老师。有人欢迎当然也少不了谩骂，他在这里教授的许多黑人学生开始抛弃自己的"奴隶名字"，并从黑人穆斯林文化中借用名字来命名自己。例如，特蕾莎·乔丹（Theresa Jordan）将名字改成了卡利玛·乔丹（Karima Jordan），并一直用到了成年。坎贝尔的政治主张过于极端，甚至街区的一些黑人父母都不满他的教学风格。伊莱恩·鲁克（Elaine Rooke）就是其中一位，她是家长教师协会主席，十分不满教师联合协会，还告诉儿子要躲着点坎贝尔这个惹祸精。不是每个社区控制的支持者都是分离主义的激进分子，但是在海山布朗斯维尔的公立学校，像弗格森和坎贝尔这样人物的存在激怒了艾尔·夏克尔，而且该地区的所作所为也在不断激怒工会。于是夏克尔开始反对社区控制运动。马丁·路德·金遭到暗杀后的一天早上，271初中举行了一场集会。当罗德·迈考伊站起来时，底下响起一阵"黑人权利"和"杀死白鬼"的呼声，之后白人老师被叫离房间。坎贝尔向学生发表讲话，其中一些内容有煽动暴动的嫌疑。他说："要是白鬼敢碰你一下，你就杀了他。"[2]

总而言之，1967年到1968年，也就是社区控制下的第一个学年过得相当不容易。迈考伊和社区委员会迅速为区内8所学校招聘了黑人和

---

① Les Campbell, interview by Blackside, Inc., November 3, 1988. Eyes/WU.

② Karima Jordan, interview by Blackside, Inc., April 18, 1989. Eyes/WU; Fred Nauman, interview by Blackside, Inc., April 18, 1989. Eyes/WU; Kahlenberg, *Tough Liberal*, 91.

波多黎各人管理者，就因为这样做，还辞退了几位很受欢迎的校长。老师们都不满此举，学生还是不愿待在教室，总是在走廊闲逛。迈考伊和他的助手们决定让这个局势得到控制。1986年5月初的某天——由于学校几乎没有记录，所以确切日期也不记得了——271初中一位名叫塞西尔·伯恩（Cecil Bowen）的监控人员观摩了理查德·道格拉斯（Richard Douglas）教的艺术课。伯恩后来报告称，当他走进教室，看见学生都在大喊大叫，相互泼油漆，而道格拉斯就很无助地站在那里。伯恩制止了这场打斗。几天后，迈考伊和海山布朗斯维尔社区委员会解雇了道格拉斯和另外18名白人教师和管理人员。一些对此感到震惊的老师也被请出课堂，收到了电报形式的解聘书。解雇不是最终目的——他们只是要求这些被选出来的老师向城市学校董事会总部报告，申请重新分配。但是迈考伊打算明确发出一条信息，那就是黑人家长和管理人员应该有权拒绝招聘白人教师。"这个城市任何一所学校都不会再用这些老师，"迈考伊预言道，"黑人社区会关注他们。"①

在集体谈判之前很久的时间里，要解聘一位有经验的老师很难。毕竟，从1917年开始，纽约就已经实行教师任期保障；而其他城市更早，1909年就开始实行。只有在极少数的情况下（或者是道德恐慌时期，比如"红色恐怖"），地区才会不惜花费时间和金钱，通过诉讼解雇一位终身教师。这种"正当程序"是教师工会主义的根本原则——保护教师不会因为政治倾向、性别、种族、宗教信仰、怀孕或是反对行政政策而被解雇。

但是如何处理那些仅仅是不擅长教书的老师呢？学校管理人员和教师联合协会围绕任期规则展开研究，为开除——或者更准确地说是重新

---

① Karima Jordan, interview by Blackside, Inc., April 18, 1989. Eyes/WU; Fred Nauman, interview by Blackside, Inc., April 18, 1989. Eyes/WU; Kahlenberg, *Tough Liberal*, 95.

安排——不称职的终身教师制定了一个非正式的秘密处置方法：校长向教育委员会提出要求将某名教师转到另一所学校；只要校长每年调整的老师人数不超过两名，工会通常不会提出反对意见。这样，不好的老师就从一个学校调到另一个学校，最终往往会留在政治影响力最小且最贫困的社区学校。[1]

美国公共教育的历史表明，教师需要某种保护：女性、黑人、同性恋和激进教师由于意识形态问题受到了一次又一次的解雇，而这与他们的教学能力完全无关。但是直到 20 世纪 60 年代末期，教育改革者还是惧怕变革的钟摆过于偏向相反的方向。社区控制支持者最常引用的数据之一就是在 20 世纪 60 年代中期的 5 年期间，纽约市 5.5 万名老师中只有 12 人由于某些原因被解雇。[2] 所有人，甚至工会都承认，不称职的终身教师绝对不止 12 名。夏克尔和教师联合协会认为，低解雇率掩盖了一个事实，那就是许多教师都是通过私下谈话离开这个职业的。在海山布朗斯维尔，迈考伊故意无视这种默默接受、缓慢进行的方式，他告诉媒体，时间至关重要。"我们必须让他们学习，"他谈及地区弱势学生时说道，"他们已经被剥夺了这么长时间，应该调整了。"[3]

街区学校是否可以根据社区指导，甚至是政治喜好雇用和解雇老师？工会认为他们不能这么做，而且工会已经将几位在海山布朗斯维尔被解雇的老师重新派回学校；而这些老师在那里遇到了活动分子，一些隶属于黑人分离主义组织的人，他们武力阻止老师进入学校教室。[4] 两周之后，当 350 名教师联合协会的老师走出海山布朗斯维尔学校声援他

---

① 20 世纪 90 年代末，教育改革者用流行语 "柠檬之舞" 描述了工会保护如何允许不称职的教师从一个学校调入另一个学校，将他们保留在教师系统内。

② Carter, *Pickets, Parents, and Power*, 26; Jason Epstein, "The Real McCoy", *New York Review of Books*, March 13, 1969.

③ Calhoun, "New York: Schools and Power — Whose?"

④ Carter, *Pickets, Parents, and Power*, 69.

们被解雇的同事时，社区委员会还试图解雇所有人。林赛市长没有支持迈考伊的计划，他也不知道该如何应对。街区的社区委员会是否有权解雇大批教师？

这个地方性事件不仅触发了美国历史上最臭名昭著，最大的教师罢工事件，而且引发了全国大范围的政治和种族危机。几乎在每一场关于当代学校改革的争论中，这种危机都会反复出现。一方面，社区控制倡导者认为，黑人和棕色皮肤贫困儿童的教育十分紧迫，必须牵涉劳动力保护、官僚主义原则，甚至是基本的礼貌礼仪——这与我们听到的如今教师任期反对者所提出的观点相同。另一方面，教师联合协会担心允许父母和非教育者活动家解雇他们不赞成的教师，这将贬低教育工作者的专业水平，并使他们回到工作中不安全的状态。更重要的是，工会主义者担心与非洲中心论有关的社区控制运动可能会使街区学校变成政治教化之地。劳工组织的温和派成功地消除了老教师联盟中激进的共产党人带来的强大挑战。现在，教师联合协会担心由强大的福特基金会资助的黑人权利会构成类似的威胁。1968年5月22日，《纽约时报》的一则工会广告，为回应海山布朗斯维尔的解雇行为，总结了教师联合协会的担心，内容如下：

> 老师受到武力威胁……学校大楼已被极端主义团体接管，他们利用公共财产和税收来教孩子们憎恨……老师和孩子被外部人员（既不是父母也不是社区组织）赶出。该地区有超过15 000名家长，只有不到十几人参加了此次行动。立法机关的权力下放计划意味着更多的权力。不要让我们的学校制度被地方极端主义分子接管。

事实上，海山布朗斯维尔解雇老师既是出于意识形态原因，也充分考虑到了教师能力问题。例如，艺术老师理查德·道格拉斯就是从另一所中学转到了 271 初中，① 那所中学的校长也抱怨他缺乏课堂管理技能。和大多数海山布朗斯维尔以及全国低收入学校里的老师一样，道格拉斯没有接受过任何特殊培训，不懂得如何与贫穷孩子、行为问题儿童以及非英语母语者打交道。事实上，道格拉斯是英国教育理论家 A. S. 尼尔的追随者。尼尔在 1960 年的畅销书《夏山学校》（Summerhill）中描述了一种他在英国寄宿学校创立的"自由"式激进教学法，主要为富人小孩服务。夏山学校的学生生活在"免于成人权威"的环境中，他们可以按照自己认为合适的时长玩耍和学习。孩子们通过投票制定规则以及惩罚措施，学校鼓励家长采取这种放手的方式：只有在得到孩子允许的情况下，家长才能参与学校事务。夏山学校的艺术课没有什么固定结构，学生可以随意追求自己喜欢的项目。尽管在 20 世纪 60 年代，这些实践对于许多自由教育者很有吸引力，但却并不适用于海山布朗斯维尔，这里的父母一直都喜欢传统的组织方式：结构化的课程，严格的纪律，较长的学时。道格拉斯知道这在他的能力之外，但是他似乎更愿意怪罪学生，而忽视了自己不足和不合适的教学方式。他对《纽约邮报》的记者说，可能问题出在自由的艺术课程，与这些特殊的孩子无关。"孩子没有学习的动力，"他抱怨道，学校就应该"早上强化阅读，中午强化选修课，比如邀请电工或者管道工来讲课"，而不是上什么艺术课"因为实际上所有的小孩都不会进入大学"。

很显然，道格拉斯不是一位称职的老师，跟他一起被解雇的老师中也有一些（虽然不是全部）是不称职的，他们之后承认不知道如何管理学生行为。解雇事件发生后的那个夏天，市教育局组织了一次听证会来决定最初 13 名解雇老师中 10 人的命运：他们希望重返海山布朗斯维尔的学校岗位。（其他人已经辞职或是调往其他学校。）担任审判员的是十

---

① Carter, *Pickets*, *Parents*, *and Power*, 83.

分受人尊敬的非裔美国人法官弗朗西斯·里弗斯（Francis Rivers）。他抛出 4 个被解雇老师的案例，声称他们被解雇并不是由于课堂上出现的问题，而仅仅是因为他们对社区控制表示怀疑。在这些老师里，教师联合协会的代表丹尼尔·戈德伯格（Daniel Goldberg）可是大家都认为特别有天赋的社会研究学老师，而他所谓的"罪名"就是在圣诞派对上当着同事的面抨击了社区行政工作。在道格拉斯和其他 5 位老师的案例里，里弗斯总结道，由于迈考伊的行政管理没有记录任何课堂监测和其他人事问题，所以该区对课堂管理问题、迟到甚至体罚的指控几乎无法得到任何证实。里弗斯并没有否认老师在海山布朗斯维尔的课堂上有不尽职尽责的表现。但是就凭这解雇他们似乎有些专断，因为有证言表明该地区超过 1/4 的老师都很软弱，而且有些被解雇的老师曾多次要求主管提供帮助，但是都没有实现。

1968 年 8 月 26 日，里弗斯命令迈考伊恢复全部 10 名教师以及 5 月份参加声援罢工的 350 名教师的工作。[1] 然而，秋季学年的第一天，当教师联合协会的老师们来到 271 初中时，很明显多数人还是无法正常工作。管理人员将工会忠实支持者和拥护社区控制的老师一一"配对"。几位工会里的老师报告称，当他们开始上课时，他们的"配对"老师要么带学生离开教室，要么唆使孩子扰乱课堂。一片混乱，简直就是一场全面的派系战争。[2] 夏克尔不得不下决心对此事作出回应。他认为迈考伊和社区控制运动正在欺负那些对非洲中心论持怀疑态度的老师们，如果这种行为不得到制止，那么黑人教师也可能会因为种族问题受到欺辱。在一次教师联合协会的会议上，他主张举行一次全市罢工，辩称

---

① Published in Confrontation at Ocean Hill-Brownsville: *The New York School Strikes of 1968*, ed. Maurice R. Berube and Marilyn Gittell (New York: Frederick A. Praeger, 1969), 85 – 99.

② Sylvan Fox, "Some Hostility Marks Return of 83 Teachers to Ocean Hill", *The New York Times*, October 1, 1968.

y

好老师，坏老师　　159

"这场罢工可以保护黑人教师免受白人种族主义者欺辱,白人教师免受黑人种族主义者欺辱"。① 工会代表会议投票赞成罢工,纽约 93% 的城市教师选择尊重纠察线,这一人数在 1967 年罢工期间只占 77%,在 1960 年教师联合协会举办的第一次罢工期间仅占 12%。

1968 年,有 6 万名教师参加了史上最严重、破坏性极大的一场罢工,在 9 月至 11 月间,老师们每隔几天或几周就会发动一次。学校总共丧失了 1/5 的学年教学时间,将近 100 万的儿童受到影响。夏克尔主办的巨大的市政厅集会有 4 万名工会教师参加,他们高喊"支持正当程序"。社区控制支持者大声回应,"夏克尔,你就是个种族主义者!"② 示威者一路跟随夏克尔,甚至跟到了他普特南县郊区的家中,给他发了一张"成绩单":"与他人工作生活打成一片"一科得到了 F,"种族主义"一科得到了 A。

在海山布朗斯维尔,罢工期间仍有 60% 的学生会到学校上课。该区试图通过找临时代课老师维持学校运转,这些老师都来自批判工会领导的几个组织:黑人分离主义组织非洲裔美国老师协会;支持社区控制的白人自由主义者,他们其中有些人是共产主义教师工会的子女;还有一些新左派年轻教师,他们认为坚决反共的夏克尔并没有特别反对越南战争。教师面试在学校体院馆进行,迈考伊、社区董事会成员以及家长都会提问申请人。托雷斯记得她和其他父母都在寻求那些热衷于教授非白人孩子并且具有教学灵活性的老师。"他们在一个主要是黑人和拉美裔的社区工作有什么感受? 他们是否认为我们的孩子可以和别人的孩子一样学习,比如说白人社区或是富裕社区的孩子? ……很多教师都很乐意。他们认为教育孩子如果一个方法行不通,那就试试其他的方法——

---

① Khalenberg, *Tough Liberal*, 97 - 98.
② Maurice Carroll, "Giant City Hall Rally Backs Teachers", *The New York Times*, September 17, 1968; Robert E. Dallos, "Shanker's Home Picketed by 150", *The New York Times*, November 4, 1968.

但是所有的孩子都是可以被教导的。"①

《纽约时报》杂志的一篇文章中，临时代课老师查尔斯·艾萨克（Charles Isaacs），这位刚从芝加哥大学法学院毕业的白人研究生以一种理想化的语言描述了罢工期间的教学。艾萨克写道，271 初中的学生正在阅读兰斯顿·休斯（Langston Hughes），他们学习非洲历史，直接叫老师名字。学生们周末去熊山郊游，有一群和他一样"年轻，受过良好教育"的老师陪着，他们"玩得太开心了"，都不要加班费了。② 但是学生们也意识到他们的教育受到了这场剧变的影响。警察为了分开纠察队老师和社区控制积极分子——其中一些是武装的黑豹党成员——设立了路障，而学生上学不得不越过这些路障。很多警察头戴钢盔，身穿防暴装备，手持木棒驻扎在学校的屋顶上。直升机在头顶一直嗡嗡地飞着，有很多记者，很多相机，"就好像有人在拍电影什么的"，九年级的卡利玛·乔丹回忆道，"你不敢相信这一切正在发生"。③

关于纠察线的电视新闻画面显示，中年白人男子和女子庄严地围成一个圈向前行进，他们的脖子上挂着教师联合协会制作的标语："教师人权。""合同必须兑现。""停止教育种族仇恨。"场面不时被丑陋的时刻打断。孩子们目睹了这种公然的种族主义，大人们从谩骂发展到身体冲撞。罢工领导人彼得·古德曼（Peter Goodman）与一名支持罢工的黑人老师结的婚。他认为自己是一个人权活动家，反对教学层面上的社区控制。但他承认，有一些白人同事确实动机不纯。"很多老师都是种族主义者，"他告诉我，"他们把这场罢工看作白人对抗黑人，我却认为并不是这样。"④ 围绕社区控制运动发表的一些激烈言辞煽动了这些恐惧。

---

① Dolores Torres，interview by Blackside，Inc.，October 31，1988. Eyes/WU.
② Republished in Berube and Gittell，eds.，*Confrontation at Ocean Hill-Brownsville*.
③ Karima Jordan，interview by Blackside，Inc.，April 18，1989. Eyes/WU.
④ 作者对彼得·古德曼的专访，2013 年 6 月 3 日。

在罢工期间，一份匿名的反犹传单被投放在海山布朗斯维尔一些教师的邮箱中。传单上写道：

> 如果要教我们的黑人孩子学习非裔美国人的历史和文化，那么这件事必须由认同和理解这个问题的非裔美国人来做。曾经有一段时间，那些嗜血的剥削者和凶手对我们的黑人小孩进行洗脑，教育他们自我仇恨，因此我们不可能让这些谋杀有色人种的中东凶手来完成这项重要的任务，因为他们无法揭露真相，他们的见解和关注点都无法胜任这项工作。[①]

罗德·迈考伊和社区委员会对这份传单内容提出公开谴责。没有理由相信反犹太主义是社区控制运动的核心价值观，因为不少著名的犹太人都参加了这场运动。迈考伊雇用的临时代课教师中有 70% 是白人，这其中有一半是犹太人——与他解雇的老师和那些因为反对他的政策而参加罢工的老师人数几乎相同。不过迈考伊接受弗格森和坎贝尔这类激进分子这件事倒让他处于易受攻击之地。艾尔·夏克尔为了得到公众对他的工会和这场破坏性罢工的支持，迫切要把社区控制刻画成一场偏执的运动。他散发了 5 000 份反犹传单声明："这就是你们孩子需要的么？教师联合协会说，不！"[②]

这场劳动力僵局终于在 11 月末被打破，当时纽约州立理事会直接接管了海山布朗斯维尔和该市的另外两个示范区，结束了这些地方的社区控制实验。这场罢工已经耗尽了公众和政治家们的精力，他们之所以

---

① Kahlenberg, *Tough Liberal*, 107.
② 在 1973 年电影《睡眠者》中，伍迪·艾伦（Woody Allen）抓住了知识分子害怕的心理，就说艾尔·夏克尔会不遗余力地保卫工会教师。电影的主角在未来经过两百年的低温解冻后，发现文明早已被毁灭，而罪魁祸首就是"手握核弹头的艾尔·夏克尔"。

支持学校权力下放，主要是希望结束学校分离的斗争，而非为了满足社区控制支持者真正的要求：赋予低收入家庭、少数群体，甚至是激进父母和活动家控制当地学校预算与议程的权利。然而，种族主义大火仍在燃烧，不断成为国内新闻头条。圣诞节后的一天，黑人问题研究老师莱斯·坎贝尔做客 WBAI 电台节目，节目嘉宾是朱利叶斯·莱斯特（Julius Lester），一位黑人音乐家和活动家。在莱斯特的建议下，坎贝尔诵读了一首诗，作者是他的学生，一位名叫西亚·贝尔纳（Sia Berhan）的 15 岁女孩。这首诗的名字是"致艾尔伯特·夏克尔：反犹太主义"：

> 嘿，头戴圆顶小帽的犹太小子
>
> 你的脸色苍白，犹太小子，我真希望你死去……
>
> 犹太小子，你接受了我的宗教并且信奉它
>
> 但是你知道黑人才是最早的希伯来人
>
> 当联合国宣布以色列成为一个自由独立的国家时
>
> 四五岁的小男孩扔出了炸弹
>
> 他们从头到脚都在憎恨黑色的阿拉伯人
>
> 而你，犹太小子，居然说没事
>
> 后来你来到了美国这片自由之地
>
> 接管了学校系统，高呼白人至上
>
> 因为你知道，犹太小子，只有一个理由让你这样做
>
> 那就是你有一张干净的白色脸庞，褪成无色。①

从一个少年（很明显深受其老师的影响）不成熟的角度来看，这篇令人不安的作品完全出自真正的种族仇恨，而这正是社区控制运动潜在

---

① 尽管电台主持人朱利叶斯·莱斯特在这场臭名昭著的事件中发挥了作用，但是他后来转去信奉了犹太教，并在马萨诸塞州阿姆赫斯特大学教授犹太教研究。

需要的。对于许多有色人种来说，白人，由 2/3 的犹太教师组成的联合协会好像确实是接管了城市的学校系统。原来的共产主义教师工会实际上就是一个和家长合作的人权组织。但是老工会从来没有获得集体谈判权，改善教师工作条件的能力也大大受限，所以它侧重于其他问题。教师联合协会确是一个与众不同的组织。历史学家马约莉·墨菲（Marjorie Murphy）对教师工会主义黑板工会（Blackboard Unions）所作的开创性研究的一个重要见解是，集体谈判实际上将教师与城市学区中央行政部门联合起来——就是玛格丽特·海利发现教师工会主义抵制的那个选区。通过集体谈判，工会很容易就可以和一个强大的行政机构（如城市管理局、教育委员会或市长）进行谈判而无需和那么多各有要求的街区学校董事会或校长见面。在纽约，这就意味着教师联合协会虽然支持学校取消种族隔离制度，却和阻碍学校废除种族隔离的教育委员会（这一点黑人社区都知道）合作密切。随着影响力的提高，像 UFT 这样的教师工会很快就能提高教师工资，这可能会招来黑人和波多黎各公立学校家长的怨恨，因为他们的工资远远低于受过大学教育的老师，而且他们并没有从大量兴起的白人劳工组织中受益。然而工会领导人完全不敢相信有人指控他们种族歧视。毕竟，UFT 没有抗议南方针对黑人实施的种族隔离法案，也没有支持北方主张的废除种族隔离政策。难道 1964 年马丁·路德·金没有自豪地接过 UFT 的最高荣誉"约翰·杜威奖"么？艾尔·夏克尔将黑人分离主义视作激进的、狭隘的意识形态。"对于我来说，人权运动就是为了种族融合，"他说道，"从某种意义上来说，［社区控制］就是一种倒退。"①

　　工会成员吹嘘说，1968 年金去世后——正值社区控制辩论期间——几位金核心集团的成员，比如拜亚特·鲁斯丁（Bayard Rustin）

---

① Al Shanker, interview by Blackside, Inc., November 15, 1988. Eyes/WU.

和菲利普·伦道夫（A. Philip Randolph）仍会站在教师联合协会一边。伦道夫领导了客车搬运工兄弟会（Brotherhood of Sleeping Car Porters），这是黑人占多数的一个著名工会组织。鲁斯丁是一位杰出的教友派信徒，他在向国王介绍非暴力观念中发挥了重大作用。他曾与夏克尔一道参与了由德国托洛茨基的前任信徒马克斯·沙赫特曼（Max Shachtman）主持的社会主义反苏工作。① 罢工期间，鲁斯丁在纽约市教师工会集会上吸引了大批白人，有时会带领他们高唱黑人圣歌。他呼吁工会主义者更加重视改善儿童的教育成果，但认为社区控制也没有提供足够的解决方案。他说："这项提议似乎更关注教育中的政治自决，而非教育素质。"②

然而，从根本上说，鲁斯丁和伦道夫认为扩大黑人中产阶级的主要障碍是缺乏良好的工作而非差学校或者教师工会工作条例。工会主义者十分赞同这种解释。早期的教师联合协会领导人，如夏克尔、乔治·奥特梅尔和彼得·古德曼，因为其父母都属于自己的工会，所以终身都尊重热爱工会。奥特梅尔的母亲和夏克尔的母亲一样也是美国服装工人联合会的成员，而古德曼的父亲是这个工会中的皮货商。然而，20 世纪30 年代以来，劳动政治发生了变化。这些老年工会仅代表私人而非公众。当裁缝的工资上涨，衣物的利润就会下降。另一方面，老师的工资都是国家的税款。20 世纪 60 年代末，社区控制活动家和主流媒体都认为提高老师工资就是损耗学校预算，老师把本应用于急需的新校舍、教科书和其他教育资源的钱都吸走了。1967 年，《纽约时报》总结了精英和积极分子的观点，简单介绍了夏克尔，即工会主席"会尽可能满足老师需要，即使要牺牲学校需求也在所不惜"。③ 在海山布朗斯维尔处于

---

① Taylor Branch, *Pillar of Fire: America in the King Years*, 1963 - 1965（New York: Simon and Schuster, 1998），292.
② Bayard Rustin, "Articles on Education, 1942 - 1987", *Bayard Rustin Papers*.
③ Raskin, "He Leads His Teachers Up the Down Staircase".

争议期间，夏克尔在欧柏林学院作演讲的时候进一步宣传了这个观点。虽然老师和孩子的需要并不总是截然不同，但当有观众问他是否担心罢工会影响孩子的教育时，夏克尔回答道："听着，我代表的不是孩子，我代表的是老师。"[1] 他的这句话仍然经常被用来诋毁工会整体。这是"更有效学校"计划带来的一个教训，这个计划本希望通过为贫困儿童招聘更多的教师来改善教学成果。里弗斯法官总结道，海山布朗斯维尔的老师为了更好地服务学生寻找专业帮助，但是管理人员却无视他们的这种需求，工会也没有因为学生成绩不好受到责备。

社区控制的短暂实验是否会作为教育计划？1968 年 11 月罢工结束后，罗德·迈考伊对媒体说，"我会制订一份教育计划，一年之后你们回来，我保证会做到这一点。"[2] 他甚至还宣称，学生成绩早就提高了 30%，虽然他压根不想公示地区标准测试分数来证明他说的这句话——更讽刺的是他居然认为测试成绩低是社区控制运动发展的主要动力。媒体找出数据，显示从 1967 年到 1969 年对该地区的孩子来说就是一场教育灾难。社区控制前，三年级的学生成绩仅落后 4 个月，但是这场运动后，他们却落后了 12 个月。虽然前任政府管理时，八年级的学生就接受了相当于 15 个月的阅读能力训练课程，但是他们的阅读能力从八年级末到九年级末几乎没有任何提升。[3] 尽管迈考伊已经制订了一些有前景的教育计划，例如双语教育、蒙台梭利小学课室、改善图书馆，但是评论家们还是认为他的改革主要存在于政治层面，缺乏教学细节。迈考伊试图解释这些令人失望的结果，他心酸地说道："每个人都失败过。我们也希望有可以失败的权利。"

1969 年，州立法机构把纽约市的学校划分成 33 个区。每个新区都

---

① Kahlenberg, *Tough Liberal*, 125.

② Calhoun, "New York: Schools and Power — Whose?" 21.

③ Carter, *Pickets*, *Parents*, *and Power*, 55, 164-167.

可以选举出一个教育委员会，但这些机构与控制管理理念相差甚远：它们无权认证、聘用、解雇教师或是为老师提供终身任期——所有权力依然集中于地方教育委员会与教育管理者手中。海山布朗斯维尔 8 个实验学校被纳入城市的新区 23。罗德·迈考伊离开了学校系统，莱斯·坎贝尔也离开了学校系统，开办了一所教斯瓦希里语和非洲武术的夜校。

该市取消了教师联合协会制订的"更有效学校"计划，虽然工会一直十分重视，并认为它能真正起到作用，但是有投诉称该计划并没有一视同仁，过于偏爱某些学校。当然，这正是该计划的关键：为需要的孩子提供额外的资源。取消"更有效学校"计划、摆脱社区、下放学校权力并没有改善纽约最贫困地区的教育成果，也没有改变教育系统责任心缺乏的状况。1971 年春天，海山布朗斯维尔 3 所学校的老师被指控在考试前向学生透露标准考试试题并指导他们做出正确答案。[①] 面对掌握犯罪行为证据的《纽约时报》时，一名小学阅读测试监考员声称自己的作弊行为表达了一种抗议，为了引起公众关注标准化考试对于弱势学生来说是多么的"不公平"。她的校长也支持她这样做。

2008 年，纽约市市长迈克尔·布隆伯格（Michael Bloomberg）和他手下一位很有干劲的学校校长乔尔·克莱因（Joel Klein）关闭了海山布朗斯维尔 271 初中学校，理由是该校测试分数一直很低。自从教师联合协会在此集结发动罢工到现在，学校建筑都没有发生什么太大的变化。但是今天，这里成了老鹰青年学院[②]的校舍，这所学校很受海山布朗斯维尔父母的欢迎：2011 年，1 600 名学生申请 86 个学校席位。为什么成千上万的家庭最终变得这么喜欢海山布朗斯维尔的学校呢？老鹰学院虽然是一所工会学校，但它强调延长教学日、严格纪律、要求穿着统一的

---

① Leonard Buder, "Actual Tests Used to Prepare Students for Reading Exam", *The New York Times*, April 3, 1971.

② 来自老鹰青年学院官网，http://eagleacademyfoundation.com。

校服，甚至实行军事化管理，这仿佛正是应了 20 世纪 60 年代父母的要求。像在其他许多"无借口"的学校中，老师把老鹰学院的学生称为"学者"，为了强调他们的高学术期望。该学校背后有基金会的支持，基金会的董事会通常由新闻集团（News Corp）和瑞士信贷（Credit Suisse）等公司的高管主导。学校还设立独立咨询委员会，由两名社区成员以及来自"为美国而教"机构和学校出版社的一些教育专业人士组成。如今虽然几乎不存在什么黑人分离主义的政治言论，但是许多"无借口"学校改革运动还是在很多方面继承了社区控制运动的衣钵，比如使低收入父母与社区外的精英学校改革家和慈善家达成同盟。

虽然很多人支持海山布朗斯维尔的老鹰学院，但就从可以测量的方面来看，它与 271 初中相比，也没有取得多大的成功。横扫布鲁克林街区的中产阶级化和学校改革浪潮还没有到达海山布朗斯维尔。老鹰学院很明显被隔离了（白人学生不到 2%），1/4 的学生接受特殊教育服务，76% 的学生过着贫穷的生活。老鹰学院只有 13% 的中学学生阅读能力达到年级水平，6% 的学生熟练掌握数学。[1] 该学校的学生成绩还是一个未解之谜。

1970 年，哈得孙河沿岸，新泽西州的纽瓦克爆发了美国历史上历时最长和最暴力的教师罢工——相较于美国两年前的罢工事件，这次罢工很少有人了解。

1970 年 11 月 17 日下午，纽瓦克南八街学校三年级的学生、8 岁的黑人小女孩玛蒂尔达（Matilda）离开校园时发生车祸。一名老师本应该在教学楼外接到玛蒂尔达并安全护送她和其他十几个孩子穿过铺着木板、连接房屋的林荫道。但是就在去年春天，纽瓦克教师工会谈判达成了美国公共教育史上尺度最大的合约，该合约规定所有上课教师无需负

---

[1] Eagle Academy school data reported by Inside Schools at http：//insideschools. org/high/browse/school/1546.

责"非专业事务"，例如管理食堂、管理学生宿舍以及放学后监督学生。

纽约市绝大多数的老师都是白人，与之不同的是纽瓦克有近 2/5 的老师都是非裔美国人，而且纽瓦克教师工会也是由黑人女性卡罗尔·格拉芙（Carole Graves）领导。即便如此，由作家勒鲁瓦·琼斯领导的家长活动家抓住玛蒂尔达的事故，并以此作为证据证明工会教师只顾个人利益，不尊重可怜的黑人儿童。纽瓦克工会发现自己和纽约工会一样，陷入了与要求改变教师工作规则的社区积极分子的一场激烈对抗中。由此引发的这场罢工历时 14 周，有 2 500 人参加，其中一名教师死亡，还有超过 185 名教师被定罪或监禁。根据历史学家史蒂夫·高林（Steve Golin）的报道，罢工双方的数十人，包括教师和其盟友；黑人权利活动分子发动了枪击事件、人身攻击和破坏行为，同时自身也受到伤害。当子弹打碎窗户，伤了她侄女时，工会领导罗尔·格拉芙正好在家。[①]
阿万特·劳瑟（Avant Lowther）是一位年轻的黑人教师，也是工会成员，他的父亲也在纽瓦克公立学校教书。尽管劳瑟以前支持过教师罢工，但是 1971 年，他越过了纠察线转而声援社区控制运动　　最后因为一个白人同事叫他"工贼"，他就与其上演了一场真刀真枪的打斗。

纽约的罢工是一场全国性的黑人对抗白人的罢工，而纽瓦克的罢工更加暴力，各种族都参与其中，将这两场罢工联系起来的一点就是工会普遍取得了胜利。在接下来的几十年里，美国教师的工资和福利都取得了前所未有的改善。他们长期严格的合同得以保留，工作时长以及课堂外的责任得到限制，甚至还成功协商达成了更加详细的申诉程序，允许教师可以拒绝恶劣的工作条件，比如过时的教科书或者由于政治偏见收到的解雇书；但是这些程序却大大限制了行政人员的权利，使他们无法解雇不称职的教师。教师工会逐渐成为各州和联邦选举最大的资助者，

---

① Steve Golin, *The Newark Teacher Strikes: Hopes on the Line* (New Brunswick, NJ: Rutgers University Press, 2002).

因此在全国范围内有着巨大的政治影响力。① 民主党代表大会 10% 的代表都来自教师工会活动分子。除此之外，罢工结束后的那几年，全国的教师工会，包括纽约、纽瓦克的教师工会成功组织了助理教师加入工会，壮大了非白人成员的队伍。然而此举并没有消除公众对于工会作为种族主义和教育现状罪魁祸首的批判。夏克尔的传记作家卡伦伯格指出教师工会主义的一个伟大悖论就是运动提升了权利而工会却丧失了人气。

这或许是因为当工会为老师赢得收益时，恰逢国家大的政治方向正在稳步右转，基本生活就业、廉价的儿童保育、住房以及医疗保健方面——许多社会支持都严重短缺，它们原本可以在学校之外改善贫困小孩的生活。尽管从更广泛的经济层面来看，教师和和其他大学毕业的人相比，所得报酬仍然较低，但是城市教师的工资和福利得到迅猛增长，远远高出了学生家长的收入。

20 世纪六七十年代罢工后，一些有远见的教育家为了孩子的利益决心拉近教师工会和家长活动家之间的关系。1974 年，夏克尔出任全美教师联合协会的主席。虽然他从未就 1968 年教师工会的行为表示道歉，但是他随后引入了许多创新教学理念，包括特许学校以及教师同行评审，其目的都在于改善教学、提高学生成绩。与此同时，一场由教师主导、面向社区的学校小型运动也受到欢迎。② 1974 年，纽约教师德博拉·梅尔（Deborah Meier）在哈莱姆创办了中央公园东方学校，在提高学生测试分数的同时迅速吸引了国家对贫困的有色小孩提供杜威式渐进课程的注意。梅尔认为自己既是教师工会的支持者，同时也支持家长享

---

① 见第九章 Terry M. Moe, *Special Interest: Teachers Unions and America's Public Schools* (Washington, D. C.：Brookings Institution Press, 2011)。

② 最终，这些工会—家长联盟中的许多人在泰德·森泽（Ted Sizer，1984 年成立基础学院联盟的布朗大学教育理论家）的领导下团结一致提倡建立教师主导、社区支持的学校。

有一定权利。纽约大罢工期间，她作为一名老师在自己的家乡和当地教堂组织了"自由学校"。在这所学校里，参与罢工的老师可以不必打破纠察线继续为学生上课。然而，即使是面向社区的中央公园东方学校在其成立后的第3年也丧失了许多生源，因为这些学生家长希望"在课程设置方面有更多的话语权，要大于学校准备移交给家长的权利"，梅尔回忆道："老师们觉得很无助，因为（在典型的公立学校）中，他们都无法自由作出决定。而且家长们都表示：'我们想要做决定！'所以我们在同一时刻都变成了激进分子。我们双方就为了各自的权利展开斗争。"①

令人吃惊的是，在45年后的采访中，那些设立纠察线保护正当程序的工会教师往往将社区控制运动描绘成一场虚假的草根运动，在他们的眼中，这是一场由精英经济保守派人士而非家长或人权组织领导的运动。这些保守派人士希望借此运动将黑人分离出工人运动，从而削弱工会势力以及他们站在道德制高点上发表的言论。的确，市长林赛并不特别热心组织工会。工会积极分子还指责了福特基金会的主席，这位来自富裕共和党家庭的麦克乔治·邦迪；纽约教师联合协会的共同创始人乔治·奥特梅尔，这位1968年教师罢工的主要领导人告诉我："社区本身并没有领导（社区控制）运动的能力。"

然而，这种解释并没有过多关注黑人文化和政治中支持社区控制运动和教师问责制所受的压力；甚至是对"布朗诉教育委员会"持异议的NAACP也转而在种族隔离依旧十分严峻的学校支持社区控制运动。它淡化了那些要求为孩子提供更好教育的家长的领导权力，比如说海山布朗斯维尔学校的托雷斯。而且它忽视了社会科学长期存在的证据，那就是白人教师一般对非白人学生期望较低，而这些看法对于学生学业成绩

① 作者对德博拉·梅尔进行的采访，2013年6月4日。

也产生了不利影响。像福特基金会这样的大慈善家也开始对有色人种社区内白人教师的表现感到失望。

20世纪八九十年代，教师工会认为自己是弱势工人的保卫者，而公众却认为工会是特殊权利（例如任期）的捍卫者；在处理这两种观点之间的冲突时，对于教师工会的批判在政治上变得愈发成熟。在里根革命（Reagan Revolution）的影响下，新式的美国学校改革运动，即标准与问责（standards and accountability）被提升到国家层面的重要地位。里根革命也采用并美化了产生于布鲁克林和纽瓦克内城社区对于教师和工会激进的左派批判。这些新中间派批评人士拒绝黑人权利运动，但他们比以往更有力地提出了一种职业观点，那就是公立学校教师职业能力不足，无法胜任缩小种族和社会经济成就之间差距的任务。

第八章
"失望透顶"

教师问责制如何取代废除种族隔离制度和地方控制制度

里根总统主持华盛顿发起的学校改革新时代的大局似乎不太可能。他是个二流演员，还是戈德华特共和党人，于 1980 年在密西西比州费城发起了总统竞选；而正是在这个地方，1964 年，3 名人权工作者遭到谋杀。里根的意思是："我相信国家的权利。"他承诺为了少数弱势群体（包括学童）的利益，终止代价高昂的政府干预措施，而且要撤销只诞生了一年的内阁教育部，他认为这个部门不过就是"卡特总统的新官僚排场"。对于那些将孩子送入教会附属学校学习的家长，里根赞成他们在教室祷告，用税收抵免学费，而且他还任命了多名法官，这些人都在终止学校种族隔离时代作出了贡献。①

所以里根任命特雷尔·贝尔（Terrel Bell）②为教育部长，还真有点令人惊讶。当时人们将特雷尔·贝尔称为内阁局外人，不插手各方事务：随着基督教权力影响上升，他成为摩门教徒，在众多需要削减预算的项目中，他支持减少医疗补助计划和"头脑启动"计划的预算；他还是内阁成员里最矮的一个，一头乱蓬蓬的白发，脸上总是挂着笑容，为人慈祥，以至于评论家都小瞧了他。他以前是一名公立学校的化学老师，拥有教育学博士学位，也曾担任过公立大学的管理人员。贝尔来自里根曾经厌恶的那个领域，这还要追溯至 20 世纪 60 年代末期，时任加州州长的里根与加利福尼亚大学教师工会的老师和活动家的多次交锋。

但里根还是选择了贝尔，这是因为华盛顿当权派信任他。贝尔曾担任过尼克松总统和福特总统的教育专员，并向国会作证支持建立教育部。里根的顾问希望这个已经获取信任的贝尔能够赞同削减学校资金，认为将能源部（DOE）转到下级机构不会伤害孩子。虽然贝尔私下并不想接受这份任命，但是如果这能够帮助他在共和党内进一步推进自己的学校改革理念，他还是会考虑接受这个愤世嫉俗的任务。里根总统"可能在利用我"，贝尔意识到，"但是我会竭尽全力利用他，利用他的人气来完成我的事业。"

尽管贝尔被迫亲自负责自己的降级事宜，并且在里根总统的第二任期被赞同家庭价值的保守党比尔·贝内特（Bill Bennett）取代，但他依旧作出了辉煌的成绩。他谨慎部署国家各部门，负责制定《危机中的国家》文件，这是联邦政府出版过最具影响力的文件之一。这篇报告对国家所谓的教育平庸说法提出强烈质疑，严厉批评了美国教师工作，为华盛顿争取到了"国家标准和问责制"教育运动。这场运动在海山布朗斯维尔教师罢工之后逐渐渗透至各州议会。支持问责制的人群，就像先前的社区控制激进人士一样对教师和教师工会怨声连天。但是新改革者们依靠数据而非种族意识形态作为捍卫自己的武器。

这场改革浪潮最终产生了像"为美国而教"和"无借口"特许学校运动等组织。其议程回顾了 20 世纪初学校的效率进步主义：标准化测试、教师分数评价和绩效工资。尽管它致力于缩小白人儿童与黑人和拉丁裔儿童之间的考试成绩差距，但它明确拒绝了美国教育改革前 20 年

---

① Edward B. Fiske, "Reagan Record in Education: Mixed Results", *The New York Times*, November 14, 1982.

② 贝尔的生平资料以及犹他州的绩效工资计划：Ibid. , 7 - 13, 79 - 87。

的许多其他人权目标，包括取消学校种族隔离、设置文化相关的课程、赋予有色人种家长管理所在街区学校的权利。

最后，许多问责制改革者提出学校教师是改善国家和个体学生生活水平的主要手段这样的观点，公众认为他们不可避免会在创造就业、职业培训、住房和托儿服务领域缩减国家福利。《危机中的国家》涉及的争论主题，我们今日依然受用。

贝尔一生对问责制学校改革特别痴迷。他对公立教育的力量充满信心，但也深深渴望对教师进行考查、量化、合理化改革。

贝尔在衣阿华州熔岩温泉（Lava Hot Springs）村一个单亲家庭里长大，家里有 8 个兄弟姐妹，没有自来水。像林登·约翰逊一样，贝尔进入公立学校，后来去阿尔比恩州立大学国立教师学院读大学，因为这是他唯一能够负担得起的大学。他曾在国家青年管理局（New Youth Administration）兼职，用所得收入支付每学期 11.5 美元的学费。在阿尔比恩，贝尔对一门课特别着迷，那就是 IQ 的教育测试和评估。但是这个兴趣也给他惹了不小的麻烦：在海军陆战队，贝尔大声喊出一个指挥官可能会在 IQ 测试中被评为"蠢蛋"。于是他被剃光了头，扒光了衣服，只穿着内裤，在单间关了 3 天禁闭，只能靠面包和水充饥。但是，他对于测试的这个兴趣持续了一生。20 世纪 60 年代初，作为犹他州韦伯县一所公立学校的教育主管，他制订了绩效工资计划，老师的工资根据他们在国家教师考试①中的得分以及他们的学生在标准化考试中取得的成绩进行差异发放。该计划引起了犹他州教育协会的强烈抵制，犹他州教育协会成功游说国家立法机构撤出该计划资金。选民拒绝参加通过提高税收来为该计划提供资金的投票活动。虽然绩效工资计划在犹他州没有获得政治上的支持，但是通过这件事贝尔收获了自由市场改革家的

---

① 美国教育考试服务中心（ETS）主办的国家教师考试就是后布朗时期南北各州用来减少黑人教师工资或完全否认他们从业资格而进行的考试。

声誉，增强了其作为里根总统教育部长的信誉。

正是因为曾在尼克松和福特总统的行政部门工作过，贝尔从一开始就了解华盛顿当权派，知道民主党控制的国会绝不会取消教育部或其主要人权计划，即第一条款（Title I），该条款为拥有大量贫困、少数种族和残疾学生的学校提供联邦教育科研经费。此外，他个人也支持这些计划，所以不愿浪费精力在主张取消教育部的空想运动，贝尔在1981年春天开始绕开里根总统核心集团，直接向媒体传达学校改革消息。他在教育部内部制定了一份不受欢迎的挂图表，他在表上根据学业测试分数，高中毕业率，教师薪水和学校资助水平对各州作了一个排名。[①] 这是第一次——但绝不会是最后一次——华盛顿将各州教育置于相互竞争的境地。[②] 尽管挂图的结果可以预料，但是揭示结果的新闻发布会[③]依然人山人海：贫困人口少、社会支持力度大的州，比如佛蒙特州和新罕布什尔州排名靠前；而美国南方腹地的地区排名十分落后。

贝尔提供的这种以分数为导向的强硬举措为华盛顿带来了一场新式中间派学校改革，这场改革在20世纪70年代逐渐出现在美国各州议程上。关于跨校区接送、集体谈判权和社区控制运动爆发的武力冲突严重影响了公众对于老师和学校的看法。据民意调查显示，1966年，在"伟大社会"的鼎盛时期，有59%的美国公众对国家教育系统很有信心；但是到了1980年，这一数字降到了30%。[④] 如果所有人，既包括支持黑人权利的左派人士，也包括赞成种族隔离的右派人士，都认为学

① Edward B. Fiske, "Reagan Record in Education: Mixed Results", *The New York Times*, November 14, 1982, 137.

② 奥巴马总统制定的"力争上游"计划也体现了数据墙的精神，在此项计划中，各州竞争制定根据行政部门规范建立的学校改革议程。对于教师来说，这意味着评估和薪酬与学生考试成绩及其他学业成绩挂钩。

③ Reported in the Associated Press, "Bell Asks Schools to Bolster Courses", *The New York Times*, February 17, 1981; UPI, "Bell Urges Stiff Tests to Decide If Students Go on to Next Grade", *The New York Times*, April 10, 1981.

④ Mehta, *The Allure of Order*, 119.

校很失败，那么国家政策制定者，特别是支持大学校基金的民主党人也就清楚他们必须证明在强硬改革和成果上的教育支出是合理的。

20 世纪 60 年代的学校改革工作并没有要求进行新的标准化考试，而是重点关注教师的种族观念和教学技巧。后来这一重点慢慢发生了变化。到了 20 世纪 70 年代中期，33 个州都制定了测试方案，评估学生的学业成绩，也借此帮助公众了解为什么教育是一项明智的投资。[①] 如果学生分数较低，那么学校资助就成了紧急需要；要是学生分数有所提高，政客们就会称他们的投资正在发挥作用。

将学生考试成绩与对应教师挂钩的想法还没有流行起来。相反，在新的改革下，教师将接受"基于能力"的评估。[②] 20 世纪 70 年代初，加利福尼亚州、得克萨斯州和纽约州通过了相关法律，规定所有教师教育计划都围绕具体的"能力"组织教学，根据教师在课堂上的技巧对他们的工作进行评估，其影响范围波及很广。1975 年，联邦机构国家教育学院聘请了国家教师队伍成员和约翰·默罗（John Merrow，后来的教育记者）作了关于能力运动的报告。默罗认为这场运动其实没有什么实质性内容。对于受欢迎教师的能力，如询问学生"高阶问题"的能力，界定标准很不明确，甚至模糊到无意义的程度。为了安抚立法者，许多大学教育部门只是以一种能力术语重新命名传统课程，但是课程内容并没有任何改变。在情绪激进的那个时代，能力法律通常都没有财政支持就强制执行，而且几乎没有资金支持实行教师培训和评估的新方

---

① Mehta, *The Allure of Order*, 75 - 83; U. S. Department of Health Education and Welfare, *Inside-Out: The Final Report and Recommendations of the Teachers National Field Task Force on the Improvement and Reform of American Education* (Washington, D. C.: U. S. Government Printing Office, 1974), 1.

② John Merrow, *The Politics of Competence: A Review of Competency-Based Teacher Education* (Washington, D. C.: National Institute of Education, 1975).

式。1970 年，加利福尼亚州基本禁止了教育专业的本科教育。[1] 未来的小学教师可以选择任何专业，在学士学位阶段后花一年的时间接受少量教育课程培训学习教学。全美教学质量委员会的研究表明培养教师所需的各科教学技能，特别是小学教师必须面对的课程，一年的时间远远不够。在加利福尼亚州，特别是低年级的数学教学时间被缩短，学生们也为此付出了代价。

教师的声誉持续受到质疑，大多数新产生的"道德恐慌"都集中在教师自己的测试分数上。1980 年，《得克萨斯月刊》中的一则报道"为什么教师不会教书"[2] 赢得了著名的国家公共服务杂志奖。[3] 吉恩·莱昂斯（Gene Lyons）所作的一条报道揭露了休斯敦和达拉斯两座城市的公立学校教师参加标准化考试所得的分数居然低于普通郊区 16 岁孩子所得的分数。莱昂斯拜访了约翰逊总统的母校——西南得克萨斯州立大学圣马科斯分校，并报道称，那里教师培训班招收的学生算是半个文盲。教师资格证书就是"一个骗局和教育耻辱"，他总结道，指责学校滥用约翰·杜威教育理念：过分强调以学生为中心的教学法，忽视了历史、文学、数学和科学方面的课题培训。除此之外，莱昂斯还提到，教师的工资过低，可能会导致许多学术人才不会将老师作为自己职业的首选。

作为教育部长，贝尔试图放大莱昂斯的批评。1982 年，他组建了"国家卓越"教育委员会，包含 18 位成员，有大学校长、学者、商界领袖、校董会成员、退休州长、几位校长和一名公立学校教师。贝尔希望委员会能够制定一项类似于马歇尔学校改革计划的纲领，呼吁媒体和公

---

① Julie Greenberg, Arthur McKee, and Kate Walsh, *Teacher Prep Review*, 2013（National Council on Teacher Quality report, 2013), 33 - 35.

② Gene Lyons, "Why Teachers Can't Teach", *Phi Delta Kappan 62*, no. 2 (October 1980).

③ 9 年之后，温迪·科普（Wendy Kopp）将在普林斯顿大学的高级论文中引用"为什么教师不会教书"，为后来的"为美国而教"组织制订计划。

众团结在一起，共同努力改善教育，迫使里根总统接受更加中立的议程。这项呼吁鼓舞人心，确实没有令贝尔失望。委员会完全不理会总统的指示——"把上帝带回教室"，里根总统在一次会议上告诉成员，"让父母承担教育的首要责任"① ——而是制定了简洁易懂的《危机中的国家》② 报告。该报告巧妙运用冷战中的军事语言为学校改革作出了令人难忘的介绍：

> 倘若一股怀有敌意的外国力量试图将今天存在的平庸的教育表现强加在美国身上，我们会把这视作战争行动。我们已经允许这种情况发生在我们自己身上……实际上，我们已经实行了一项无法想象的单方面解除教育武装的行动。

报告还描述了"平庸之才的上升趋势"：20 年里学业测试成绩一直下降，烹饪和驾驶等选修课被认为可以代替物理和微积分课程（在所谓的"购物中心高中"）；日本和德国公立学校的毕业生由于能够设计更好的汽车和更好的机床，导致美国经济丧失活力；美国老师们都是高中和大学毕业班的垫底人，在数学和科学方面的能力严重不足。

为提高教师素质，委员会建议提高教师基本工资，设立绩效工资奖励工作出色的教师，制定更严格的教师评估制度，使其无法轻易获得教师职位并保持任期。大多数欧洲和亚洲国家在"二战"后建立了高声望的教学专业，为日后有志成为老师的人进行为期几年的课堂培训。《危机中的国家》根据美国教学传统提出了不同的建议：允许那些没有学过教育的跳槽者和年轻的大学毕业生快速获得"代课"教学资格。

---

① Mehta, *The Allure of Order*, 88.
② National Commission on Excellence in Education, *A Nation at Risk: The Imperative for Educational Reform* (Washington, D. C.: U. S. Government Printing Office, April 1983).

提高教师素质只是委员会制定的 4 个优先事项之一，其他还包括提高对学生的期望、加强高中课程的严谨性、每天延长 1 小时上学时间、一个学年延长 40 天、鼓励联邦政府积极制定国家教育日程、增加教育基金投入。但是这份报告提出时，国家正处于热衷削减预算（里根总统第一任期内，联邦政府对于贫困孩子教育资助减少了 16%）和文化战争的政治局面。国会对于提供大量资金延长学习时间（《危机中的国家》最昂贵的提议）并不感兴趣。更加严谨通用的课程设置理念也根本就行不通；长期以来美国人权机构对待所谓的自由民族企图影响当地学校课程这件事表现得像是一个反应过度的偏执狂，里根完全把其当作前反共产主义者一样对待。因此，尽管《危机中的国家》提供了广泛建议，决策者却只是越来越多地关注教师：教师的培训、特征以及如何评估和支付薪金。

教学机构内部——教师工会和教师学院在回应这篇报告时产生了分歧。对于政府发起想要削减学校资金、向教区附属学校提供教育券的行动，美国教师联合协会中一些高级教师表示不愿意支持。但是从 1974年就开始担任劳工联合会主席的艾尔·夏克尔却不顾其顾问以及其对手全美教育协会的意见，赞同《危机中的国家》报告中提出的核心内容，即美国的学校越来越不合格了。"我喜欢'危机中的国家'这句话，因为这些词将教育摆在了与国防相同的位置。"他对其成员这样说。[1] 他的观点与大多数工会成员对于这份报告的想法截然相反，对他来说是一次大胆的行为；当时是亚利桑那州教师工会的领导者、后来担任全美教育协会主席的丹尼斯·范·罗维尔（Dennis Van Roekel）这样说："我把它当作一种人身侮辱。"[2]

---

[1] 有关艾尔·夏克尔对《危机中的国家》的反应，请参见 Kahlenberg, *Tough Liberal*, chapitre 14.

[2] 作者对丹尼斯·范·罗维尔进行的采访，2013 年 10 月 7 日。

即使是夏克尔也不喜欢委员会制定的政策——尤其是针对特定老师实行的绩效工资办法以及延长老师工作时间的想法。工会认为在工资方面，如果他们抵制基于能力、年级水平或者教授课程而制定差异性工资办法，那么本来用于吸引、留住好老师的高工资将会发放给所有人。夏克尔不支持延长工作时间，甚至提出相反意见：他的工会提倡实行为期4天的教学周，周五一到八年级的学生由辅导员看管，高中学生可以利用这天的时间研究项目。（老师可以利用第五天备课、阅卷。）[1] 尽管如此，艾尔·夏克尔作为一名激进的工党领袖，还曾因为领导罢工运动被关进监狱，他的这份声誉助他在20世纪80年代提出众多创新政策来解决《危机中的国家》报告总结的许多问题。这些提议也提升了问责制改革者对他的信心，同时扭转了公众的看法——之前他们都认为劳工联合会是个不肯妥协的工会，而全美教育协会才是"专业"组织。

"同行评议"是艾尔·夏克尔支持的一项创新措施。1981年，俄亥俄州托莱多的劳工联合会地方组织商讨了一项约定，提倡熟练的教师监督新手老师和表现不佳的终身教师的课堂表现，之后可以指导他们改进教学，也可以赞成对他们解聘。当时全国教师调查显示，大多数人都憎恨这个想法，认为这是破坏教师队伍团结。但是，夏克尔认为这是将教学打造成医学或法律这类自我监督管理职业很重要的一步。更重要的是，同行评议指出了美国教学界的关键缺陷：教师从未观察过别人的工作。对于大多数老师来说，他们从来没有听过别人上课，他们唯一亲眼目睹教学实践的机会就是很多年前自己还是学生的时候。

夏克尔提出的另一个新想法就是"特许学校"，这是他从德国借来的一个概念。夏克尔设想中的特许学校是从属工会、由教师经营的学校，可以摆脱州和地方设置的任务，试验新的教学理念。起初，一些共

---

① William K. Stevens, "Head of Teachers' Union Bids Locals Push for 4 - Day Week", *The New York Times*, November 23, 1969.

和党教育改革家并不喜欢这个想法，他们认为这是工会试图帮助特定教师和学校摆脱国家标准的一种方式。但是一旦跨越党派界限的改革家们意识到可以有多种办法制定特许学校法律，这样就有可能开办非工会的公立学校，甚至允许以营利为目的的公司经营公立学校，他们立刻就改变了观点。1992 年，明尼苏达州开办了第一所特许学校，仅仅一年之后，夏克尔就把特许学校称为反工会的"花招"，担心"小商贩"可能会利用特许学校运动将用于学生和教师的公共资金搂进个人腰包。[①]

就在夏克尔选择性接受《危机中的国家》报告的时候，教育教授们对这份报告作出了最严厉的批判。1995 年，大卫·柏林（David Berliner）和布鲁斯·比德尔（Bruce Biddle）以《制造危机》一书作为武器，总结了这些教授的观点：他们认为美国教育情况良好，与报告中提出的核心假设情况相反，还提出教育形势不好都要归咎于倒退的政策，例如那些造成贫富地区学校教师工资差距的政策。作者指出，学术能力测试成绩之所以大幅度下降是因为不同背景的学生，甚至那些"二战"前从未梦想过申请大学的穷人孩子都参加了这场考试。他们承认，美国教师的学术成就远远低于国外的老师。但是，他们写道，这并不是因为教师认证过程中的缺陷，而是因为美国老师的工资低于其他白领的工资。在日本，普通教师赚的和普通工程师一般多；而在美国，教师的工资只有工程师工资的 60%。[②]

杰伊·萨默（Jay Sommer）对于这场新改革攻势有自己的看法。萨默在纽约的新罗谢尔中学教授外语，曾被评为国家"年度教师"，也是唯一一名负责制定《危机中的国家》报告的在职教师。他认为美国教学的主要问题是，学区对于提高教师的技能水平几乎没作任何投入。"基

---

① Kahlenberg, *Tough Liberal*, 308 - 316.

② David C. Berliner and Bruce J. Biddle, *The Manufactured Crisis: Myth*, *Fraud*, *and the Attack on America's Public Schools* (Reading, MA: Addison-Wesley, 1995), 103.

本上没有老师想失败，"萨默对《纽约时报》知名教育专栏作家弗雷德·海金格如是说，"如果他们失败了，那是因为没有人监督他们、指导他们、引领他们。"①

从长远来看，《危机中的国家》报告还是从一波波的批判中挺过来了。这篇报告与国家推动学校改革的其他措施不同，它关注的是提高所有孩子的标准，而不仅限于贫穷儿童，这一点相当聪明。这就有助于获取商业领袖和中产阶级父母的支持，使他们在面对无休止的国际竞争时，还是会被这种教育自满的戏剧性画面吸引。杂志也在模仿报告的这种风格和假设。《财富杂志》报道称："这就像是珍珠港战争，日本人已经入侵，美国处境尴尬。他们靠的不是过去那些枪炮、坦克、舰队一类的武器，而是脑力。在这样一个高科技的时代，各国之间逐渐展开智力竞争，而美国学校却在生产一支文盲军队。"② 国家的决策者，特别是新一代的"教育官员"，如田纳西州的拉马尔·亚历山大（Lamar Alexander）、阿肯色州的比尔·克林顿（Bill Clinton），以及后来得克萨斯州的乔治·W. 布什（George W. Bush）和他在佛罗里达州的兄弟杰布（Jeb），都渴望声称他们遵循了《危机中的国家》报告中提出的建议。2/3 的州启动了新的学生测试计划；30 个州开始要求教师通过从业前的考试后方可上岗；20 个州创立了进入课堂的快速通道，允许没有学过教育的大学毕业生快速成为教师；24 个州声称实行了一种"职业阶梯"政策，实行绩效工资奖励教师——但是到了第十年末，由于预算短缺，缺乏教师认同，几乎所有阶梯都垮了。③ 既然关于《危机中的国家》报告中提及的政策评估能够持续如此之久——"有教无类"、"力争上游"、"核心课程"以及其他为改善教学作出的努力也是以同样的理念

---

① Fred M. Hechinger, "About Education", *The New York Times*, July 6, 1982.
② Wendy Kopp, "An Argument and Plan for the Creation of the Teacher Corps" (senior thesis, Princeton University, April 10, 1989), 4.
③ Bell, *The Thirteenth Man*, 139.

和假设为基础——那么搞清楚到底为什么第一代问责制国家教师改革还是失败了，这一点至关重要。

到了 1988 年，也就是《危机中的国家》报告刚刚发布 5 年之后，《纽约时报》宣布："推行教师绩效工资这个想法开始暴露出它的缺陷，实行它的特定时代已经过去了……回想起来，绩效工资的上下浮动可能是无法避免的。"[1]

确实，即使在《危机中的国家》报告发布时，就已经有可信的证据表明在全国实行绩效工资计划过于夸张[2]——但是这一证据并没有引起改革家们的关注，例如泰德·贝尔就只是迫切期望就教育表现不佳问题提出低成本解决方案。20 世纪 30 到 70 年代间，全国范围内关于绩效工资计划的研究表明，6 年之内，大多数计划都失败了，影响效力的障碍都大致相同：繁重的行政文书工作、资金短缺、关于如何评判教学好坏产生意见分歧、教师本身强烈的反对。

密歇根州的卡拉马祖（Kalamazoo）就提供了一个有力的实例证明教师绩效工资计划幻想破灭的周期性特征。[3] 1974 年，《美国学校董事会杂志》发表了一系列狂热的文章，内容都是关于威廉姆·高士这位之前从未在公立学校做过行政工作的地区新教育主管（他曾是大学教授）。高士提出绩效工资体系，根据学生在标准化考试中取得的分数给老师打分。老师在上课时，会有 5 到 15 名同校老师、校长、学生听课，他们会对老师的表现做出书面评价。老师也需要写出自我评价。管理人员也一样，由同事、向他们汇报的老师、学生以及家长对其作出评估。

---

① Edward B. Fiske, "Education; Lessons", *The New York Times*, August 3, 1988.

② Samuel B. Bacharach, David B. Lipsky, and Joseph S. Shedd, *Paying for Better Teaching* (Ithaca, NY: Organizational Analysis and Practice, 1984), 28 - 29, 37 - 38.

③ Richard R. Doremus, "Whatever Happened to Kalamazoo's Merit Pay Plan?" *Phi Delta Kappan 63*, no. 6 (February 1982); United States Commission on Civil Rights, *School Desegregation in Kalamazoo, Michigan* (April 1977).

该杂志报道称，就在该体系实施一年后，卡拉马祖公立学校发生了巨大的变化。"学生成绩显著上升。多年来困扰卡拉马祖学校的种族暴力行为几乎消失了。校董会的成员脸上挂满笑容，变得愈发和善。他们汇报称，这么多年来第一次有信心城市学校不会浪费大多数纳税人的钱。"

事实上，高士主管和他推行的绩效体系在卡拉马祖持续了不到3年。这一计划很快就引起了各方的强烈抵制，包括管理人员——由于绝大多数老师都向他们抱怨文书工作，他们早就筋疲力尽了。虽然成绩有所改善，实际上只是稍稍进步，但是父母并没有称赞学校，反而抱怨课堂时间都用来准备考试了，毕竟老师的评估结果取决于学生的成绩。至于种族暴力事件减少，这和绩效工资根本没什么关系。1971年，法院命令卡拉马祖取消学校种族隔离制度，这样黑人小孩和白人小孩在小学阶段就开始接触，所以等他们进入城市的两所高中后，种族间的关系也就没那么紧张了。该地区重新整修了以前都是黑人的学校教室，聘用了更多的黑人教师，还积极招募黑人学生进修高级课程。学校董事会大多由白人组成，他们反对法院关于取消种族隔离的命令，聘用了高士作为教学主管。他声称，他的这种机械性教师评估计划已经促进了地区学生成绩的提高。但是校长并不同意。"既然取消种族隔离已经减少了种族冲突以及控制这些冲突的费用，那么现在学校就可以完全专注于学生成绩和学术，"卡拉马祖一名初中校长对美国民权委员会这样说，"在我的学校里，目前一片平和，不需要那么多危机处理员。"

在全国，由于繁重的文书负担，校长开始怀疑这种政治上强加的绩效工资计划到底有没有用——正如纽约持不同政见的校长亚历山大·费希兰德在1920年抱怨的那样，城市实行的A-D评价方案耗费了不少时间，对于教师改进却没什么帮助。在得克萨斯州，1984年指导小组就如何促使教师为教学结果负责制定的指导意见中，提出了 63 个类别的评估标准，每个类别需要一到五的评级。[1] 有些标准相互矛盾：老师是否忽略了学生"吸引注意力"的行为？那是件好事；而另一类别则要求教师快速"消极地支持"不良行为。

还是有几个绩效工资计划受到了老师欢迎，[2] 而且它们都有一个共同的主要特点，那就是在学区内，所有水平高的老师，不论教授的年级和科目，都能够获得奖励。随着《危机中的国家》报告而实行的绩效工资计划可不是这样设计的，它意在提供较少的资助，所以奖金只能发放给部分学科和年级的老师：田纳西州在州长拉马尔·亚历山大领导下，只有 15% 的老师可以获得奖励，而在佛罗里达州这一数字只有 10%。当只有极少数的老师能够从绩效工资中获益时，这一奖励就被视为引起教师内部分裂、削弱士气的因素。

1982 年，全国都在实施绩效工资计划时，[3] 基拉·萨摩福特（Gera Summerford）只是纳什维尔一所中学一年级的数学老师，如今她已经成为田纳西州教育协会、教师工会的主席。她回忆道，"我当时特别天真，我认为这是一个证明自己的机会，可能与那些教龄长的老师相比，自己教得更出色。但是当经历了整个过程，我真是失望透顶。"

萨摩福特本来应该接受 3 个人的评估，包括一名对她所教学科经验丰富的老师。但是地区派过来一名经济学老师听她的课，因为不是数学老师，所以她觉得没什么帮助。教师和管理人员都适用于该体系，它还

---

① Kelly Frels, Timothy T. Cooper, and Billy R. Reagan, *Practical Aspects of Teacher Evaluation* (National Organization on Legal Problems in Education, 1984).

② Brian T. Burke, "Round Valley: A Merit Pay Experiment", *California Journal* (October 1983): 392 - 393; Gene I. Maeroff, "Merit Pay Draws Criticism and Praise From Teachers", *The New York Times*, July 2, 1983; Fiske, "Education: Lessons"; Francis X. Clines, "Reagan Visits Tennessee in Another Swing to Press Education Issue", *The New York Times*, June 15, 1983.

③ Robert Reinhold, "School Reform: Years of Tumult, Mixed Results", *The New York Times*, August 10, 1987.

设置了 3 个级别的嘉奖，奖金从 1 000 美元到 7 000 美元不等。教师很快就发现几乎所有申请加薪的校长很快就能通过一二等级，突然跳到第三等级，而只有 13% 的老师能够达到第二或第三等级。这就引起了不满。这个体系最受欢迎的一部分就是为那些课后监督课程或者提供额外辅助的老师发加班费。"这确实对孩子有帮助。"萨摩福特说道。但基本上，相对小部分的奖金与反复无常的课堂观察挂钩看起来过于荒谬，"少得可怜的钱"，还要通过一种劳动密集型的过程，以一种不可预料的方式发放出去。[①] 10 年内，这个体系被逐步淘汰，一方面因为全美教育协会的不断反对，另一方面因为资助该体系的州销售税税收增加引起了群众不满。

美国教师每年平均工资只有 23 500 美元（相当于今天的 47 400 美元），还不如邮递员的工资高，只有律师和会计师全年工资的一半。[②] 正是在这个时候，围绕绩效工资引发了这一系列事端。教育改革运动面临的另一个困境试图传递这样的信息，那就是提高教师基本工资会对提高职业声望大有帮助。据兰德（RAND）称，卡内基基金会（Carnegie Foundation）建议教师工资提高 25% 或者达到每年平均 50 000 美元的水平。[③]

但是一些有影响力的商界领袖还是热心支持以数据为导向的教师绩效工资计划。例如，罗斯·佩罗（Ross Perot）就支持达拉斯实施一个仅用考试成绩来评估教师和分配薪酬的计划。[④] 到了 20 世纪 80 年代，大

---

① 作者对基拉·萨摩福特进行的采访，2013 年 9 月 4 日。
② Carnegie Forum on Education and the Economy, *A Nation Prepared* (Report of the Task Force on Teaching as a Profession, 1986), 37.
③ Ibid.；Margot Slade, "Ideas and Trends: Teachers Urged to Face Change", *The New York Times*, August 26, 1984.
④ William E. Schmidt, "Economic Issues Spur States to Act on Schools", *The New York Times*, May 5, 1986; Reinhold, "School Reform: Years of Tumult, Mixed Results"; Linda Darling-Hammond, "Mad-Hatter Tests of Good Teaching", *The New York Times*, January 8, 1984.

多数私营企业发现制定和实施这种正式的评估方案过于昂贵，而且需要耗费过多时间，于是不再根据严格的生产力衡量指标对白领工人发放工资，所以说这一点还真是讽刺。研究表明，实行绩效工资制度的公司与没有实行该制度的公司相比，效益并没有提高，而且员工也不高兴。相反，管理大师建议公司可以根据全面个人监管标准对职工进行评估。[1]

值得注意的是，在公共教育领域，教师工会在打击任何试图制定主观评价体系方面有着悠久的历史：在最基本层面，1968 年纽约市教师发动了大规模的罢工运动，反对管理者罗德·迈考伊以自认为合适的方式对其学校教职工进行评估；20 世纪 80 年代，美国教师联合协会和全美教育协会对当时提倡的绩效工资计划作出回应，声称只有该计划依据"客观"测量标准（例如教师在专业知识测试中取得的分数）进行评估才会得到他们的支持。艾尔·夏克尔说："我从以前到现在一直都反对任何绩效工资概念，这一概念都基于主观想法，那就是校长走进你的课堂，然后评判谁是好老师。"[2] 一些问责制改革者实际上也和夏克尔持有相同的怀疑态度。切斯特·费恩（Chester Finn）是一位资深共和党温和派教育改革大师，正是他建议拉马尔·亚历山大实行教师"职业阶梯"。他向我描述了课堂观察中的严峻现状："校长一般之前都是体育老师，几乎没有接受过任何培训，无法严格监管教师素质和表现。在没有量化数据的情况下，校长只不过是一个敷衍了事、没经过任何培训的观察者，只是对他看到的情况表达自己的喜好。之后，校长很轻易就可以

---

① Larry W. Barber and Karen Klein, "Merit Pay and Teacher Evaluation", *Phi Delta Kappan* 65, no. 4 (December 1983); David F. Wood and Dan S. Green, "Managerial Experience with Merit Pay: A Survey of the Business Literature", Johnson, ed., *Merit, Money, and Teachers' Careers* (Lanham, MD: University Press of America, 1985).

② Edward B. Fiske, "Al Shanker: Where He Stands", *The New York Times*, November 5, 1989.

根据'我喜欢谁''谁是我外甥''谁是我女朋友'或者其他各种各样无关课堂教学效果的因素作出评判。"① 当工会把对校长的这个怀疑摆在谈判桌上的时候，结果居然是产生了更为复杂昂贵的评估体系，比如田纳西州的评估方案：校长评级被交叉检查，有时还会被其他学校的观察小组推翻。夏克尔同意此项计划。② 最后，到了 20 世纪 80 年代末，几乎所有的绩效工资、"职业阶梯"计划，或是由于资金不足，或是由于各方不满，或是因为过度官僚主义，都停止实行了。20 世纪 90 年代末，在全民大讨论中可能会出现基于学生成绩对老师进行评价的更为客观的指标，那么很大一部分原因是长久以来工会领导者和改革家都不愿意相信校长对职工作出的评价。

虽然 20 世纪 80 年代绩效工资计划失败了，但是里根政府借此取代了上个时代取消学校种族隔离的承诺，从这一方面看，里根政府还是达成了它的教育目标。

1984 年 10 月 8 日，里根在其连任竞选的关键时刻出现在北卡罗来纳州的夏洛特，当着大多数白人听众的面作了一次演讲。他声称这个城市人尽皆知的跨校区接送计划"就是把无辜的孩子带离街区学校，当成试验品进行一场没人愿意的社会实验，而且我们已经发现这个计划行不通"。令里根奇怪的是，场下一片寂静，没有半点欢呼。

夏洛特-梅克伦堡校区根据 1971 年最高法院判决，制定了一项取消学校种族隔离的计划，将白人街区幼儿园到学校的三年级与黑人街区学校的四年级到六年级配对，确保每个年龄段的孩子都能有一半的小学时

---

① 作者对切斯特·费恩的专访，2013 年 11 月 11 日。
② 与全美教育协会不同，艾尔·夏克尔支持田纳西州的拉马尔·亚历山大"职业阶梯"计划，其中包括了复杂的评级和课堂观察系统。他还支持在北卡罗来纳州的温斯顿-塞勒姆进行的类似计划。见 Linda Dockery and Marcia Epstein, "The Teacher Incentive Program (TIP) of the WinstonSalem/Forsyth County Schools", Johnson, ed., *Merit, Money, and Teachers' Careers*。

间可以享受校车接送服务，学区内的每个学校都不得拥有超过50%的黑人。里根的演讲稿撰写人没有意识到这项计划在当地很受欢迎，而且在学术上取得了成效。在取消种族隔离政策实行后，夏洛特各个种族的学生考试成绩都取得了稳步提高。该区财政资源较多，经验丰富的老师都转而进入低收入街区的学校，这一点也获得了中产阶级父母的大力支持，同时许多富裕地区的白人小孩也坐校车前来上课。在里根演讲后的第二天，《夏洛特观察者报》发表评论，称该地区实行的种族融合计划实际上是地区"最骄傲的成就"①。

这是里根政府积极想要破坏取得的成就。教师问责制运动早期的领导人经常都不愿意资助取消种族隔离政策，还想撤销它的合法性。1980年，卡特总统任职期间，司法部就22个学校取消种族隔离政策提起诉讼。1981年，里根政府任职期间，这一数字就减少到了10所。② 1984年，贝尔部长花费100万美元的弹性预算在全国推行51个新的教师绩效工资计划，恰恰在这个时候里根政府拒绝向芝加哥校区提供之前承诺的数千万美元资助，而这正是维持实施取消种族隔离决议的必要资金。③ 贝尔甚至公开表示支持联邦法律或者宪法修正案取消跨校区接送这项种族融合策略。④

1981年，里根指定罗伯特·波特（Robert Potter）进入美国北卡罗来纳州地方法院工作。波特曾经特别反对跨校区接送计划。1999年9月，夏洛特一名学生家长起诉学区，要求终止跨校区接送计划，他认为

---

① Gaillard, *The Dream Long Deferred*, xi.

② John L. Palmer and Elizabeth V. Sawhill, eds., *The Reagan Experiment* (Washington, D. C: The Urban Institute, 1982), 140.

③ "U. S. Encouraging Merit Pay Plans", *The New York Times*, March 11, 1984; AP, "Reagan Vetoes a Money Bill for Chicago's Desegregation", *The New York Times*, August 14, 1983.

④ Marjorie Hunter, "Bell Will Not Push Lawsuits on Busing", *The New York Times*, March 16, 1981.

该计划对他拥有白人-拉美人血统的女儿造成歧视；波特据此作出判决取消了该计划。[1] 接下来发生的事情才真是悲剧。根据劳动经济学家克里波·杰克逊（C. Kirabo Jackson）的研究，2002 年至 2005 年间，随着夏洛特校区逐步恢复到周围社区的人口，学校逐渐由黑人主导，加之提高学生测试成绩、教师教龄和教师认证考试分数成为教师评估因素，导致许多高水平教师流失。虽然黑人教师比白人教师更有可能留在黑人占多数的学校，但那些离开的黑人教师比留下的黑人教师更有能力——尤其是在提高黑人学生的成绩方面。杰克逊估计，合格教师分配的这种转变可以解释为什么夏洛特黑人孩子和白人孩子成绩差距高达 7.5%。[2] 经验丰富的教师逃离极其贫困的学校，这往往被解读为是白人教师种族主义态度造成的。虽然歧视确实对这种转变造成了影响，但事实是，许多有能力的非白人教师似乎更喜欢在种族融合或中产阶级学校工作：部分原因是，高度贫困的少数民族学校更有可能发生行政人员流失和管理不善的问题，长期来看将造成老师对工作的满意度下降。[3]

还有很多其他证据表明种族融合可以提高学生的成绩。经济学家斯蒂芬·比林斯（Stephen Billings）、戴维·戴明（David Deming）和乔纳·罗考夫对夏洛特地区研究发现，2002 年到 2011 年间，当学校重新实行种族隔离后，各种族之间学生的数学成绩差距扩大。与留在种族融合学校的邻居相比，少数分配到夏洛特学校的年轻男孩更有可能被逮捕

---

① Gaillard, *The Dream Long Deferred*.

② Kirabo C. Jackson, "Student Demographics, Teacher Sorting, and Teacher Quality: Evidence from the End of School Desegregation", *Journal of Labor Economics 27*, no. 2 (2009): 213 - 256.

③ Kati Haycock, "The Elephant in the Living Room" (*Brookings Papers on Education Policy*, no. 7, 2004), 229 - 263; Martin Haberman, "Selecting and Preparing Urban Teachers" (lecture, February 28, 2005, available on Web site of National Center for Alternative Teacher Certifcation Information).

和监禁，这些学校通常都挤满非白人学生。[1] 美联储的拜伦·卢茨（Byron Lutz）在另一份文件中表明，北方学区终止实行法院关于跨校区接送的命令，导致黑人高中生的辍学率上升。[2]（有趣的是，同样不执行该命令的南方地区辍学率并没有发生变化，这可能是因为北部地区比南方地区更忠实地履行废除种族隔离制度，所以取消法院命令的影响更严重；或者可能是因为一些南方城市，如纳什维尔和夏洛特，承诺废除种族隔离制度后，增加了对大多数黑人学校的投入。）

世纪基金会（Century Foundation）的希瑟·施瓦茨（Sheather Schwartz）就学校种族融合与学生成绩之间的关系进行了研究，引起了众多关注。她对马里兰州的蒙哥马利县进行了调查，在那里低收入家庭的公共住房都是随机决定的。进入综合学区的孩子（在这里，贫困学生，通常为非白人儿童，不到学校学生人数的一半）与那些被随机分配至贫困学生占多数的学校的孩子相比，虽然都居住在公共住房，但是在百分测试中，前者数学成绩高 8 分、阅读成绩高 4 分。[3] 1980 年美国学校种族融合达到高峰，全国 37% 的黑人儿童进入了白人学校。[4] 在里根干预之后，这个进展就消失了。到 2000 年，白人学校里黑人小孩只占28%，40% 的黑人和拉丁裔学生进入了严格种族隔离的学校，其中 90% 甚至 100% 的学生都是穷人和非白人。

由于学校融合计划的失败，过去 20 年间出现的教师问责制计划，

---

[1] Stephen B. Billings, David J. Deming, and Jonah Rockoff, "School Segregation, Educational Attainment and Crime: Evidence from the End of Busing in Charlotte-Mecklenburg", *Quarterly Journal of Economics*, September 17, 2013.

[2] Byron Lutz, "The End of Court-Ordered Desegregation", *American Economic Journal: Economic Policy 3*, no. 2 (2011): 130–168.

[3] Heather Schwartz, *Housing Policy Is School Policy: Economically Integrative Housing Promotes Academic Success in Montgomery County*, Maryland (Century Foundation study, 2010).

[4] Linda Darling-Hammond, *The Flat World and Education* (New York: Teachers College Press, 2010), 35.

例如更为严格的评估体系、绩效工资、削弱教师任期、为教学另辟他径（"为美国而教"）都被视为学校改革进行的下一步。2001年，"为美国而教"[1]创始人温迪·科普（Wendy Kopp）在她《一个创造历史的机会》书中写道："六七十年代，我们致力于废除学校里的种族隔离，以确保我们国家所有的孩子都能接受平等教育。不幸的是，贫穷和少数种族学生在学术上依然滞后。"[2] 由此就说取消种族隔离计划不起作用有失偏颇，毕竟，美国实际上并没有致力于进行种族融合。1974年，最高法院在"米利肯诉布拉德利案"（Milliken v. Bradley）中裁定，白人占多数的北方学区没有责任与内城学校合作实现种族融合的目标，即使是距离贫困内城社区只有几分钟路程的富裕白人学区也没有义务促进种族融合。取消种族隔离计划从未在南方以外的地区得到广泛实施，但是在夏洛特和蒙哥马利县实施之后，学生成绩得到提高，与后来的教师问责改革下取得的成绩差不多甚至更高。如今我们仍然需要综合学校。像波士顿和哈特福德这样的城市，成千上万的父母将他们的孩子列在乘坐校车的候补名单里，希望孩子被送到更优质的郊区学校。从布鲁克林到亚特兰大到洛杉矶，少数社会经济多元化的特许学校很受家庭欢迎。然而不幸的是，美国这两种教育改革，种族融合和教师问责制，很少有机会同时实行。

自1980年以来，联邦政府几乎没有做任何事情鼓励当地学区创建种族和社会经济混合学校，而是将数十亿美元拨给同意将教师薪酬和评估与学生考试成绩挂钩并开设新特许学校的州和地区，其中大部分特许学校与民权改革学校的种族和社会经济情况一致。

当"教育州长"克林顿成为总统时，他力求进一步推动标准和问责

---

[1] 2013年7月，"为美国而教"邀请我参加校友会，调整学校取消种族隔离计划。那时，科普已经不再担任该组织主席。

[2] Wendy Kopp with Steven Farr, *A Chance to Make History* (New York: Public Affairs, 2011), 4 - 5.

制运动。① 1994 年华盛顿通过"改善美国学校法案"和"2000 年目标"的两项立法，要求各州采用新的课程标准和测试方法，以获得 Title I 的资金。克林顿希望解决 Title I 长期存在的一个缺陷，那就是各州和学区缺乏设置高质量课程素材的专业知识。他试图建立一个国家教育标准和改进委员会，研究人员将使用最佳方法制定各州和当地学校可以采用的标准、教科书和测试。但在 1995 年，共和党控制国会，撤回了对该计划的支持，所以它从未启动。到 20 世纪 90 年代后期，赞成《危机中的国家》报告的教育改革者感到非常失望，因为各地一直没有对教学不达标的学校进行监管。各州都采用了新测试方法，但如果年年分数都没有提升，学校和各州也不用承担任何后果。

凯蒂·海柯克（Kati Haycock）② 就是这些感到失望的改革者之一，她 20 世纪 70 年代就参加工作，为加利福尼亚大学体系制定赞助性行动计划以及学生课外拓展活动。这段经历使她意识到，想要缩小白人和少数种族孩子之间的成绩差距，到大学阶段再开始就太晚了，最关键还是中小学阶段（K‑12）学校改革。海柯克曾是民权组织儿童防卫基金的执行副总裁，该组织的格言是"有教无类"。1990 年，她辞去该职务，转而开展教育信托新项目。这个项目成为了一个全新的进步宣传团队，直截了当利用测试分数（长期以来被认为有左派嫌疑）说明教育，尤其是好老师，能够有效消除贫困。

教育信托团队发放了大量含有各州教育指标排名情况的资料册，向媒体散播公立学校坠入极端困境的言论：在许多地区，一半的黑人和拉

---

① David K. Cohen and Susan L. Mofftt, *The Ordeal of Equality: Did Federal Regulation Fix the Schools?* (Cambridge, MA: Harvard University Press, 2009), 139.

② Karin Chenoweth, "In Education We Trust", *Black Issues in Higher Education 15*, no. 22 (December 1998): 14; Kati Haycock, "Five Things I've Learned", Pearson Foundation Website, http://www.thefvethings.org/kati-haycock/#.

美裔孩子都从高中辍学，全国黑人孩子和白人孩子之间成绩差距逐渐拉大。[①] 教育信托的理论是什么？为什么要制定这样的理论？后来的几年时间里，海柯克将会更详细地谈论清除教室里不称职的终身教师。然而在 20 世纪 90 年代，她就关注了许多当今问责制改革者中鹰派人物忽视的因素：拨款不平等、教师从业资格证书（例如资格证考试的分数）以及教龄等问题。1990 年，一般的中产阶级，主要是白人学校，在每个孩子身上的花费比低收入学校多了近 1 200 美元。纽约市内特别贫困的公立学校中，有 1/3 的老师至少有一次没有通过教师资格证考试；相比之下，其他地区这一人数只有 1/20。白人占多数的学校中有 86％ 的科学教师都取得了教授科学的资格，而在少数种族占多数的学校，这一人数仅占 54％。教育信托报告称，有两倍多的贫穷孩子"都成了经验不足的老师的练手工具"。另一个问题是，教师工会重视的班级规模相关法律在加利福尼亚州和佛罗里达州引发了雇用不合格教师的高潮，但也并没有将班级规模降至经研究表明对青年儿童有利的 16 人。[②]

海柯克是一名白人，经常描绘出严峻画面来展现城市教师对学生的期望之低：例如《杀死知更鸟》阅读课后，老师叫一名十一年级的学生"涂一幅海报"[③] 而不是写一篇文章。1992 年，她把那些接受 Title I（大社会计划）资助的教师助手描述成"半文盲的助手们反复读错单词"[④]，所以才会教坏了那些贫穷的有色人种学生。

---

① New York Times News Service, "Test-Score Gap for Minorities Widening Again, Study Finds", December 29, 1996; Chenoweth, "In Education We Trust"; Dale Mezzacappa, "In Poor Schools, Lower-Quality Teachers Abound, Report Says", *Philadelphia Inquirer*, June 22, 2000.
② 关于班级规模的研究，请参见 Matthew M. Chingos and Grover J. "Russ" Whitehurst, "Class Size: What Research Says and What It Means for Public Policy" (paper, Brookings Institution, May 11, 2011)。
③ "Alums Making a Difference: Kati Haycock", *GSE Term Paper* (fall 2001).
④ Mary Jordan, "Panel Says Poor Children Disserved by School Aid", *Washington Post*, December 11, 1992.

海柯克警告那些自由主义者，如果再不开始负起对教师和学校的责任，那么对于私立学校的教育券需求将越来越多，公立教育体系将会由此被摧毁。她在 1998 年说道："关于黑人民众对于教育券和公立学校的民意调查表明，你不能让这么多人继续放任自流，远远落在后面，让他们感到游戏存在黑幕，不会继续玩下去。"社区控制运动过后，中间偏左人士坚持为贫困学校提供好老师的倡议保留下来了，这是他们最后作出的重要努力，但是海柯克对此同样严厉："20 或 30 年前，人们确实相信黑人及拉美裔孩子需要不同的东西，例如巫术教育或者多元文化，或其他什么别的东西。我认为现在很清楚，就是他们也需要和白人孩子、郊区孩子同样的东西。老师知道孩子的背景而仍对他们抱有很高期待，这是高素质的教育体现。这没有什么神秘的，我们也没有任何理由不能给所有的孩子提供同样的东西。"[1]

在海柯克眼中，得克萨斯州就正在取得积极的进展。在《危机中的国家》报告发布后，得克萨斯州在全州内实行问责体系：如果学校无法提高学生测试成绩，那么州政府可以拒绝继续提供资助。学生果然测试成绩有所提升，这次改革被誉为"得克萨斯奇迹"。1999 年，当乔治·W. 布什在其总统竞选中谈到将在全国范围内使用相同的办法分配 Title I 资金，海柯克热情地告诉《沙龙报》的记者，克林顿政府和民主党人对于学校改革过于谨慎，不敢过多关注贫困儿童的需要。海柯克说道："布什关于教育发布的信息给了我更多希望，我相信将有一些有利于贫困儿童的事情发生，与我在其他地方听到的情况不同。"[2]

布什经过一场争议选举入主白宫，他知道得到两党支持是通过学校问责制的关键，而教育信托组织也能助其获得进步人士的赞成。他的行

① Chenoweth, "In Education We Trust".
② Joan Walsh, "Surprise: Bush Could Be the 'Education President'", *Salon*, September 17, 1999.

政人员借用了海柯克的老雇主儿童防卫基金会的标语"有教无类"来命名这项教育提议。2001 年，布什颁布一项法律，作了一个漂亮的承诺，要将贫穷的非白人孩子从"低要求，软偏见"中解脱出来——这也是凯蒂·海柯克十年来一直谈论的问题。出于一时盲目的乐观主义，国会宣布，到 2014 年，美国全部儿童（包括贫穷儿童以及英语非母语儿童）将通过三年级到八年级每年进行的新国家标准化考试，达到阅读和数学"熟练"水平，在高中也须至少通过一次考试。

"有教无类"处罚措施针对的不是教师个体，而是学校整体。对于那些无法帮助学生达到熟练水平的学校，各州会公开宣布它们为不合格的学校，停止向它们发放 Title I 资金，甚至收回该学校的管理权。教育信托建议，贫困儿童的教师应该获得所教授课程的专业知识，根据法律规定，各州所有教师（包括低收入学校的老师）必须是具备高素质的合格教师。关键的一点是，各州可以自行选择儿童测试方法和标准、决定通过测试的条件以及构成高素质合格教师的条件。

政治学家大卫·科恩（David Cohen）和苏珊·莫菲特（Susan Moffitt）认为，大多数联邦政府改善当地学校的尝试之所以失败，是因为在我们宪法分权的教育制度中，很少有政策"桥接工具"[1]（如高质量的测试或国家级学校视察员）向各州和地区提供他们在履行联邦授权时需要的专业知识。"有教无类"法案当然也是这样。各州教育部门极不愿意也没有能力接管数百所教学不合格的学校。所以结果就是，许多州没有领会法案精神，只是遵照其字面含义，制定的新测试异常简单，孩子很容易就可以通过。在得克萨斯州，得到 13% 的分数就可以称为"熟练"。[2] 2009 年亚拉巴马州的报告称，86% 的四年级学生阅读达到熟练水平，然而按照"国家教育评估"黄金标准，亚拉巴马州只有 28%

---

[1] Cohen and Mofftt, *The Ordeal of Equality*, 142.

[2] Ibid., 168.

的孩子是熟练的阅读者。① 尽管像马萨诸塞州这样的一些州自行选择采用严格的学术标准和高质量的测试，但与"有教无类"法案相关的自上而下的羞辱和威胁，加上联邦监管不力，导致各州无法达到严格的学术目标。尽管孩子们的成绩远远落后于国际标准，但是父母还是被告知，他们的孩子已达到熟练水平。而且该法律确实没有改变合格教师的分配情况。可能"高素质教师"条款产生最持久的后果就是，早期收缩政治力量的"为美国而教"组织最终游说成功的这一条款存在教育漏洞，那就是没有经过认证的代课教师，只要被接纳进职业发展计划就会被认定为"高素质教师"。②

在"有教无类"成为法律后的几年内，许多学校照本宣科，执行所谓的认证教师课程体系，例如"成就每一位学生"。这一体系统一了学校所有班级的课程计划以及教学材料，并为老师提供了规范的日常，甚至还有精确到分钟的时间表。但大多数老师主要还是通过年度测试任务才注意到"有教无类"法律的，这是美国历史上第一个要求全美 50 个州的三至八年级的学生参加测试计划的法律。在小学和中学的课堂上，尤其是在低收入学校里，由于面临提高分数的巨大压力，而且必须从最严格的课程着手，所以老师干脆直接在课上讲解考试题目。教育记者琳达·佩尔斯坦（Linda Perlstein）在《测试》一书中描述了这种现象，她的这本书主要讲了一个三年级的教师是如何努力使她的贫困学生在马里兰州测试评估中达到"熟练"程度。老师从过去的考试中得知，学生可能会被要求辨识"诗的特征"，如韵律、诗节和节奏。于是老师让学生从投影仪上抄下了以下几个变形："我知道这是一首诗，因为它有韵律

---

① 请参见 http：//nces. ed. gov/nationsreportcard/studies/statemapping/2009_naep_state_table. aspx 中的表格。

② Alexander Russo, *Left Out of No Child Left Behind: Teach for America's Outsized Influence on Alternative Certification*（American Enterprise Institute report，October 2012）.

和诗节。我知道文本是诗节，而不是段落，因为它们没有缩进……"这件事他们已经做了 30 多次。整个班级真正只写过 3 次诗——一次 3 行俳句诗和两次离合诗。他们从来没有上过科学课程里的课，因为"有教无类"法律还不要求进行科学考试。[1]

研究证实了佩尔斯坦提出的轶事证据，课程范围确实已经缩小。[2]管理人员调查发现，65% 的学区都在增加阅读和数学教学时间，同时减少社会学、科学、艺术、音乐、体育教育甚至是休息的时间，而这里3/4 的地区面临至少一所学校沦入"不合格"的危险。一些不正当措施的迹象也冒出来了：尽管有证据表明孩子在低年级接受良好指导对长期阅读能力的培养有深远影响，但学校仍将低年级（幼儿园到二年级）的好老师调到了考试年级，也就是三到八年级。老师把大量注意力都放在那些在熟练线上下浮动的所谓"泡泡孩子"，却忽视了那些无论怎样都能通过考试的好学生，以及那些几乎没什么希望通过熟练线的差生的需求。而且还存在作弊现象。在佛罗里达州，从考试前几天开始，学校会对贫困学生采取停课措施，这样他们就不会拉低学校平均水平。[3] 2003年，事实证明高标准的"得克萨斯奇迹"以及少数种族学生考试成绩迅速提升其实是一个假象：学校捏造了辍学率，为差生戴上了特殊教育的帽子，这样他们的成绩便不会影响到学校问责制排名；还有些学生被告知考试当天待在家中。

2005 年全美教育协会的教师调查显示，60% 的人认为"测试需求/

① Linda Perlstein, *Tested: One American School Struggles to Make the Grade* (New York: Henry Holt, 2007).
② Jane L. David, "Research Says ... High-Stakes Testing Narrows the Curriculum", *Educational Leadership 68*, no. 6 (March 2011): 78-80.
③ Tiffany Pakkala, "Study: Suspensions Can Often Help School's FCAT", *Gainesville Sun*, June 14, 2006.

教学测试"是公共教育的最大障碍。① 2009 年，布什总统在告别演讲中就其教育成果提及了"有教无类"法律关于反对测试所作的批判。"衡量的关键就是测试，"他说道，"顺便说一句，我已经从《我们为什么不应该测试》这本书中听到了太多的借口：哦，什么测试太多了；什么应试教育啊；什么测试太烦人了；测试不是政府的工作。如果不进行测试的话，如何确定一个孩子是否达到年级的阅读能力？对于那些声称我们搞应试教育的人来说，呃，我们确实在教孩子阅读，这样他或她可以通过考试。测试对于解决问题很重要。除非您先看出问题出在哪，不然就无法解决问题。"②

布什没有承认该法律的真正缺点，那就是将高风险与低质量的学术标准挂钩。也就是说，"有教无类"法案留下来的最大遗产就是首次在全国范围内暴露了成绩差距的问题。该法律要求各州收集综合成绩数据，并按种族、阶级、英语状态和残疾状况分析结果。某些学生群体的弱点无法再被学校的整体良好考试分数所掩盖。

总统对教育长达 40 年的领导提升了公众对于学校可以有所作为并缩小不平等差距的期望，还帮助建成了非常珍贵的全国学生成绩数据库。一些诸如取消学校种族融合、父母领导以及多元文化课程的政策理念都已经成为了过去式。标准化考试也已经登上了历史舞台。同时在华盛顿之外，一个"叛逃"教育研究人员组织开始以一种崭新的方式利用学生成绩评估学校甚至教师个人的成功与否。

---

① The American Public School Teacher：*Past，Present，and Future*，ed. Darrel Drury and Justin Baer (Cambridge，MA：Harvard Education Press，2011)，43.

② "Remarks on the No Child Left Behind Act" (speech by President George W. Bush，Philadelphia，January 8，2009). 请参见 http：//www. gpo. gov/fdsys/pkg/PPP-2008-book2/html/PPP-2008-book2-doc-pg1522-2. htm.

第九章

"可量化的大目标"

数据驱动的千禧年教育愿景

尽管温迪·科普后来写道，她从未参加过学校的俱乐部，感觉自己不像是普林斯顿学校的一员，但其实她名扬整个校园。①这位娇小的金发女郎来自得克萨斯州，留着戴安娜王妃的发型，曾经是《今日商业》的出版商兼编辑。《今日商业》是一本全国性的大学生杂志，由史蒂夫·福布斯和其他两位普林斯顿大学生于1968年创立，每年都为有志于进入企业发展的学生举办一场全国作文大赛，获奖者可以参加纽约举办的大型会议，结识企业高管。科普在工作初期就将出版物的年度预算从30万美元提升至140万美元，充分展现了她的融资能力。她的秘诀就是直接请采访过的高管们购买杂志广告，而不是事后再让销售人员与低层职员联系。这样直奔最高负责人的方法确实发挥了作用。

科普在毕业的时候也与同学一起加入了华尔街求职大军，申请了咨询公司的工作。1988年，她参加了《今日商业》秋季会议，议题是"全国教师资源短缺"。科普和其他与会人员了解到教学存在危机（全国一年级的老师中有12%的人没有经过认证，主要集中在城市和乡村地区），开始讨论自己要不要从事教学事业。大多数人认为，只要教育专业不是必需要求，可以考虑这个想法。（普林斯顿大学有一个教师认证项目，但科普不是很了解。）虽然他们这群大学生被戏称为"自我的一代"，一切唯钱是图，但他们同样热衷于社会服务。科普将此称为"新理想主义"，一种"雅皮士志愿服务精神"[2]鼓舞着纽约市的银行家们前往流动厨房供职。但是如果这群年轻的大学毕业精英能够前往收入低的公立学校教书，即使只待很短的一段时间，又会产生怎样的影响呢？

这场对话过后，科普转而发展成为一名公共政策倡导者，之后更是长期掌控美国教学辩论。她经常翘课，从学校事务中抽身，致力于撰写一篇很有想法的高级论文，即《创造教师队的论据和计划》。这篇论文中的用辞摘自《危机中的国家》报告，充满道德恐慌：与日本相比，美国的教学体系过于陈旧。像摩托罗拉和施乐这样的公司很难找到具有良好读写能力的工人。她写道，这都要怪教学的不合格，因为很多教育专业生的学业测试分数很低。

科普精心完成了这篇适应"小政府"时代的论文。她想象中的教师队与 1966 年至 1981 年期间存在的全国教师队不同：它不用联邦资助，资金来自基金会和公司捐助者，就像 19 世纪凯瑟琳·比彻从富人手中筹集资金将东海岸的女孩送去西部边疆学校教书那样。科普批判道，20世纪 60 年代，大学毕业生组织的反贫困项目，例如老教师队及和平工作队都过于"政治化"[3]，而且要求新老师必须生活在穷人当中。她的教师队并不会这么激进，反而更务实。虽然老教师队旨在为学校注入创新理念，例如设立与文化相关的阅读列表，但是科普教师队的工作就很

---

① Wendy Kopp, *One Day All Children: The Unlikely Triumph of Teach for America and What I Learned Along the Way* (New York: Public Affairs, 2001); Donna Foote, *Relentless Pursuit: A Year in the Trenches with Teach for America* (New York: Alfred A. Knopf, 2008).

② Kopp, "An Argument and Plan for the Creation of the Teacher Corps", 10 - 11.

③ Ibid., 46.

简单，运用暑期培训班学到的现成方法培养"最聪明的人"①、"尽最大可能地做好两年的教学工作"②。根据《高等教育法》的规定，新老师可以推迟偿还大学贷款，这一政策对那些来自低收入和少数种族家庭的毕业生更有吸引力。

科普认为，如果教师队成员能长期从事教学工作，那是非常好的；一些人肯定会这样做。但是对于大多数人来说，她写道，这项计划就是为"快节奏的生活工作"提供"休息"的机会。③ 即使以后这些教师队的成员成为了律师或者商业领袖，他们还是可以饱含热情地对公共教育的重要性发表权威看法，这就将在全国范围内发起一场精英人士驱动的学校改革运动。④ 此外，媒体对那些进入贫困学生课堂的常春藤院校学生增加关注，"会发出一种信号，那就是（教学）充实而有意义，既充满挑战，又十分重要，而且受人尊重"⑤。

科普的论文是基于教学与志愿者工作的比较研究完成的。自 19 世纪以来，这个观念一直反对提高教师薪酬以吸引更多的男性和有能力的女性加入教师行业。认为教师应该获得更高的声誉这个观点是非常好的。但是如果按照科普的计划，这些新老师进入课堂就像是度假一样，几年之后就离开了，那么"老师声誉低"这种观点看起来是真的——对于那些最聪明、最有志向的人来说，教学可不是什么有威望的工作，只不过是真正开始工作前的一个休息站而已。

科普在研究论文时曾接触过全美教育协会，全国工会的教学主任莎朗·罗宾逊（Sharon Robinson）回复她需要谨慎。罗宾逊写道，虽然新

---

① Kopp, "An Argument and Plan for the Creation of the Teacher Corps", 45.
② Ibid., 2.
③ Ibid., 45.
④ 注意这种自上而下的变革理论与社区控制运动中自上而下的理论有很大不同。社区控制运动中，底层父母都被视作学校改革的先锋。
⑤ Kopp, "An Argument and Plan for the Creation of the Teacher Corps", 49.

教师队这个概念"很有意思",但是它只有吸引到"职业教育工作者"走进课堂才算真正发挥了作用。"即便是专业知识能在短期内发展到可接受水平,它与我们在实际工作中知道的东西也都不一致——更不用说我们年轻人需要和应得的东西了。"[1] 科普记下笔记,并在论文中清楚提及工会合作至关重要。她写道,新教师队不过是"在老师需求大的学校里应对缺乏经验丰富的合格教师的应急措施","因此也不会向国家传递信息,认为队伍里经验不足的教师就和那些经验丰富的老师一样合格,甚至比他们更好"。[2]

论文交上去之后,科普把它修改成 30 页的筹款提议,把她在《今日商业》使用的技巧转而用在"为美国而教"(她后来起的名字)任务上。她记得罗斯·佩罗当时是达拉斯教育改革的领袖(主攻绩效工资方面),因此特意给了他一份提议的副本。化学品制造商联合碳化物公司向"为美国而教"捐赠了位于曼哈顿的办公场所,美孚公司捐了第一笔钱——26 000 美元。有了这笔钱,科普毕业后养活自己不成问题,她和其他两位年轻女士一起合租在纽约上西区的高级公寓内。她每月支付 500 美元租金,却很少在家;随着工作人员的不断增多,她通常在办公室待到凌晨两三点。她雇用的第一个人是惠特尼·蒂尔森(Whitney Tilson),她哥哥的朋友,先后从诺斯菲尔德赫蒙管理学校以及哈佛大学毕业。蒂尔森的父母曾是和平工作队的志愿者。曾在中国教书的普林斯顿校友丹尼尔·奥斯卡(Daniel Oscar)也加入进来。由于科普非凡的领导能力以及《今日商业》的关系,队伍的努力收到了回报。最终佩罗有条件地捐赠了 50 万美元,并且帮助"为美国而教"组织又增加了 150 万美元。该组织早期的捐赠者包括默克(Merck)、克莱斯勒(Chrysler)、摩根士丹利(Morgan Stanley)、赫兹(Hertz)以及卡内基

---

[1] Kopp, "An Argument and Plan for the Creation of the Teacher Corps", 159-160.
[2] Ibid., 50.

和凯洛格（Carnegie and Kellogg）基金会。

1989 年 11 月，160 名大学生在普林斯顿接受招聘培训，随后前往 100 所大学给"为美国而教"组织寻找会员。许多毕业生都是从传单中第一次听说这个组织。这些传单标题都很吸引人，如"应该思考的事"[①]，而且还承诺应聘人员这将是一段愉快的插曲。传单内容如下：

> 你还在对毕业后的计划犹豫不决么？你会考虑用两年时间进入小学或中学为美国而教学，将美国打造成一个拥有持续竞争力的国家，一个能够维持民主体制、保证人人平等的国家么？数学和科学专业的学生们，切记美国在技术和科技能力方面一直稳步下滑。有色人种的同学们，不要忘记实现完全平等的唯一重要条件就是实现高水平的教育。文科专业的同学们，谨记美国在最需要高识字率的时候，却朝着危险的低水平迈进。耶鲁人，记住，你们已得到最大特权，何不考虑在展开正式职业生涯之前，花两年时间对巩固我们国家的总体实力和福祉作出贡献。

罗得岛州普罗维登斯的布朗大学里，亚历克斯·珀尔（Alex Pearl）的室友也看见了一张这样的传单，并告诉了他这回事。珀尔是一名校园活动家，曾经在学生委员会工作过，支持大学食堂和维修人员希望涨工资的需求。他自愿担当当地公立学校学生的"老大哥"，并前往萨尔瓦多（El Salvador）抗议里根团队支持建立国家右翼特权政府。但他并不确定毕业后从事什么工作，所以他和来自全国的 2 500 名毕业生一起申请参加了"为美国而教"的就职班。珀尔写了一篇作文，试讲了 5 分钟的示范课，接受了一个小时的面试。随后他和其他 500 名学生都被"为

---

① Kopp, *One Day All Children*, 36 - 37.

美国而教"录取了。他们之后将在培训学院接受为期 8 周的教学培训，包括在洛杉矶的暑期学校教学一周，并于 1990 年的秋季正式开始教学工作。

就是在培训学院期间，"为美国而教"那些刻板的创始人与像亚历克斯·珀尔这类激进的新人之间爆发了第一次冲突。教师队成员都住在南加州大学的宿舍内，白天听过老师和教育专家有趣的讲座之后，晚上一片欢乐的派对气氛。几天之后，"为美国而教"新招募的几位非白人学员就发起了抗议：他们认为关于低收入教学工作进行的讨论与实际经验不符。这个上层白人占多数的大学毕业生组织又如何会真正了解贫穷黑人和棕色皮肤儿童以及他们生活的社区呢？这个问题真正的意思是老师应不应该从学生社区内选拔？这个美国教育历来就存在的问题并没有成为科普研究的重点。她真是吓怕了，躲在自己的房间里，不去理会这些否定性的攻击。

培训只能这么继续下去。卡尔顿大学教育学教授德博拉·阿普曼（Deborah Appleman）参加过培训学院课程后，说他并没有留下深刻的印象。1990 年 8 月 8 日，她在《基督教科学箴言报》发表了一篇题为"为美国而教：只要理想就够了么？"的文章，阿普曼认为为期 8 周的教学速成班这个想法简直"荒谬"，指出"为美国而教"几乎没有培训新人如何备课、如何制定适合双语学生和特殊教育学生的教案。亚历克斯·珀尔也表示同意。在踏进康普顿安德森小学三年级教室的几个小时之后，珀尔就意识到自己居然毫无教学准备，实在是可悲。他不知道具体如何管理课堂，怎样将知识传授给学生。要是没有隔壁班的黑人老教师克利欧佩特拉·邓肯（Cleopatra Duncan）把自己的教案分享给他，并教他怎么控制课堂（对学生表达真正的爱意），珀尔可能早就辞职了。

"为美国而教"第一个新人班中，80% 的人履行了教学两年的承诺，此外还有 42% 的人选择继续待在教学岗位（亚历克斯·珀尔就是其中一位）。① 这一流失率虽然高于全国平均水平，但是"为美国而教"成员就职的那些混乱的低收入学校的人员流失率比这个还高。迈克尔·沙皮罗是一名记者，他曾写过一本关于"为美国而教"的书，指出虽然培训计划存在缺陷，但是那些传统的教师认证计划又何尝不是如此。就像早期的"为美国而教"一样，大学教育部门对于教学方法和课程计划的制定总是不具体，过于理论化。沙皮罗写道："'为美国而教'在第一个夏天的教师培训中取得的成就，是将传统教育学校延续 4 年的缺陷缩短到 8 个星期。"②

尽管"为美国而教"早期就受到这样的批判，不过在未来的 10 年里，它还是成为美国年轻毕业生最想去的地方。随着慈善资助的持续增长，该计划也吸引了媒体的广泛关注。"为美国而教"的教师成为全国最受关注的工作人员，调研者持续追踪他们的职业轨迹、政治社会态度和学生的测试成绩。"为美国而教"开展的关于师资培养和素质教育的辩论，已经比 19 世纪普及教育以来任何国家的辩论都更加深入，论据也更多。这在某种程度上是因为众多"为美国而教"校友如实写下了自己的经历，并且通过杂志、书籍和文章等形式公开表达他们对于该计划的批判和辩护。

乔纳森·肖尔（Jonathan Schorr）就是来自"为美国而教"的一位早期评论家。肖尔在私立学校读了 16 年的书，后入读耶鲁大学，所以很轻易就通过了"为美国而教"暑期教学培训课程。当时他负责的一组只有 4 个学生。他满怀着热情，天真地踏进了帕萨迪纳高中的教室。虽然肖尔是一名新来的老师，但是学校分给了他一个最难管理的班级。他发现自己不论如何尝试始终管不了这群学生，他们中有年纪轻轻就做了

---

① Michael Shapiro, *Who Will Teach for America?* (Washington, D. C.: Farragut Publishing Company, 1993), 189.

② Ibid., 75.

父母的、有严重残疾的、有行为出问题的，甚至还有涉及法律纠纷的学生。肖尔在 1993 年一篇被广泛引用的《联谊会杂志》文章中总结道："不管老师有多热心，把最没有经验的老师分配到最难管的班级实在是一个愚蠢的计划。""虽然那时我并没有承认，我可能和大多数'为美国而教'成员一样，梦想着有朝一日让我的学生摆脱平庸的公立教育，把我接受的良好教育都传授给他们。但是我确实没有准备好。"[1] 他建议，就像卡多佐项目和全国教师队一样，"为美国而教"所有的新老师每天应只教半天课，余下的时间用来旁听有经验老师的课，然后反思自己的教学实践。科普并没有考虑他这个建议。她认为，她想招募进"为美国而教"的那些最有志向的大学毕业生肯定想从一开始就掌控课堂。[2]

琳达·达令-哈蒙德（Linda Darling-Hammond）是哥伦比亚教师学院一名受人尊敬的研究员，她长期以来一直反对"为美国而教"组织。1994 年，她在一篇文章中严厉指责"为美国而教""说白了就是一个传教士计划"[3]，不顾贫穷儿童的教育需要，只是一味完善新人的个人履历。她认为应该尊重教育专业。事实上，通过研究教师对学生成绩的影响，她发现，某些类型的教育课程，特别是具体学科的方法课程，如数学教学或科学教学，都对提升学生成绩有帮助。[4]达令-哈蒙德承认许多教育计划都不达标。但有些计划，如教师学院，哈佛大学、范德比尔特大学和密歇根大学的毕业生教师培养计划，都具有很大的竞争力，也受

---

① Jonathan Schorr, "Class Action: What Clinton's National Service Program Could Learn From 'Teach for America'", *Phi Delta Kappan* 75, no. 4 (December 1993): 315 - 318.

② Shapiro, *Who Will Teach for America?*, 79.

③ Linda Darling-Hammond, "Who Will Speak for the Children: How 'Teach for America' Hurts Urban Schools and Students", *Phi Delta Kappan* 76, no. 1 (September 1994): 21 - 34.

④ 请参见 Linda Darling-Hammond 对不同素质、培训经历不同的教师给学生成绩所造成影响的评论："Teacher Quality and Student Achievement: A Review of State Policy Evidence"（University of Washington, Center for the Study of Teaching and Policy report, 1999), 8。

208   The Teacher wars

到了高度尊重。即使是在本科阶段，全国范围内进入教师行业的学生中10%的 SAT 分数排在所在地区的前 5 名。[1] 所有这些表明公共教育早就拥有一小拨非常聪明且会努力完成任务的老师，这一点很重要。现在公众所有焦点都聚在"为美国而教"上，看不见这些专业老师的努力，就好像传统方法培训出来的教育者又懒又没用，这些学校就眼巴巴地等着温迪·科普和她那些"小救世主"们为他们注入一阵热情。

公众对于学校改革的辩论总是将"为美国而教"的新老师和有经验的老教师置于竞争的对立面，竞争到底哪种类型的老师更合适。20 世纪 90 年代后期，"为美国而教"教师队伍早期成员，"知识就是力量计划"（KIPP）特许学校网创始人戴夫·莱文（Dave Levin）曾说过："我们需要的是全新的教工力量，现在外头是有一些好老师，只不过他们和那些坏分子混得太久了。"[2] 几年后，迈克尔·布隆伯格市长领导下的纽约公立学校的校长乔尔·克莱因说道："通常，'为美国而教'的老师没什么太多的理由，而且都具有创新力和创业素质。"[3] 他对于该组织的批判同样严厉："'为美国而教'的成员根本没有服务公共教育。"凯瑟琳·米奇娜写道，她曾是"为美国而教"的毕业生，但是后来"背叛"了该组织。她在 2013 年表示，作为一名教育学教授，不会推荐学生加入教师队。"他们是为了企业改革议程服务的，致力于将经验丰富的老师赶离社区，将公立学校私有化，迫使这些面对特殊挑战、拥有特殊动力的独特低收入学校形成公司化的数据驱动文化。"[4] 如果"为美国而教"和它的同伙促进了公众对职业教育者的道德恐慌，那么这个相

---

[1] Berliner and Biddle, *The Manufactured Crisis*, 105－106.

[2] Samuel Casey Carter, *No Excuses: Lessons from High-Performing, High-Poverty Schools* (Washington, D. C.: Heritage Foundation, 2000), 17.

[3] Patricia Sellers, "Schooling Corporate Giants on Recruiting", *Fortune*, November 27, 2006.

[4] Catherine Michna, "Why I Stopped Writing Recommendation Letters for Teach for America", *Slate*, October 9, 2013.

对较小的组织也会在批评者中引发一场致命的道德恐慌。

以我作为教育记者的经验来看，"为美国而教"的新老师既不是公共教育救世主，也不是公共教育的祸害。相反，正如我观察采访过的其他教育新手一样，他们最初充满才华和激情，再慢慢黯然失色，最后就筋疲力尽。教师队成员分享的就是他们通过培训过程获取教学经验的经过，这种培训通常比正常培训时间短，注重严格的纪律以及量化结果。

萨曼莎·阿尔皮诺（Samantha Arpino）是布鲁克林本地人，身材娇小，戴着眉环、鼻环，留着一头乌黑的长卷发。2013 年，她从奥尔巴尼大学毕业，主修妇女研究与交流。她与姐妹会的成员一起组织了大学的"荡妇游行"，这是国际反对强奸抗议运动的一部分。她戴着扩音器，穿着露脐上衣走在街上，肚子上还画着"不要"的字样。

几个月后，阿尔皮诺进入南布朗克斯的"海德领导力"特许学校暑期幼儿园教学。"为美国而教"共 23 个培训学院在 11 个城市招募了 6 000 多名教师队成员，阿皮尔诺也曾接受过为期 5 周的培训，当时与其他 600 名新成员住在昆士兰大学宿舍里。每天早上 7 点，她和其他 70 个学员一起坐车到海德，监督孩子们吃早餐，然后在导师的陪同下进行晨间教学。这些导师一般都是年轻的"为美国而教"校友，已经有 2 到 3 年的教学经验，会给他们这些新手很多建议：讲话大声点，在教室里多走动，遵照教案。下午，阿尔皮诺和其他成员会参加讲习班，讨论如何教那些英语非母语的学生（别人告诉他们要多用手势），然后返回宿舍准备明天的课程。

时间表确实挺折磨人。有一次下午讲习班的时候，好几个成员都在教室后边打起盹来。但是你看阿尔皮诺上课时，从来不会觉得她累。她穿着碎花裙子，跪在地板上，面前盘腿坐着五个一年级的黑人和拉丁裔小孩，他们穿着海德学校校服、卡其色的裤子以及海军马球衫。阿尔皮诺来自纽约的工人阶级，说话有鼻音，习惯把元音拉长。她是家里第一个大学生，下决心也要把她的学生们送进大学。她这天的教学目标是帮助孩子们理解每个故事都有开头、中段和结尾。为了完成这个目标，阿尔皮诺给孩子们读了《豆豆和失踪熊》的故事，这有助于小孩理解基本的文学概念：场景（一个房子）、人物（豆豆和她的姐姐）以及时间线（豆豆把她的泰迪熊搞丢了，后来又找到了）。每次阿尔皮诺引出一个新概念的时候，总是一遍遍重复问题，然后自己回答。"我在想，"她边说边用食指敲着太阳穴，"这发生在故事中段。这发生在故事哪部分呢？中段，中段，中段。"

快到吃午饭的时候了，孩子们一个个都在打哈欠，坐立不安。阿尔皮诺每隔几分钟就会停下来，要求孩子们坐好。"我在等我的全部同学都盘腿坐好！"她要求道，"两只手叠起来，背挺直。我们必须从一年级就开始培育我们的大脑！为什么？我们为什么要这样做？"

"为了上二年级！"梅尔文回道。

"是，但是我们更大的目标是什么？"她问道。"大学！"一个叫夏奈尔的小女孩大声喊道。

"是，就是大学，"她重复道，"然后我们就能改变世界。"

之后，我又听了塔里克·沃姆斯利（Tarik Walmsley）教的四年级数学课。这位华盛顿大学毕业生是个瘦高个儿，他在这帮孩子这么大的时候还没有上学，都是在家学习的。沃姆斯利这节课主要讲乘法和除法是逆运算：就像"$8 \times 2 = 16$"与"$16 \div 2 = 8$"一样。他发给孩子一些小塑料块，让他们将教具分成不同的组：4组4块的、2组8块的。沃姆斯利告诉我，对他来说，孩子们的行为的确是一个不小的挑战。一个女孩有时候会站起来绕着教室跳舞；一个被诊断智力有问题的男孩子能在纸上写出答案，就是不敢在同学面前回答。有一次测试的时候，他给沃姆斯利写了一张纸条："老师，你觉得我蠢，其实我很聪明。"

墙上挂着一张阶梯表，每一级代表一次行为不良记录。第一步是警告；第三步，孩子就被送进"冰箱"，也就是坐在教室后边一把单独的椅子上；到了第五步，就要通知家长把孩子领回去了。每个学生的名字都写在木衣夹上，当他们犯了错，夹子就会移上阶梯。就像阿尔皮诺管幼儿园的小孩一样，沃姆斯利也花了很多时间教他四年级的学生应该如何坐。他们有没有注视着老师？桌子上的铅笔槽里有没有铅笔？对于一些小错误，他也毫不手下留情。"记得我是怎么讲巧克力牛奶的么？牛奶和巧克力怎么制成巧克力牛奶？"他引用前一天讲的乘法课问孩子们。一个名叫安东尼的男孩回答说："是的！"由于他抢着回答，获得一次不良记录。这段结束的时候，安东尼的名字夹就上了阶梯，皱着眉头坐在"冰箱"里。

下课后沃姆斯利说："他小时候就没有被这么严厉对待过。不过这样做很有用，而且很公平。"他承认自己还在学习如何教学。"为美国而教"导师告诉他，他表现得只像一个"标准"老师；他的学生也没有达到"为美国而教"期望的"戏剧化"或者"开创性"的成绩水平；而且"为美国而教"告诉这些新老师们，他们最终将消除全国富人小孩和穷人小孩之间的成绩差距。

虽然"为美国而教"一度因为培养的老师不知如何管理课堂、制作课程计划而受到批判，但是如今"为美国而教"却为其教师队伍的成员提供了一套关于如何教学，甚至如何思考教学的指导性建议，称为"领袖教学"①。公众经常称赞"为美国而教"是替代那些教育学院古板毕业生的一种方式，但是"领袖教学"的中心思想却是借自两位理论学家，格兰特·威金斯（Grant Wiggins）和杰伊·麦克泰（Jay McTighe），他们的观点在传统的教师学院同样流行。威金斯和麦克泰把这个概念称

---

① Steven Farr and Teach for America, *Teaching as Leadership: The Highly Effective Teacher's Guide to Closing the Achievement Gap* (San Francisco: Jossey-Bass, 2010)；及"为美国而教"官网 http://www. teachingasleadership. org/。

为"落后设计"，"为美国而教"把它称为"落后计划"。根据"领袖教学"的原始资料，对于一个有远见的领导者，不论你要在公立学校教学还是经营一间公司，"落后计划"的第一步就是要提出一个"可量化的大目标"。对于公司总裁来说，这个目标可以是售出100万件工具；对于老师来说，"为美国而教"建议目标可以定为"我一年级的学生在一年之内阅读水平可以前进两级"，或者"我会帮助六年级的学生顺利进入本市有竞争力的高中"。1968年的研究"教室里的皮格马利翁效应"发现，教师对学生期待较高时，学生的分数往往更高。《领袖教学》一书告诉这些新老师，即使班里都是一些低于年级水平的学生，也不要担心目标定得太大，甚至"疯狂"。从大处着想才是关键。而且它警告老师不要设立一些可能有价值但无法量化的目标，比如"我会培养学英语的学生养成终生阅读的习惯"或者"我会培养上历史课的学生公民意识"。

下一步就是确定收集哪些数据来证明大目标已经实现。这些数据几乎都是各种测试分数，有各州标准测试、地区测试、老师的自编测试和在其他地方找的测试。六年级的老师可能知道，学生要想进入有竞争力的高中，他们在州学年末英语考试中必须获得85分以上。所以他会研读前几年考试的题目，利用每次课程计划、作业布置、学生测评来培养学生测试取得高分的技巧。如果必须的话，他还会在麦当劳进行晚间辅导，请孩子们免费吃东西。他会在每周的班级简报里表扬那些在测试中取得好成绩的学生。当他给父母打电话或者家访的时候，也会设法邀请父母一起完成这个大目标。

"为美国而教"在招聘甄选阶段，会寻找那些可能会接受这种"落后计划"、数据驱动思维模式的教师成员。该组织不断追踪那些能够最大限度提升学生成绩的新老师，回顾这些老师的特点，然后在面试过程中寻找拥有相似成绩以及行为的新老师。

"为美国而教"组织诞生于教师短缺时代，基于填补巨大需要而发展起来。如今，教师裁员，失业率居高不下，该组织已经不能基于同样的理由支持自己，便转而明确宣传教师队的老师比那些经验丰富的老师更厉害。对"为美国而教"的研究一致表明，教师队的成员与那些从其他渠道上来的老师，在提升学生成绩方面水平相当，不过数学成绩的提高幅度还要高于阅读和写作。① 2013 年 9 月 Mathematica 政策研究所调查发现，"为美国而教"教师队里的初高中数学老师比学校其他数学老师更出色，不过程度只相当于学生在百分测试中多拿了 3 分。研究人员也不清楚为什么会出现这种情况。与其他关于教师资格认证的研究一样，该研究发现不论是通过何种途径成为教师，数学专业的老师或者参加过选拔学院的老师并没有明显优于其他简历一般的老师。② 所以，如

---

① 研究者进行过两项随机对照试验，将"为美国而教"招募来的老师与通过其他途径得到招募的教师进行了比较，进行这一对比的均是 Mathematica 政策研究所；他们发现"为美国而教"老师在提高数学成绩方面更有效。这些研究可能存在这么一个不足之处：人们不仅将"为美国而教"的教师拿来跟受到传统培训的教师进行了比较，而且拿他们跟一些来自其他项目、拥有替代认证的教师进行了比较，其中一些教师的水平让人不敢恭维。2005 年时，琳达·达令-哈蒙德对休斯敦"为美国而教"教师和在大学或研究生院上过教育学课程的教师之间进行了比较。这一比较仅涉及这两个教师群体，对比的是他们跟他们所教授学生的数据。研究发现，未经认证的"为美国而教"成员所教的学生与经过认证的教师所教的学生相比，在进度上落后了两周到三个月不等。在第 2 年或第 3 年获得认证的"为美国而教"教师与其他教师似乎没有什么不同，而且在数学上的教学能力可能要更强些。请参见 Paul T. Decker, Daniel P. Mayer, and Steven Glazerman, *The Effects of Teach for America on Students: Findings from a National Evaluation* (Mathematica report, June 9, 2004); Melissa A. Clark et al., "The Effectiveness of Secondary Math Teachers from Teach for America and the Teaching Fellows Programs" (*Mathematica study*, Institute of Education Sciences, U. S. Department of Education, September 2013); Linda Darling-Hammond et al., "Does Teacher Preparation Matter? Evidence About Teacher Certifcation, Teach for America, and Teacher Effectiveness", *Education Policy Analysis Archives 13*, no. 42 (2005); 及 Dylan Matthews, "Teach for America's Teachers Are Besting Their Peers on Math, Study Shows", *Washington Post*, April 5, 2013.

② 约翰·哈蒂 (John Hattie) 在《有形教学》一书中指出，虽然研究人员通常无法确定教师的知识储备对学生成绩产生的影响，但还有其他证据表明，教师的智力，特别是词汇和口头表达能力对提高学生成绩有很大的关系。然而，这些技能可能与老师所上过的大学或研究生学校的竞争力或学过的课程内容没什么关系。

果"尖子"理论不正确,传统精英认证也不是"为美国而教"教师擅长工作的理由,那么教师队成员又是如何取得成功的呢?

约翰·哈蒂的工作也提供了一些线索。他是新西兰一名教育研究员,回顾了对5万多条教育研究成果进行总结的800项元分析。哈蒂从中发现,完全不考虑教师的人口统计学特征,一些具体的教师行为,包括"为美国而教"强调的那些行为都对学生成绩产生了强大的影响。大量证据表明,老师能为学生做的最好的事情就是,不论学生过去成绩如何,或者身上贴有何种标签(例如低收入家庭、特殊教育、学习障碍),都分别给他们设置个性化的高期待。合格的教师认为每个学生都有学习的能力,这也是"为美国而教"哲学基础之一,即认为智力不是天生特质,是可以通过老师教育培养出来的。一般而言,成绩不合格的老师目标都设立得太低;有证据表明,大多数班级的学生对于老师讲的多数内容早就熟知。这就是哈蒂认定为"变化潜力"的教师行为,也就是"为美国而教"提倡的行为,即教学测评。教师为了避免教授孩子已知的内容,在每学年开始,或者开始讲授新单元的时候,应当对学生进行测评,了解他们的优缺点。每单元结束时,老师应该对学生进行第二次测评,确定学生有没有完全接受所讲的概念和技巧。认知科学家的一系列研究证实,如果学生可以连续接受阶段式测试,那么课程结束参加标准化测试时,往往会取得更高的分数。[1]

虽然教育研究似乎证实了"为美国而教"的某些实践以及理念,但同时也对一些问题提出质疑,尤其是与学生纪律有关的方面。正如阿尔皮诺和沃姆斯利被教导的那样,老师不断提供控制行为反馈,其实浪费

---

[1] Andrew C. Butler and Henry L. Roediger, "Testing Improves Long-Term Retention in a Simulated Classroom Setting", *European Journal of Cognitive Psychology 19*, no. 4/5 (2007); Henry L. Roediger and Andrew C. Butler, "The Critical Role of Retrieval Practice in Long-Term Retention", *Trends in Cognitive Sciences 15*, no. 1 (2010): 20 - 27.

了大量本来可以用于制作课堂学业反馈的宝贵时间，而后者对于提升学生成绩更加重要。哈蒂写道，如何使老师信服"培养控制学生行为的强烈愿望可能与实施概念性教育方法不符合"① 是培训新教师面临的一个挑战。

关于"无借口"教学方法，很少有令人信服的研究。这些教学方法通常包括激励制度（行为良好、考试分数高的学生可得到披萨）、老师阅读或讲课时关注学生姿势和眼神交流、穿校服、保持走廊安静。然而，自 20 世纪 90 年代中期以来，这种类型的教学突然得到快速发展，很大一部分原因是因为"知识就是力量计划"特许学校以及其他特许学校都使用了这种策略和用辞，而且教师队成员和校友也进一步研究了这些方法。②

1994 年，"为美国而教"校友，麦克·范伯格（Mike Feinberg）和戴夫·莱文创办了"知识就是力量计划"学校（KIPP 读作"kip"）③，如今已经成为美国最著名的学校网。两位创始人在休斯敦做老师的第一年度过了一段艰难的日子，那时他们十分崇拜哈里特·巴尔的课堂策略。巴尔是非裔美国人，身高 6 英尺 1 英寸，总是很有吸引力。她教授非裔美国人四年级课程时就好像在魔法表演一般。她的学生们大声唱歌——唱出所学内容的助记符，也有激励学习的训导词（因为知识就是力量，力量就是金钱，我想要!）——但是，当她一打响指，学生立刻

① John Hattie, *Visible Learning: A Synthesis of Over 800 Meta-Analyses Relating to Achievement* (New York: Routledge, 2009).
② 2007 年，"为美国而教"派遣 13% 的教师队成员进入特许学校教学。2013 年，由于经济衰退、预算削减，地区招聘速度放缓，1/3 的教师队成员进入特许学校，仍继续教学的校友中大约有一半都在特许学校工作。并非所有的特许学校都是"无借口"学校。有些特许学校，例如哈莱姆的全球社区和布鲁克林的基层社区的学校就注重以课程为基础的学习以及其他渐进式学习方法。
③ 了解"知识就是力量计划"在当代教育改革运动中的历史和角色，请参见 Jay Mathews, *Work Hard. Be Nice: How Two Inspired Teachers Created the Most Promising Schools in America* (Chapel Hill, NC: Algonquin Books, 2009).

一片死寂。如果有学生不听话或者不写作业，她就威胁要把他们调去其他老师的班级。她告诉学生，在她的班里上课是他们的幸运，最好不要浪费这个机会。

巴尔强调，教育是一种特权，识字是获取个人财富的途径——这个观念是非裔美国人社区长久以来一段骄傲的历史，可以追溯到布克·华盛顿时期。她对学生的高期望也呼应了海山布朗斯维尔教学主管罗德·迈考伊作出的承诺：老师掌握正确的教学节奏，学生就学得更好。20世纪90年代，来自不同种族的X代教育改革家还是在利用和解读这些策略。莱文和范伯格引用巴尔歌曲的副歌部分将创办的学校命名为KIPP（Knowledge Is Power Plan，知识就是力量计划）。正如温迪·科普写道，只要老师清楚自己的职责是提升学生成就的"关键变量"，那么她这种"无借口"方法就可以证明"教育可以打败贫困"[1]。《领袖教育》一书中写道："学生的成败掌握在我们手中，父母、社区、学校资金、卫生保健、种族主义，甚至是稳定的住房都并非主要影响因素。"[2]

这种仅以量化方式提升学生成绩的个人全能教师理念很快就超越了"为美国而教"和"知识就是力量计划"等新兴组织成为奥巴马时代制定国家教育政策的基础。教师和学校评估的新方式，即价值增值测量法也为该理念提供了强有力的支持。

2003年5月20日，教育信托基金的凯蒂·海柯克出现在国会，与议员分享关于如何改善"有教无类"法案的意见。海柯克一直在积极推动该法案的实施。现在，她为国会议员提供了新的信息：很明显，个别教师超过教学标准以及学校本身成为孩子们"取得好成绩的第一要素"。海柯克引用了田纳西大学统计学家威廉·桑德斯（William Sanders）的研究成果，她说桑德斯利用价值增值测量技巧证明一个孩子如果一直接

---

① Kopp，*A Chance to Make History*，109.
② Farr and Teach for America，*Teaching as Leadership*，198.

受好老师的教育，那么他在标准化百分制考试中能够拿到 50 分，"这就决定了他是进入选拔类大学还是一辈子在麦当劳打工"①。她还说，教师应该就是否"提升学生学习成绩"这一标准进行评估。

桑德斯的说法令人惊叹。20 世纪五六十年代最重要的教育研究不是由测试专家进行的，而是由社会学家和心理学家完成。肯尼思·克拉克（Kenneth Clark）和詹姆斯·科尔曼研究了影响儿童学校表现和整体良好感觉的各种因素：父母拥有的书本数量、儿童的玩具、学校是否拥有科学实验室和图书馆。老一辈的研究人员试图探究教师成功的因素时，总是找寻教师特定的人格品质，例如温和、外向以及自觉。② 但是从 20 世纪 70 年代以来，国家测试项目的爆炸式发展为桑德斯这类研究人员提供了前所未有的数据支持。数据学家和经济学家利用这些成绩数据提出了更加详细的问题：哪些老师提高了学生的测试分数，又是哪些老师拉低了学生的测试分数？

研究人员利用增值测量方法找到了答案。增值法形成早期相对粗糙，仅仅是使用学生学年末标准测试的分数预测其下一学年的分数而已。如果负责的学生成绩提升高于预想，那么老师会获得高于平均水平的增值评分。③（例如：萨拉三年级数学考试得 89 分。一贯得 89 分的小孩，第二年会得 91 分，但是萨拉在四年级却得了 93 分。这没有预测到

① Testimony of Kati Haycock, President, the Education Trust, Before the U. S. House of Representatives Committee on Education and the Workforce, Subcommittee on 21st Century Competitiveness, May 20, 2003.

② Douglas N. Harris and Stacy A. Rutledge, "Models and Predictors of Teacher Effectiveness: A Comparison of Research About Teaching and Other Occupations", *Teachers College Record 112*, no. 3 (2010): 914 – 960.

③ William L. Sanders and June C. Rivers, "Cumulative and Residual Effects of Teachers on Future Student Academic Achievement" (Knoxville: University of Tennessee Value-Added Research and Assessment Center, November, 1996); S. Paul Wright, Sandra P. Horn, and William L. Sanders, "Teacher and Classroom Context Effects on Student Achievement: Implications for Teacher Evaluation", *Journal of Personnel Evaluation in Education 11* (1997): 57 – 67; Jim Schutze, "Baby, It's Them", *Dallas Observer*, January 29, 1998.

的 2 分就归功于她四年级的老师，并且计入该老师的增值评分。）

20 世纪 90 年代中期，达拉斯市开发了一种更加敏感的早期增值测量公式。[①] 这时，统计学家意识到，不管教师多么优秀，贫困学生的成绩往往低于同级中产阶级学生的成绩，这是因为贫穷小孩更容易受到学校外的干扰，比如营养不良、搬家、无家可归，而这些因素都会影响学生的学习。达拉斯研究团队创造了一个增值方程，包括对儿童人口特征的控制，例如父母收入以及英文熟练程度等，进而给那些教授贫困小孩的老师奖励分数。通过增值法发现，教师对儿童成绩的影响虽然小，但是很重要。

增值测量法几乎改变了全国性大讨论关于学生成绩的所有内容。"有教无类"法案为了评估学校进步与否，将一群三年级学生学年末的数学成绩与上一学年三年级学生数学成绩作了简单比较。这些简单的对比使那些教授贫困儿童的学校和老师看起来特别糟糕，因为这些学校每年所得分数都不高。只是通过单纯的分数，无法看出个别学生随着时间的推移是否做得越来越好。在几年之内追踪一群学生在某一课程的表现，这种增长式测量方法，例如增值法，会呈现更加细微的画面。[②] 但是 2001 年，华盛顿的大多数立法者在商议"有教无类"法案时，还没有听说过增值法。虽然该法案在全国学校中产生了实际效果，但是增值法研究也变得更加复杂。经济学家进行了一个实验，将同一学校的学生随机分配给不同的老师，然后测量他们成绩增长的差异。这种方法消除了校长对于特定班级里最差和最好学生的偏见。研究人员还对影响学生测试分数的因素进行了更加敏感的控制，但是教师课堂的表现并不在考

---

① Heather R. Jordan et al., *Teacher Effects on Longitudinal Student Achievement* (Dallas Public Schools report on research in progress, July 1997).

② 了解有关学生成就的快照和增长/增值统计法之间的差异，请参见 Douglas N. Harris, *Value-Added Measurements in Education* (Cambridge, MA: Harvard Education Press, 2011)。

虑范围内。威斯康星大学为纽约市研究的增值模式①中，控制因素不仅包括家庭收入和英语水平，还包括学生的种族、性别、残疾状况、缺课频率、是否曾经入读暑期学校以及最近是否搬迁、停课或留级。在纽约市的增值模式中，不仅教授类似规模的教师要进行比较，而且拥有相同教龄的老师也要进行比较。

劳动经济学家使用这些方法进行了大量的研究，发现不论教师大学的专业是什么，是通过何种途径进入课堂——传统教师学院、研究生教学项目或是"为美国而教"这样的替代方案——都不会对提升学生成绩产生很大的影响。② 在一所学校教学的老师与在地区多所学校教学的老师之间存在很大的增值变化，这一发现有望证明许多城市教师长时间的观点：即使是"不合格"的学校也会招到大量优秀教师。新手老师的表现并不好，但是第二年工作结束的时候，他们的效率会有很大提升，而且在之后的 5 到 10 年里，还会稳步提升，这之后他们的可测量标准趋于平稳。

社会科学家表示，这些实验结果仍然不足以全信。如果只使用一年的测试成绩数据计算教师的增值，那么错误率高达 35%，这也就意味着超过 1/3 的一般教师会被误归入优秀或不合格教师，还有 1/3 表现不

① 威斯康星-麦迪逊大学增值研究中心及纽约市教育部，*New York City Data Initiative: Technical Report on the NYC Value-Added Model*（2010）。

② 在增值研究方面，有一部浅显易懂的优秀作品：Harris, *Value-Added Measurements in Education*。还可参考 Douglas N. Harris and Tim R. Sass, "Teacher Training, Teacher Quality, and Student Achievement", *Journal of Public Economics 95*（2011）。要了解学校内部和各校之间教师水平的差异，请参见 Raj Chetty, John N. Friedman, and Jonah E. Rockoff, "Measuring the Impact of Teachers I‐II: Evaluating Bias in Teacher Value-Added Estimates"（working papers 19424 and 19423, National Bureau of Economic Research, Cambridge, MA, 2013）。了解有关黑人教师教授有色人种学生时更有效率方面的内容，请参见 Eric A. Hanushek et al., "The Market for Teacher Quality"（working paper 11154, National Bureau of Economic Research, Cambridge, MA, 2005）。了解有关教师培训和职业发展方面的内容，请参见 Darling-Hammond, "Teacher Quality and Student Achievement: A Review of State Policy Evidence"。

好或者表现特别好的老师会被归入一般等级。即使使用 3 年的数据计算，仍然会有 1/4 的教师将被错误归类。[1] 对于在同一教室合作上课的老师（迅速流行的教学方式），以及所教年级或班级不用参加标准化测试的老师（占总数的 2/3）来说，即使有可能计算准确的增值分数，这也是一件十分困难的事情。[2]

一些提倡增值法的人淡化了这些问题，并为这种方法提出了更大的要求。斯坦福大学经济学家埃里克·哈努舍克是保守的胡佛研究所研究员，也是学校资助的倡导者。他提出了一个假设：如果贫穷的孩子被连续分配到 5 名"好老师"（增值分数排名前 15%），那么贫困阶级与中产阶级学生的学业成绩差距完全可以消除。[3] 罗伯特·戈登（Robert Gordon）、托马斯·凯恩（Thomas Kane）和道格拉斯·斯塔格（Douglas Staiger）这 3 位经济学家在布鲁金斯学会 2006 年的一篇论文中使用类似的逻辑作出估计，根据每年增值数据显示，如果解雇当年排名最后 25% 的新手老师，那么将会为国家经济增长贡献 2 000 亿至 5 000 亿美元，贫困儿童也将获得更高的测试成绩，进而收获更好的工作机会。[4]

关于媒体上经常出现的这些说法，我们应该意识到最重要的一点就是它们都没有经过验证。据另一位重要增值学者、杜兰大学经济学家道格·哈里斯（Doug Harris）所说，没有任何实验说明贫困儿童是否被连续分配到多名增值分数高的老师及其成绩差距是否完全被消除。他对我说："这仍然只是单纯的假设，想要实行这项实验，难度简直超乎想

---

① Peter Z. Schochet and Hanley S. Chiang, *Error Rates in Measuring Teacher and School Performance Based on Student Test Score Gains* (Institute of Education Sciences/Mathematica report, 2010).

② Harris, *Value-Added Measurements in Education*, 122.

③ Eric A. Hanushek and Steven B. Rivkin, "How to Improve the Supply of High-Quality Teachers" (Brookings Papers on Education Policy, 2004).

④ Robert Gordon, Thomas J. Kane, and Douglas O. Staiger, "Identifying Effective Teachers Using Performance on the Job" (*Hamilton Project paper*, Brookings Institution, April 2006).

象。"哈里斯猜测，即使这项实验真的可以进行，恐怕也无法证实仅靠教师就可以消除成绩差距这项假设。理由如下：哈努舍克认为如果 5 名老师每人可以让学生成绩增加 10 分，那么学生 5 年内在这个科目的分值从 40 分提升至 90 分。但是现实情况并非如此。随着时间推移，增值收益会渐渐消失；第二年，一般的孩子会丧失其当年增值分数的 50%，等到第三年，这一数字将增大至 75%。哈里斯认为，这意味着连续多名高于平均水平的教师产生的学术和经济影响已经膨胀了一半以上。有能力的教师可以缩小但是无法消除反映更广泛美国社会的收入、财富和种族不平等的成绩和就业差距。

有史以来最著名的增值研究证明了这个现实。拉吉·切迪（Raj Chetty）、约翰·弗里德曼（John Friedman）和乔纳·罗考夫 3 位经济学家试图弄明白，如果教师善于提升学生成绩，那么他是否同样善于改善学生长期发展目标；换句话说，增值法除了提升成绩外，是否有利于实现其他一些我们希望教师实现的目标呢。[①] 他们使用某不知名大城市的报税表以及学区记录，调查了 100 多万学生和他们老师 20 年的数据，并开始追踪学生从三年级到青年期的表现。他们发现校外因素对当前成绩差距造成的影响最大；教师能力的不同仅占差距原因的 7%。但是该实验还证明，那些被分配到一名顶级增值教师（能力强于一般教师）的学生的长期人生还是会受到些许影响。这些学生平均每年多赚取 1.3%，也就是 25 000 美元到 25 325 美元之间的差距；他们中有 2.2% 的人有可能在 20 岁进入大学，4.6% 的人不太可能青少年时期就成为父母。

研究人员认为，如果有办法将增值高的老师有条不紊地调往表现最差的学校，有可能会弥补 73% 的测试成绩差距。然而这对于政策制定

---

① Chetty, Friedman, and Rockoff, "Measuring the Impact of Teachers I‐II".

提出了巨大的挑战：教育部/教育学院试图为1 000多名高增值教师提供2万美元补贴将他们调往低收入学校，但是申请这项工作的人不到1/4。[1]（那些转学校的老师只是提升了小学学生成绩，对中学生没有影响。）切迪、弗里德曼和罗考夫还提出了另一个重要警告：几乎与其他所有的增值研究一样，此次尝试所提供的教师奖金也不高，这意味着没有按照学生测试成绩对教师进行评估或发放报酬。3位经济学家指出，如果进行与奖金完全挂钩实验，测试成绩有可能丧失预测能力，比如成绩没有反应出学生真实学习情况而是表现为应试教育以及作弊的情况。

实验证明增值测量方法确实是有用的研究工具。现在的问题是，它是否真的可以用作政策工具，用于挑选、改善、培训、奖励或者解雇教师。教育的历史（以及一些经济学家）敦促要谨慎行之。"有教无类"法案导致各州降低"熟练"标准以及分数；它限制了课程设置，扩大了应试教育的影响。这些趋势也证实了"坎贝尔定律"，即教育心理学家唐纳德·坎贝尔（Donald Campbell）所指出的社会科学规则："社会决策中使用的定量社会指标越多，形成腐败的压力也就越大，也更容易扭曲和破坏其意图监测的社会进程。"

然而，当切迪、弗里德曼和罗考夫发表了他们的研究，并提出要谨慎使用高奖金增值测量法的时候，这项工具早已完成从研究到实践的巨大飞跃。国会从来没有想过完善"有教无类"法案，但是比尔·盖茨（Bill Gates）介入了。这位科技巨头早期从事的教育慈善事业主要关注为学校安装电脑、将大型高中分成小型学校等方面。他也对这些好坏参半的改革感到头疼：它们可能有助于提升高中升学率，但是并没有产生他所期望的成绩飞跃。2007年，盖茨遇到了增值学者托马斯·凯恩和

---

[1] Steven Glazerman, *Transfer Incentives for High-Performing Teachers: Final Results From a Multisite Randomized Experiment* (U. S. Department of Education/Mathematica Policy Research report，November 2013).

罗伯特·戈登，他们当时已经和纽约市校长乔尔·克莱因谈过使用增值法将一些老师（如来自"代课认证计划"）与其他老师进行比较。盖茨也喜欢这个想法，他在一年之内向同意使用增值措施评估教师的学区拨款高达1亿美元。[①] 盖茨喜欢数据，也相信员工评估和激励的重要性。作为微软首席执行官时，他对员工实行排名制度，每名经理要把他的报告直接按照最差到最佳分成两堆：一个是今年的表现，另一个是随着时间的推移提升的潜力。公司根据这一制度分发现金奖金和股票期权，有时也会解雇表现不佳的员工。

盖茨在微软的继任者史蒂夫·鲍尔默（Steve Ballmer）将所谓的"末位淘汰"制度执行得更为严格死板，仅凭一堆文件来评估员工的绩效。2012年8月，《名利场》杂志一篇文章讲述了微软公司面临的困境，提请人们关注这一计划的缺点，即通过对员工从好到差进行排名，致使员工主要关注与团队内其他成员进行竞争，而不是共同分享工作经验。[②] 整个20世纪90年代，世界其他地方的公司都在使用日本的管理工具，即索尼和丰田使用的"持续质量改进"方法。[③] 该体制要求管理者和职工团队共同观察绩效数据，不根据个人绩效进行排名，而是找出团队弱点，然后合作解决这些问题。即使是日本的学校也在使用这种方式；教师通过课例研究实践合作制订课程计划，彼此观察计划执行过程，然后分享反馈情况。[④]

许多教育负责人担心，这种将学生和老师一对一捆绑起来的高收益

---

① 关于比尔·盖茨对增值研究的介绍以及他在教师评估方面的早期工作，请参考 Steven Brill, *Class Warfare: Inside the Fight to Fix America's Schools* (New York: Simon and Schuster, 2011), 178－180, 229－235。

② Kurt Eichenwald, "Microsoft's Lost Decade", *Vanity Fair*, August 2012.

③ Greg Anrig, "Chicago Teachers' Strike: What Do We Want? Better Management Gurus Might Help", *Pacific Standard*, September 17, 2012.

④ 课程学习在美国正越来越流行，可查找 http://www.lessonresearch.net 来获得相关信息。

评估方法可能会把微软公司面临的竞争问题引入教师行业，而且几乎所有专家一致同意该行业太缺乏合作。美国学校最终转而实行小组制订课程计划以及团队教学的方式。使用这些方法，过于关注教师和学生一对一的测试成绩可能会适得其反。现在，每个孩子的学习，甚至在小学阶段都会受到许多不同老师的影响。

2005 年，纽约市教师联合协会主席兰蒂·维恩加尔滕（Randi Weingarten）说："实际上，我真的很喜欢使用得当的增值制度。"[1] 她同意进行一项实验，如果增值评估显示学生测试成绩有所改善，那么纽约市 200 所学校的每名教师可以获得高达 3 000 美元的奖金。[2] 这是一项集体而非个人的增值计划；如果分数上升，每个老师无论付出多少努力都会得到相同的金额。这与艾尔·夏克尔在去世前不久设立的与学生成绩挂钩的绩效薪酬一致：都持赞成态度，但只有通过课堂的集体测量成绩才会鼓励教师合作。维恩加尔滕引用增值计算中的高错误率以及公众的质疑，抵制将教师与其课堂中学生的考试成绩挂钩的问责制度。不过，既然对手是美国总统，那么她极有可能输掉这场斗争。

2008 年民主党全国代表大会最热门的活动要数教育改革小组讨论，这场讨论由基金会、非营利组织和企业联盟参与，支持特许学校以及基于增值法的教师评估制度。[3] 这场讨论会在华丽而后现代的丹佛博物馆举办，华盛顿市长阿德利安·芬迪（Adrian Fenty）以及纽瓦克市长科里·布克（Cory Booker）受邀发表了演讲。这两位年轻的非裔美国人是奥巴马总统的参议员、民主党派的候选人。芬迪演讲时赞扬了他的校长

---

① David Herszenhorn，"Test Scores to Be Used to Analyze Schools' Roles"，*The New York Times*，June 7，2005.

② Marcus G. Springer and Marcus A. Winters，*New York's School-Wide Bonus Pay Program: Early Evidence from a Randomized Trial*（report，National Center of Performance Incentives，Vanderbilt University，April 2009）.

③ Dana Goldstein，"The Democratic Education Divide"，*American Prospect*，August 25，2008.

米歇尔·拉伊（Michelle Rhee），这位"为美国而教"校友当时正在推行一项由慈善家资助的计划，旨在削弱教师任期保护，转而实行与增值数据相关的绩效工资以及更为严格的课堂观察。据估计，华盛顿少数顶尖教师每年可以赚取 13 万美元，这一数字实在惊人。芬迪在讨论会上说："我认为美国教师联合协会没有对哥伦比亚地区民众起到什么作用，但它也反对这一计划，我唯一能想到的理由就是，领导们想保住自己的工作。"布克补充说："10 年前，我谈到教育选择权的时候，确实受到了严厉批判。工会把我带进杂物间，并告诉我，如果继续谈论这些特许学校，那么我永远都无法回到办公室。"

在这样一个工会教师代表占 10% 的民主党代表会上，从来没有哪个著名的民主党人对工会进行如此粗暴的批判。丹佛事件为我们谈论工会提供了一种新方式，将老派黑人权利批判者（像斯托克利·卡迈克尔和阿米里·巴拉卡）的义愤融入后里根时代民主党派温和的政治官僚技术中。年轻的非裔美国人政客，例如布克、芬迪，甚至最著名的巴拉克·奥巴马都是这种转变的代表。

奥巴马作为伊利诺伊州国会参议员，通过立法，联合问责制改革家、芝加哥教师工会与芝加哥学校董事会增加市内非工会特许学校的数量。[①] 2005 年，奥巴马在美国参议院第一任期内，在民主党教育改革委员会（DFER）的启动仪式上发表演讲。[②] 这是由特许学校慈善家资助的政治行动委员会，这些慈善家多在金融部门工作，常常对教师工会提出严厉批判。对冲基金企业家、"为美国而教"首位雇员惠特尼·蒂尔森就是其中之一。活动前的晚餐时间，奥巴马向教改委创办者们介绍了他对芝加哥一所成功的公立学校进行的访问，在那里有一位老师向他抱怨说，许多来自"传统"学校的同事认为"这些孩子"

---

① Howard Schulman, "Charter Schools Working", *Providence Journal*, August 27, 2004.
② Brill, *Class Warfare*, 131 – 132.

（贫穷小孩）"不能学习"。他后来说道："如果有人能告诉我民主党派在教育改革中的立场，那么一定要让我知道，因为我自己搞不清楚。我们党派在这件事情上必须警觉起来！"这番话激起了教改委人群的一阵欢呼。两年后，当奥巴马在民主党内竞争总统候选资格时，在全美教育协会举办的活动中遭到一阵嘘声，[①] 这之前他还赞扬教师绩效工资制度。两大教师工会转而支持希拉里·克林顿。随后，奥巴马与约翰·麦凯恩（John McCain）进行电视辩论时，似乎不知道米歇尔·拉伊已经成为多数工会的第一大敌人，还把她称为华盛顿"最伟大的新任主管"[②]。（辩论结束后的几周里，拉伊出现在《时代》杂志的封面上，她拿着扫帚站在教室里。这张图片暗指她将接管工会，将不合格的终身教师扫出华盛顿。）

当奥巴马总统任命教育部长的时候，并没有提拔他的竞选顾问琳达·达令-哈蒙德这位"为美国而教"评论家、工会盟友以及教师培训专家；[③] 而是接受了教改委的建议，任命阿恩·邓肯为新一任教育部长。邓肯是芝加哥教育主管，曾关闭不合格学校，开办新特许学校，并尝试使用增值测量法计算教师部分绩效工资。尽管无党派专家警告奥巴马要谨慎使用增值教师问责制度——兰德写道，"目前研究基础不足以支持将增值测量法用于高风险决策中"[④]，但是增值测量法仍然成为奥巴马政府实行的教育计划"力争上游"的基石。就在"力争上游"计划宣布的那一天，总统强调，这项计划的目标之一就是解雇不合格的教师。他对美国拉美裔商会讲道："说明白点，就是如果我

① Ruth Marcus, "From Barack Obama, Two Dangerous Words", *Washington Post*, July 11, 2007.
② Jeff Chu, "Obama and McCain Fight Over a Woman", *Fast Company*, October 20, 2008.
③ Dana Goldstein, "The Selling of School Reform", *The Nation*, June 15, 2009.
④ "The Promise and Peril of Using Value-Added Modeling to Measure Teacher Effectiveness" (RAND Education research brief, Santa Monica, CA, 2004).

们给老师 1 次、2 次甚至 3 次机会，但他依旧没有改进，那么实在没有任何理由让他继续教学。我拒绝接受奖励失败、保护教师免受责罚的制度。"①

最初"力争上游"计划作为 2009 年经济刺激计划的一部分，由国会通过立法，同时通过的还有为学校改善措施提供资金，例如减少教学工作、翻新学校建筑等，这些方面争议较少。"力争上游"法案为同意实施改革议程的州和校区提供超过 40 亿美元的支持，这也是首次关注教师个体的法案议程。各州想要获得资助，就必须根据教师是否有效提升学生成绩（用可以测量的方式）对教师进行评估、发放工资以及授予任期。政府的指导方针并没有涉及"增值"这个术语。但是教育部将"学生成绩"定义为"学生在各州制定的结业测试以及其他更为严格、可展开班内比较的测试中取得的成绩"。它将"学生进步"定义为"学生在两个或以上时间点之间的成绩变化"。这其实就是增值。"力争上游"法案还要求各州命令校长每年对教师进行一次评估，这对于管理者来说，是一项巨大的新责任：他们中的许多人都已经习惯每 3 到 5 年对职工进行一次粗略的检查表式的评估，根据简单的因素，例如着装是否适当、是否准时、教室是否安静整洁等对教师进行评估。该法律希望各州想办法合法解雇那些表现没有改进的教师，甚至是终身教师。"力争上游"法案"彻底改变了学校"，那些测试分数最低的学校很有可能解雇一大半的教师，即使有终身任期的教师也不例外。

各州在与工会，特别是教师联合协会强势的新主席兰蒂·维恩加尔滕过招时，如果州内的教师工会都不支持自己的计划，那么肯定会败下阵来。（维恩加尔滕是一位复杂的纽约政客，虽然可以与迈克尔·布隆

---

① "Obama Speaks to the U. S. Hispanic Chamber of Commerce", March 10, 2009. 文本刊登于 http://www. washingtonpost. com/wp-srv/politics/documents/Obama _ Hispanic _ Chamber _ Commerce. html。

伯格以及米歇尔·拉伊自由谈判，但也是艾尔·夏克尔之后最可能支持教师问责制的工会领导。）各州可以通过做一些工会强烈抵制的事情为自己赢得更多分数：从"代课认证计划"，例如从"为美国而教"中雇用更多教师。在"力争上游"法案中，也有一些与教师无关的重要优先事项。各州想要获得资助，必须关闭或者重修不合格的校舍，开办更多高质量的特许学校，签署同意执行高质量的课程标准。由州长、慈善家以及教师工会制定的英语和数学"各州共同核心标准"成为美国历史上首项政治上可行的全国性课程改革方案。

大萧条以来最严重的经济衰退期间，"力争上游"法案也作出了巧妙修改。它抛出一个无法抗拒的诱饵，即联邦资助，并指导财政贫乏的各州相互竞争。教育部其他资助计划同样将重点放在教师问责制，所以整个联邦改革议程严格一致。它确实在政治上发挥了作用。虽然只有19个州赢取了"力争上游"计划资助，但是2/3的州为了竞争都修改了公立教师法案，一半的州宣布学生成绩将纳入教师评估中，18个州削弱了教师任期保护制度。麦克·约翰斯顿（Mike Johnston）是科罗拉多州一位年轻而有魅力的国会参议员，还是"为美国而教"校友。他起草法令，规定学生成绩数据将占教师评估分数的51%，超过课堂观察记录。在科罗拉多州，如果一个老师连续获得两个差评，那么他将会被解雇。[①] 在纽约，学生成绩提升会占到教师评估分数的40%。11个州终止实行"后进先出"政策：该政策要求各学区不考虑教师表现，在授予终身任期前解雇不合格教师。随着预算削减，各学区被迫考虑裁员，这是全国各地面临的日益严重的问题。佛罗里达州与北卡罗来纳州同时结束了教师终身任期制。威斯康星州、密歇根州和印第安纳州限制了教师

[①] 约翰斯顿提倡以测试成绩为基础的问责制，他的这一行为成为时代变革的标志。几年之前，他出版了一篇关于他在密西西比三角洲作为"为美国而教"教师队成员那段时间的"悲惨"回忆录。他在书中抱怨"各州举办无数次的考试研讨会"以及"试图提高考试成绩的狂热"。

工会通过集体谈判解决问题的范围；民主党的铁杆粉丝马萨诸塞州也是如此，但是这些措施只适用于表现不佳的学校老师。

在与问责制改革者激烈的对峙中，教师工会意识到自身势力已被削弱。罗得岛的小镇森特勒尔·福尔斯（Central Falls）失去制造业经济支持，已经破产，当地的高中辍学率超出50%，成为"力争上游"计划中的"周转"学校。2010年3月，地方工会组织抵制当地一项要求增加教师工作时长但不提供额外工资的提议，教育主管弗朗西丝·盖洛（Frances Gallo）因此试图解雇学校全部教工，这一表现赢得了白宫的直接赞扬。奥巴马总统说："学校必须有点责任感。"[1] 2010年6月，国家最激烈的劳资谈判在维恩加尔滕与拉伊之间展开，最终华盛顿80%的教师投票接受了一份协议：该协议提出工资全面提升20%，加速那些终身教师结束任期的进程，为个人教师提供选择——可以完全结束任期并获得3 000到25 000不等的奖励——奖励来自645万的慈善捐助，并根据基于增值分数制定的新评估系统以及课堂观察结果发放。

2010年，这些捐助者中的有些人还资助了影片《超人》的拍摄，这部纪录片讲述了5个可爱的孩子希望进入超员特许学校的故事。奥普拉·温弗瑞（Oprah Winfrey）采访了电影导演戴维斯·古根海姆（Davis Guggenheim），托马斯·弗里德曼写了一篇《纽约时报》专栏赞扬这部影片。杂志在封面问道："一部小电影可以拯救美国的学校吗？"这部电影将所有城市街区公立学校刻画成挤满了不合格老师的破烂地方，同时提出非工会特许学校才是解决方案。但影片并没有描述工会特许学校，比如受到高度评价的"绿点"学校、表现不佳的特许学校（大概存在1/4）以及极度贫困社区成功的传统学校。兰蒂·维恩加尔滕出现在银幕上时总是伴随着不祥的音乐；影片中没有任何迹象表明，即使

---

[1] Michael A. Fletcher and Nick Anderson, "Obama Angers Union Offcials with Remarks in Support of R. I. Teacher Firings", *Washington Post*, March 2, 2010.

在保卫"后进先出"这类不受欢迎的政策时，教师联合协会也已经签署了一些开创性的教师评估计划，将学生表现纳入评估因素，削弱教师任期。

维恩加尔滕实事求是地了解了为什么自己的工会受到攻击。教师任期为工作提供的保障是其他大多数美国工人无法想象的，大萧条时期失业率达 10%，许多工人几乎快撑不住了。她告诉我："美国只有 7% 的工人加入了工会，他们把我们视为特权岛。"①

对于美国教育"大问题"中的教师任期以及"大解决方案"中增值评估激励方法的关注，有助于揭示这些主要政策变化对现实教室中的孩子们产生什么影响。"力争上游"最大的影响之一就是为了收集用于评估教师的数据，学生们参加测试和评估的方式和数量有了爆炸性的增长。2013 年，教师联合协会关于两个主要城市学区的研究发现，在其中一个学区，学生用了相当于 30 天的时间来参加测试练习、学习考试技巧，以及大约两周的时间进行考试。另一个学区，学生花费 16 天时间练习，3 天时间考试。② 在我曾经采访过的一个学区，即科罗拉多斯普林斯哈里森二区，一般学生每学年要经历至少 25 个考试日，这就削减了教学、实地考察、小组项目以及其他与收集学生进步数据无关的课堂活动时间。

根据新的方针，就连对艺术老师的评估也要参考学生的进步情况。因此，在萨比纳·特罗姆贝塔（Sabina Trombetta）的科罗拉多斯普林斯的钱柏林小学一年级艺术考试当天，学校为这些 6 岁的孩子们放映毕加索《哭泣的女人》幻灯片：女子脸上挂着泪痕，这是毕加索 1937 年为情人画的立体画像，使用充满活力的绿色、蓝紫色以及黄色颜料完成。

---

① Dana Goldstein, "Grading 'Waiting for Superman'", *The Nation*, October 11, 2010.

② Howard Nelson, *Testing More*, *Teaching Less* (American Federation of Teachers report, 2013).

毕加索曾经在解读这幅画时说："女人就是受苦的机器。"这场测试要求一年级的孩子们观看《哭泣的女人》这幅画，然后"写出毕加索用来表现情感和感受的三种颜色"。另一个问题是："在下面的每个方框中，画出毕加索用来表现感觉或情感的三种不同的形状。"考试的另一部分要求学生写出关于马蒂斯绘画的一整段内容。

在美国，2/3的老师所教授的班级或科目不必参加测试，包括幼儿园、艺术课、社会学课以及影视课，那么如何为这些老师收集学生进步数据呢？在"力争上游"法案的指导方针中，教育部也没有具体说明。毕竟，"有教无类"法案只要求对三年级及以上的孩子进行数学、阅读和科学测试。这就造成了政策和实践之间的空白，各州和学区正极力弥补。在科罗拉多斯普林斯一个低收入家庭为主的拉丁裔地区——哈里森二区，麦克·迈尔斯（Mike Miles）主管可能是第一个为国家提出解决方案的人：让每个年级、每个科目的学生都参加测试。

特罗姆贝塔38岁，拥有10年教龄，曾获得她所在学区以及国家的教学奖项。为了对她进行评估，学区要求她的一年级学生那一学年参加7次艺术课笔试。为了准备这些考试，特罗姆贝塔在课上向学生讲授了艺术元素，例如颜色、线条以及形状，这些都是科罗拉多美术标准课程的要点。该学区的体育课上也发生了相同的事情：二年级的学生考试要求"球飞过头顶时，画出双手抓住它的样子"。

2010年11月的一个下午，在我参观特罗姆贝塔那活泼又多彩的课堂时，她真的有好多话想说。当时她正吃快餐作为午饭，她说让这些小学生接触伟大的艺术作品这个想法很好，因为他们中许多人从来没有去过博物馆。但是，她抱怨说，帮助孩子准备考试就意味着要教他们一些简单而又半真半假的东西，例如深色代表悲伤、亮色代表高兴。"不让孩子参加艺术体验，只是灌输给他们言语和概念，这样好么？我对此真的十分困惑，"她说道，"当孩子们跑来问我'我们今天干什么'的时候，我只能说'我们要写关于艺术的东西'，这也是一种痛苦。"她坦白道，她也不确定会不会继续留在这个学区工作。那个学年结束后，特罗姆贝塔辞职搬去了奥地利维也纳，进入美国国际学校教学，这所学校只会根据艺术项目对学生进行评估。

增值经济学家道格拉斯·哈里斯（Douglas Harris）在他的书中警告说："可能有很好的理由支持扩展测试，但仅仅将其用于衡量教育者的表现可能是一个严重的错误。应该根据特定科目的可测试性制定标准化测试，并注意确保测试产生效用，而不至于扭曲教学。"[①] 由于华盛顿没有出台指导方针，各州和地区已经自行创建新型测试。哈里森二区目前除了实行纸质测试外，还补充进行测试专家所称的"绩效评估"：小学阶段，体育课的学生必须展现运球能力；高中音乐课的学生必须演奏3首曲目；美术学生必须说明一点和两点透视图之间的区别。在南卡罗来纳州一场电脑监管的音乐考试中，四年级学生被问道："当和朋友一起唱歌时，你应该以哪种声音表现？A) 比你的朋友更大声 B) 不太大声也不太小声 C) 比你的朋友小声，或者 D) 和你的朋友一样。"（正确的答案是 D。）然后会给学生看一张乐谱，并让他们识别 4 个电子录音中的哪一个与乐谱匹配。佛罗里达州计划为目前没有测试的年级和科目制定新的测试。我在 2013 年采访比尔·盖茨时，他认为这项计划既仓促又"疯狂"。

创造力是否也能被量化？像这些高奖金评估计划的优势就在于示意老师、学生以及父母，艺术也很重要。缺点在于，教师和校长的文书工作日益增加，孩子的测试时间也不断加长。而且，相较于传统测试，高质量的绩效评估很难管理评分。所以一些学区和州正在寻找一些更简单省事的方法测量成绩。在纽约市，教授不用参加考试的年级和科目的老

---

① Harris, *Value-Added Measurements in Education*, 181.

师，如幼儿园或音乐老师，通常按照全校核心课程的考核成绩进行评分。这可以鼓励学校的所有教师注重有价值的目标：很容易可以想象，一个社会学老师可以在课程中设置更多的散文写作内容，因为这将有助于孩子在英语测试中取得更好的成绩。但是在 2013 年 9 月，纽约 Chalkbeat 网站报道了纽约市的校长们是如何玩弄这个系统的：他们选出学校最厉害的测试内容（例如四年级的数学）评估没有数学专业知识的体育和影视老师。[1] 在佛罗里达、田纳西以及其他州，幼儿园和一二年级的老师要对三年级的测试成绩，甚至是他们从未教过的学生的成绩负责。[2] 这件事就发生在基姆·库克的身上，她是佛罗里达州阿拉楚阿厄比小学一年级的老师，在这所 K－2 学校已经教了两年书。她的课业研究获得满分成绩，校长也给她 88 分（满分 100 分）的评价。她甚至还被同事选为"年度教师"。但是，由于街边一所学校三年级的学生考试表现不好，她也收到了"不满意"的评估结果。如果明年再得到"不满意"评估，那么学校就可以解雇她。全美教育协会代表库克和其他 6 名教师起诉佛罗里达州教育委员会，以保护教师免受违反常识的做法侵害：根据他们从未见过的学生的考试成绩进行评分。

一些工会评论家希望今日的年轻教师能够改变这种强烈认同劳工组织的职业观。2010 年，纽约发起了优秀教育工作者互动活动，为那些支持问责制改革、反对传统工会保护的老师提供机会发表自己的看法。这项活动很快就吸引了盖茨基金会的注资，随后扩大到洛杉矶、康涅狄

---

[1] Geoff Decker and Philissa Cramer, "Instead of Telling Teachers Apart, New Evals Lump Some Together", *Chalkbeat New York*, September 16, 2013.

[2] 有关这方面原理的信息，请参见 Laura Bornfreund, "An Ocean of Unknowns: Risks and Opportunities in Using Student Achievement to Evaluate PreK－3rd Grade Teachers" (*New America Foundation study*, May 2013)。对于阿拉楚阿厄比和基姆·库克故事中的问题，请参见 Dan Boyd, "Value-Added Model Has No Value", *Gainesville Sun*, December 9, 2012; 及 Valerie Strauss, "A 'Value-Added' Travesty for an Award-Winning Teacher", *Washington Post*, December 3, 2012。

格州和明尼苏达州。2012 年关于 1 万名美国教师的调查显示，他们的观点在问责制改革时代已经发生改变。[①] 受访者认为，任期应该在工作 5.4 年后授予，比全国目前 3.1 年的平均水平有所提升。其他民意调查显示年龄不到 35 岁的年轻教师中超过一半支持特许学校，而 50 岁以上的老师只占不到 1/3。但是，总的来说，美国的教育者仍然坚定支持他们的工会。超过 80% 的老师支持集体谈判权，大部分老师认为应该拥有罢工的权利。

奥巴马总统颁布的问责制议程与教师工会展开了较量。但公众是不是像政客精英一般对工会充满敌意呢？2010 年底，华盛顿市长阿德利安·芬迪输掉了连任竞选。民意调查显示，华盛顿黑人中产阶级反对芬迪的教育改革议程。他们已经对米歇尔·拉伊粗暴的管理风格表示失望，因为她关闭了黑人街区不合格的学校，而且不仅解雇老师，还开除了 121 名地区中心办公室工作的职员。在拉伊的管理下，学生的测试成绩确实逐步提高，但是结果证明华盛顿选民不只将他们的公立学校（对于许多非裔美国人来说是他们的第一所公立学校）看作成绩工厂，更是一个邻里聚会的地方、珍贵的公务员工作来源，以及社区历史和种族自豪的知识库。

2011 年 2 月，威斯康星州州长斯科特·沃克（Scott Walker）介绍压低公共部门集体谈判权和削减养老金的计划时，教师工会又一次意想不到地得到了公众的支持。教师们在首府麦迪逊举行大规模的抗议活动，不久之后民意调查显示，威斯康星州 70% 的公众支持公立学校教师。盖洛普（Gallup）和《今日美国》举行的全国民意调查显示，61%

---

① 主要来源于 2012 年：*American Teachers on the Teaching Profession* (poll from Scholastic and the Bill and Melinda Gates Foundation，2012)；及 Terry M. Moe，*Special Interest: Teachers Unions and America's Public Schools* (Washington，D. C.：Brookings Institution Press，2011)，404 - 405。

的美国人反对像沃克计划一样限制教师集体谈判权的法律。① （在抗议前几周，威斯康星州教师工会实际上同意作出一些改革：增值教师评估，权力削弱，提高员工在医疗保健和养老金计划的承担比例。但那些共和党议员并没有因此动摇，依然批准了沃克计划。）

2012 年 9 月芝加哥教师罢工之后，舆论更令人惊讶。学生耽误了 7 天的课程，父母的工作和育儿计划都陷入混乱。但是民意调查显示大多数父母，甚至绝大多数黑人和拉美裔父母仍支持教师工会；② 但是就在两年前，他们还反对相对温和、以改革为主的兰蒂·维恩加尔滕及其地方盟友，选举更为强硬的凯伦·刘易斯（Karen Lewis）担任芝加哥教师联合协会的主席。刘易斯将拉姆·伊曼纽尔（Rahm Emanuel）市长的改革议程，特别是他提出关闭 50 所测试分数低的街区学校并以非工会特许学校代替的这项政策③称为"对公共教育的共同攻击……这就是战争"④。包括伊曼纽尔在内的问责制改革者和儿童组织与伊利诺伊州立法机构合作，通过一项法律要求赞成罢工的工会成员须从 51% 提升到 75%，从而限制工会罢工活动。然而，近 90% 的芝加哥教师联合协会成员都赞成 2012 年罢工，结果就是双方达成妥协协议。该协议为社会工作者和辅导顾问，特别是高度贫困学校的辅助性服务提高了 3% 的工资并增加了资助，从而延长了学校上课时间。该协议规定，教师的薪金

---

① Dinesh Ramde, "Wis. Poll: Walker Law Really About Hurting Unions", Boston Globe/Associated Press, April 22, 2011; Judy Keen and Dennis Cauchon, "Poll: Americans Favor Union Bargaining Rights", *USA Today*, February 23, 2011.

② Whet Moser, "Poll Shows Substantial Parent, Racial Divide on Chicago Teachers Strike", Chicago, September 17, 2012.

③ 停办黑人学校成为教育改革中最具争议的问题。停办的目的是为了让孩子进入更好的学校。但是根据芝加哥学派研究协会的统计，芝加哥停办学校学生中只有 6% 最终进入地区 1/4 顶尖的学校，而 40% 的学生最终进入见习学校就读。

④ Jeffrey Brown, "Chicago Board of Education Plans to Shut Down 54 Schools, Move 30,000 Students" (transcript of PBS NewsHour interview with Karen Lewis, March 22, 2013).

和奖金仍与教龄以及获得的高级学位挂钩。但是，至少从理论上看，芝加哥教师联合协会同意将学生学习表现（通常意味着考试成绩）纳入职业评估，只有绩效高的教师才能免于被解雇。

　　第二年春天，芝加哥公立学校声称预算不足，解聘了1000名教师。该市其他161名评估分数不错的老师，由于学校被关闭，没有教学任务，也只能离开。[①] "为美国而教"组织成为事件的导火索，因为它不顾危机，为芝加哥公立学校和特许学校输入了约500名教师队成员，这个已经很艰难的地区还要为此花费160万美元。[②] 2013年7月，"为美国而教"在底特律举办会议，我也参加了。会上一些芝加哥校友报告称，就业市场十分紧俏，致使一些老教师、传统培训的教师争相申请加入"为美国而教"，希望利用该组织的关系获得特许学校令人垂涎的工作，因为学区停止招聘不会影响到这些学校，而且它们倾向于招聘与"为美国而教"有关联的候选人。

　　一群"为美国而教"校友认为将教师队成员派往正在裁员的地区或者已经取得很高测试成绩的功利性特许学校，违背了科普的初衷，因为她最初的想法是把年轻缺乏经验的老师派往合格教师紧缺的学校。史蒂夫·齐默尔（Steve Zimmer）就是其中一位校友批评者，他是洛杉矶学校董事会成员，试图在问责制改革者和教师工会之间选择一条中间道路。就在他得到工会支持后，发现改革慈善家开始大量资助那位早在2013年就败在他手下的挑战者。"美国还是有那么些地方很难或者不可能为学校招到职员，"论及乡村地区，齐默尔说道，"'为美国而教'就

---

① Lauren Fitzpatrick, "CPS Calls Teacher's Mom to Tell Him He's Getting Laid Off", *Chicago SunTimes*, July 19, 2013; Eric Zorn, "Should Teach for America Pack Its Bags?" *Chicago Tribune*, July 30, 2013.

② "为美国而教"向地区和特许学校安排一名教师队成员会收到2000美元到5000美元不等的报酬，"为美国而教"借这笔钱支付暑期培训学院的费用以及在学年内为教师提供支持。

应该去这些地方，而不是进入特许学校。"① 罗伯特·施瓦茨（Robert Schwartz）也同意这个观点。② 自从 1994 年"为美国而教"把他派往东洛杉矶的史蒂文森中学，他在那里呆了 7 年，之后跳槽到特许学校，最终成为内城教育基金会（ICEF）的首席学术官员，该机构由 15 个学校共同成立。在内城教育基金会，他还是会雇用"为美国而教"校友当教师。这些校友在市内最艰苦的学校工作两年，最后选择留下来继续任教，超出了他们最初的承诺，这一点令人印象深刻。他们还知道如何分析学生成绩数据，这也是内城教育基金会最重要的工作。但他还是尽量避免招聘那些在工作中学习的新手老师，还有那些不愿意长期留校任教的老师，即使是"为美国而教"教师队成员也不例外，因为他认为只接受过 5 周培训的新老师只能去那些没有更好选择的学校工作。

大批"为美国而教"校友开始出现在另一个令人意想不到的地方，即特许学校工会化运动中。罗伯·汀布莱克（Rob Timberlake）是"为美国而教"2010 年教师队成员，他与其他"为美国而教"校友共同领导底特律 4 所塞萨尔查韦斯特许学院组织的工会，该组织是活跃在 5 个州的营利性集团莱奥纳（Leona）的一部分。汀布莱克说，每学年末，他的校长会解雇"至少一到两名老师，这让大家都感到意外"。他的许多同事在没有管理人员观察课堂的情况下就收到了评估报告，老师也不清楚如何提高成绩获得晋升。"我和其他老师在组织工会的时候，对一件事很感兴趣，那就是确保制定一套流程帮助教师提高教学水平，而不仅仅是解雇不合格教师。"汀布莱克说道，"来到底特律之前，我以为谈话就是'工会对抗"为美国而教"'，但是一切并没有那么清晰。人们总是对'为美国而教'表现的社会公平方面感兴趣，而且工会也是遵循

---

① 作者对史蒂夫·齐默尔的专访，2013 年 7 月 22 日。
② 作者对罗伯特·施瓦茨的专访，2013 年 7 月 19 日。

这一点组织工作。它是试图纠正社区教师眼里学校系统存在的问题。"

12%的特许学校目前已经加入工会，而且这一数字可能会迅速增加。纽约、底特律、洛杉矶和费城都出现了大量的特许学校组织。就连最近几年经常爆发"教师战争"的芝加哥，如今1/4的特许学校都成为了工会成员。许多学校希望教师每天工作12个小时、周末举办测试准备谈论会、通过电话邮件可以即刻联系，这些学校奉行的"无借口"观念还是激励着一些老师，尤其是那些准备长期执教的老师。全美教育协会前任主席丹尼斯·范·罗克尔告诉我："如果你有孩子，而我们创造的工作你不能做，这确实是一个问题。我们中有很多人花太多时间工作。但最终，你还是需要时间照顾家庭、参加社区活动、做礼拜。"

工会执行委员会与全国各地的特许学校举行商谈、签订协议，据他们所言，许多学校希望老师可以与学生一起吃午饭，因此老师就没有计划课程的准备时间。在其他学校，如果老师请病假，学校不会请代课老师，而是要求其他老师利用备课时间来补课。在芝加哥一所特许学校，老师们抱怨说，他们白天几乎没什么空闲时间，甚至都无法去洗手间。一些最著名的特许学校和"为美国而教"资助者们对这些模式很感兴趣，部分原因是它们有可能削弱教师工会对教育政策的影响。① 一些特许学校工作环境越来越恶劣，导致新一代的教育工作者开始向教师工会寻求保护。

到2011年，增值改革工作的成果逐渐显现出来。范德比尔特大学国家绩效奖励中心的研究发现，虽然学生成绩似乎没有改善，但是根据增值评级，教师仍有资格获得奖金：纽约市每位教师奖励3 000美元，纳什维尔每位老师奖励15 000美元。在奥斯汀，虽然教师可以获得高达3 000美元的奖励，但是据报告称，只有1/3的老师会为了得到奖金而

---

① 沃尔玛创始人后裔瓦尔顿家族运营的基金会是"为美国而教"的主要资助者，也为反工会组织"国家劳动权利法律辩护基金"的成立提供过资助。

改变教学方法。[①] 就像之前绩效工资实验一样，这些政策作出的假设根本就不正确。表现差劲的老师并没有隐藏一些优秀的教学技能，他们只是不知道怎么用，或是因为他们太懒，或是因为不满工资太低；他们已经尽可能地努力提高学习质量，但是不具备所需的技能。这似乎表明，不努力提高职业发展水平，绩效工资计划也无法成功提升学生成绩。

然而，推动教师的评估方式变革确实影响到了教师的工作和生活。校长待在教室里的时间比以往任何时候都多，听完课后还要花费很多时间处理文书工作。2012 年，在布隆伯格行政当局的压力下，纽约市几乎一半的教师任期申请被拒绝，其中 3% 的教师被解雇，其余的被留校察看。[②] 就在 5 年前，97% 的教师任期申请都获得了批准。

在华盛顿特区，截至 2012 年，根据绩效评估结果，10% 的教师队成员都被解雇了。华盛顿特区值得我们深入观察，部分原因是因为米歇尔·拉伊制定的教师议程预计，许多政策趋势几年之后就会如"力争上游"计划一样传遍全国。尽管许多研究表明，绩效工资无法有效地提升学生成绩，但是华盛顿特区还是坚持执行这项计划。每年，政府为 600到 700 名老师发放年度奖金，一般最多是 15 000 美元，但是他们中有20% 到 30% 的人拒绝接受奖金，因为他们不愿意因此失去任期保护。该市教师年平均工资涨到了 77 512 美元，高于周边郊区学校以及该地区的特许学校。但是每年 4 000 名教师中只有一两名教师能获得城市最高奖金 25 000 美元。也许最大的问题是，华盛顿特区是否有能力继续负担这笔慷慨的奖金，因为目前该计划的捐助基金已经用完了，而且每年会

---

① 纽约、纳什维尔和奥斯汀的绩效工资报告可以在 https：//my. vanderbilt. edu/performanceincentives/research/找到。
② Al Baker, "Many New York City Teachers Denied Tenure in Policy Shift", *The New York Times*, August 17, 2012.

花费地区 600 万美元。①

　　华盛顿特区的教学质量是否真的有所提高？2013 年一份研究报告结果似乎给了我们希望。② 研究发现大量排名较低的老师会选择自行离开该学区，而那些选择留下来的老师在第二年会帮助学生取得更高的测试分数。新教师计划的另一份报告也提供了多种证据。报告发现 88%的城市排名最高的老师会选择留下来，然而相比于其他学区的老师，那些离开的排名较高的老师更倾向于将评估系统本身作为不满的原因之一。以往，很少有反馈告诉教师哪些科目需要改进，更不用说告诉他们如何改进。新体制有意要提供改进方案，但它往往做不到。确实，华盛顿特区的职业发展始终不是很令人满意，只有 1/3 表现不佳的老师和 1/4 高效率老师报告称他们的教学实践收到了指导性的反馈意见。更严重的问题是，数据显示经验不足、表现不好的老师日渐聚集在阿纳科斯蒂亚河以东城市最贫穷的社区。目前尚不清楚为什么会出现这种情况：是因为在中产阶级学校工作更容易获得高分，还是因为华盛顿特区许多高效老师不愿意进入极度贫困的学校工作？

　　为了解决这些问题，2012 年，米歇尔·拉伊的继任者凯亚·亨德森（Kaya Henderson）加速在高度贫困学校实行教师奖金资格与学生成绩挂钩的方案，以期为学校吸引更多的员工。她还将测试的科目和年级中增值分数占教师评估分数比值从 50% 减少到 35%，并增加了一项新

---

① Emma Brown, "98 Teachers Fired for Poor Performance", *Washington Post*, August 1, 2012；Bill Turque, "Many Teachers Pass on IMPACT Bonuses", *Washington Post*, January 28, 2011；Emma Brown, "D. C. Traditional Public School Teacher Pay Is Higher Than Charters", *Washington Post*, August 19, 2013.

② 关于华盛顿特区公立学校教师评估体系和成效的分析，请参见 Thomas Dee and James Wyckoff, "Incentives, Selection, and Teacher Performance: Evidence from Impact" (working paper 19529, National Bureau of Economic Research, Cambridge, MA, October 2013)；及 *Keeping Irreplaceables in D. C. Public Schools* (The New Teachers Project report, 2012)。

的评估类别，奖励那些"致力投身于学校社区"的老师。

《今日美国》杰克·吉勒姆（Jack Gillum）和马里索尔·贝洛（Marisol Bello）曝光的一系列内容掩盖了更加全面的教师评估体制的变化。这些报道[①]显示，在拉伊担任主席期间，制定测试的机构 CTB/McGraw-Hill 认为华盛顿特区数百个教室在州测试中出现了无法解释的高试卷擦除率，这很可能是成人修改学生成绩的证据。一般孩子在多项选择测试中会擦改 0 到 2 个答案；然而华盛顿特区诺伊斯教育学校某些班级里，特定的答题纸上出现 5 到 12 处修改痕迹。校长韦恩·瑞恩（Wayne Ryan）出于羞耻提出辞职，但是在拿到测试分数提高后附加的 20 000 美元奖金才离开的。

诺伊斯并不是个孤立事件。[②] 越来越多的证据表明，大量没有道德的管理人员和教师以作弊方式通过各州标准化测试（评估、绩效工资、公开发布数据）获取高额奖金。《今日美国》揭露了华盛顿特区违规行为的同一团队还调查了其他 6 个州，发现在 2002 年到 2010 年间，有超过 1 600 起可能操控测试分数的案例。（报纸几乎可以肯定如果将目标放在那些成绩飞跃的可疑地区，会发现更多的作弊现象：数据学家称，这些成绩飞跃情况估计和彩票获奖的概率一样。比如佛罗里达州盖恩斯维尔的一所小学，数学精通率 3 年内从 5% 飞涨到了 91%。）《亚特兰大宪政报》随后的调查发现，全国 196 个学区的考试成绩都存在可疑之处。

亚特兰大本身就是全美臭名昭著的作弊丑闻多发地。2013 年 3 月

---

① 关于华盛顿特区在米歇尔·拉伊治下出现成人作弊的首篇新闻，请参见 Jack Gillum and Marisol Bello，"When Standardized Test Scores Soared in D. C.，Were the Gains Real?" *USA Today*，March 30，2011.（其中有一系列链接可了解后续事态。）

② 有关全国各地对成人作弊情况的调查，请参见 Greg Toppo et al.，"When Test Scores Seem Too Good to Believe"，*USA Today*，March 17，2011；及《亚特兰大宪政报》职员撰写的 "From Scandal at APS to Suspicious Scores Nationwide"，*The Atlanta Journal-Constitution*，March 30，2013.

29 日，亚特兰大包括前教育主管贝弗利·霍尔（Beverly Hall）在内的 35 名教师及行政人员因作弊遭到起诉。① 大陪审团报告揭示了令人震惊的成人作弊病态文化：被评为 2009 年国家"年度教育主管"的霍尔解雇了作弊检举人，保住了那些作弊老师的工作。这些教师刻意将成绩差的学生安排在表现好的学生旁边，鼓励他们考试作弊；而且放学后，他们聚在一起修正学生多项选择题答案，然后提交测评。亚特兰大的教师和校长提高分数后可以赚取数千美元的奖金；霍尔的奖金总计 58 万美元。

这场令人震惊的道德丧失事件过后，问责制改革者匆匆前来维护高收益的测试政策，声称数千名亚特兰大儿童大部分是黑人和贫困儿童，他们已经获得所缺乏的关键学术技能。阿恩·邓肯在《华盛顿邮报》中提到"作弊也无法掩盖测试的优点"②。比尔·盖茨说，在标准化测试领域中，作弊只不过是一个小到可以舍弃的错误。③ 他们都主张指责那些作弊的成年人，但不追究这项提供作弊动机的政策。

即使没有出现所谓的系统性作弊行为，新教师评估制度也令人感到失望。2012 年，纽约市公布教师个人增值数据后，《纽约时报》等新闻机构以教师姓名搜索，发现满分一百分的情况下，英语教师误差达到 53 分，数学老师也有 35 分的误差，这一数字实在惊人。④ 这样的数字迫使那些包括比尔·盖茨、温迪·科普和道格·哈里斯在内的数据驱动问责制主要支持者们反对公开发布这些数据。凯蒂·海柯克开始担心，

---

① 有关亚特兰大的作弊丑闻，请参见 Michael Winerip, "Ex-Schools Chief in Atlanta Is Indicted in Testing Scandal", *The New York Times*, March 29，2013；及 Olivia Blanchard, "I Quit Teach for America", *The Atlantic*, September 23，2013。

② Arne Duncan, "Despite Cheating Scandals, Testing and Teaching Are Not at Odds", *Washington Post*, July 19, 2011.

③ 作者对比尔·盖茨的采访，2013 年 1 月 30 日。

④ Fernanda Santos and Robert Gebeloff, "Teacher Quality Widely Diffused, Ratings Indicate", *The New York Times*, February 24, 2012.

包括她的盟友在内的众多改革者会"粗暴对待那些忧虑增值法是否强大到可支撑这一切的人们……有人说:'只管去做!正是时候!'这些人可能说得对,不过我还是把自己算作另一群人里,他们像我一样疯狂地谈论'力争上游'计划之前我们的进展是多么缓慢。我觉得现在决定的加速行动远非这些体制可以控制,那么我一定会更加失望"。里根政府前教育部长助理、温和派共和党改革家切斯特·费恩也表示同意。他告诉我说:"10 年后,我们可能会发现,你无法对教师进行真正的可靠性高的量化成绩评估。"这是美国教育改革中典型的炒作破灭怪圈,由对教学不良产生的道德恐慌造成。

已经有证据表明新"力争上游"评估制度无法有效区分教师,与过去的评估制度出现的问题几乎一样。[①] 2012 年,密歇根州和田纳西州 98%的老师被评定为"高效"或者"良好",佛罗里达州为 95%,佐治亚州为 94%,与旧制度相比这一数字几乎没什么变化。

目前还不清楚为什么会发生这种情况,不过我们可以作出几点猜测。可能的是,像过去一样,校长们没有花时间根据系统要求的课堂观察要点对每个教师进行彻底的评估,这或是因为校长行政负担过重——例如在佛罗里达州,观察系统要求校长为每个教师的 60 个类别进行评分——或是因为他们缺乏培训不知道如何做。

教师工会领导人认为不合格率低证明毕竟只有一小部分老师工作表现不好。在认定这是带有私心的回答前,请先考虑一下:即便是像科罗拉多州的参议员麦克·约翰斯顿这样坚定的改革者也表示,希望每年只解雇排名最低的 5%到 10%的老师。[②] 经济学家艾瑞克·汉纳谢克(Eric Hanushek)甚至写道:"大部分(美国)教师都是合格的。他们几

---

① Stephen Sawchuck,"Teachers' Ratings Still High Despite New Measures",*Education Week*,February 5,2013.
② Dana Goldstein,"The Test Generation",*American Prospect*,April 2011.

乎可以与世界其他任何地方的老师竞争。"① 如果真正差劲的老师只占一小部分，那么将该州 2% 到 6% 的老师标记为"问题老师"、解雇华盛顿特区 10% 的教师、拒绝为纽约市 50% 的教师授予任期，这样的评估制度可谓向更负责任的教师职业发展迈出了一大步。在纽黑文市，新工会协议每年只会取消 2% 被认定为"不合格"教师的任期保护。问责制改革家加斯·哈里斯（Garth Harries）主管对此表示满意。"我认为 2% 代表了实际教师数量，这一数量还不少，"他对我说，"到头来，这也不是一个多大的数字。但实际上，这些教师因为表现评分的原因直接被解雇，这种情况对其他员工产生了相当深远的影响。有人说：'感谢上帝！'有人说：'他们的后果很严重，我必须得作出改变、提升自己！'如果我们真的要进行教学专业建设，我认为就不应该设立解聘教师的定量，也不应该据此执行。我也不希望每年这一数量能低于 2%，只要它能永远保持在 2%，我就会很满意。"

乔纳·罗考夫参与的增值法研究具有里程碑意义，该研究将测试成绩提高与之后收入情况联系起来作分析。他说正是因为担心会出现应试教育，下一个研究前沿将以一种新方式衡量教师对学生产生的影响。通过观察教师如何影响学生行为、出勤率或者绩点来完成这项研究。"我们都知道测试分数会受到学生能力和准确度的影响，而我们希望老师或学校教授孩子的内容也会影响测试分数。"罗考夫说道，"如果我们可以更加全面地看待教学，那就太好了。当然我也不是出于一时激动才说这话：'你想教什么都可以。'这就意味着，我们不只是关心孩子的学习，还会衡量孩子的社会认知成果，并根据此结果奖励教师。"②

但是正如阿恩·邓肯承认的那样，各州不能简单地使用增值法来

---

① Eric A. Hanushek, "Teacher Deselection", *Creating a New Teaching Profession* (Washington, D. C.：Urban Institute, 2009)，177.
② 作者对乔纳·罗考夫的采访，2013 年 10 月 8 日。

"毁掉他们进步的道路"。① 即使考试成绩完美反映了学生学习情况和教师素质，也没有证据表明代替不合格教师的新老师就会做得更好。想通过人口特征、考试成绩、分数或者成为教师的途径来预测谁将成为一名合格的老师，这几乎是不可能的。

研究和经验表明，将教师任期和工作保障与教师表现而非资历紧密联系起来，会发挥很好的作用。20 世纪六七十年代提出的协议之所以没发挥什么作用，是因为我们很清楚教师的思维和实践会对孩子的学习产生怎样的影响。但是美国公共教育历史表明，教师特别容易受到政治压力以及道德恐慌的伤害，而这些和他们的教学质量根本没什么关系。就连米歇尔·拉伊也表示，只要解雇监督程序加速实行，那么她对正当程序还是充满信心。"我见过太多优秀的教师由于受到不良管理者的诬陷而被迫入狱，"她在回忆录中写道，"这些老师应该成立一个组织，以便在适当的时候对评估结果提起申诉。"② 如果系统改革的关键不是进行大规模裁员，也不是组织工会进行破坏性罢工，那么剩下的就是如何把这些一般的老师变成专业老师，这就是罗考夫所说的"提升教学职业的中间大头"。完成这项工作不仅需要数据，更需要制定一个共同的愿景，即何谓优秀的教学以及如何指导和培训教师助他们完成优秀的教学。

---

① Brill, *Class Warfare*, 422–423.
② Michelle Rhee, *Radical* (New York: HarperCollins, 2013), 154.

第十章

"用我所知"

授予教师改革教育的权利

对于许多美国老师来说，增值学校改革的最后 10 年感觉就像是外界和上级强加给他们的，强加者是那些在教学和学习方面没有什么专长的政治家、那些长期致力于重塑商业教育的企业慈善家，以及那些认为教学是一门科学而不是艺术的经济学家。根据学乐集团（Scholastic）和盖茨基金会进行的 2013 年民意调查显示，大多数美国教师对教育政策感到疏远，只有 1/3 的人认为他们受到区级的重视，5% 的人称他们受到州一级的重视，只有 2% 的人称他们受到了国家的重视。[①] 这些困扰已经开始进入公众辩论。持不同意见的教师及其工会正在争取家长积极分子的支持，他们抗议标准化考试的增加和花在考试准备上的时间延长，以及缺少了用于项目、实地考察、艺术和音乐上的教学时间。测试是任何功能教育系统的一部分，但近年来它似乎经常像是被收集学生数据的推动力驱动着用于教师评估。与此同时，越来越多的问责制改革者承认新的教师评估体系并不是万能的。他们认为只有少数教师是无效的，他们自己什么都不做，无法保证自身教学技能会随着时间的推移而提高。希望收集更多的考试成绩数据来提高学生成绩，这就好像希望买一个秤之后体重就会减轻一样。我们现在有很多数字证实了这样做是错的。但是，如果我们还不开始着手改进课堂教学，这些数字根本就不会改变。

"无借口"策略并不是教学改革的唯一有希望的途径。从长远来看，将高风险的标准化考试与编写教案和有限的教学策略结合起来的改革计划，可能会使教学对那些我们最想吸引的雄心勃勃、富有创造力的高成就人才来说并不是一项那么有趣的工作。对离职教师进行的民意调查显示，许多人这样做是因为他们在实践中没有得到建设性的反馈，他们没有太多的时间去创造性地思考或与同事合作，他们也没有机会承担更多的责任成为专业人士。[②] 所以美国教育改革的下一步可能并不是关注在自上而下努力找出最差教师把他们变成机器人这一点上，而是更多地将最好的教学实践反映到课堂上来。今天，全国各地的改革者正在尝试授权教师指导他们的同龄人、重塑教师教育、设计创新的课程材料，并努力引导学校运转。这些做法把资深教师视为"资产"，而不是"负债"。正如历史告诉我们的，对于任何改革计划来说，持有务实的态度是至关重要的，教师必须实地进行改革。

对教师的评估集中在过程中，特别是关于如何使用学生考试成绩来评判教师。但在每一个州，教师评估得分中不占主导的很大一部分仍然与课堂观察有关。

观察是一项具有挑战性的工作，很大程度上是因为它具有主观性。还记得威廉·麦克斯韦吗？他是世纪之交时期纽约市的管理者，他抱怨说99.5%的教师都受到了好评。他根据主要观察和评级创建了一个复杂的新A-D系统，事实证明绝大多数校长都是匆匆通过了提议，给了所有的老师B+。一个多世纪以来，课堂观察未能成功地区分教师。那

---

① 主要来源：*America's Teachers on Teaching in an Era of Change* (poll from Scholastic and the Bill and Melinda Gates Foundation, 2013)。

② Laura Bornfreund, "Do Teachers Care About Pay? Yes, but Not As Much As You'd Think", *Slate*, December 7, 2011.

么怎样才会改变呢？如何通过观察让每个人都知道那些比别人做得更好的老师，并引起那些还不知道的人的注意：究竟是什么让他们这样做呢？

新的研究强调透过测量附加值来仔细观察教师如何与孩子在教室里实际合作的重要性，尤其是在那些低收入学生所在的学校。2009 年，经济学家托马斯·凯恩和盖茨基金会开始了对教师效能的大型研究，被称为 MET（有效教学措施）项目。① MET 收集了 1 333 名教师在工作中的视频，并给训练有素的评估人员进行分析。专家们发现，只有 1/3 的课堂显示出教师促进智力增长的能力超过了死记硬背。

这符合以往的研究。2011 年在巴尔的摩小学课堂的观察表明，大多数教师没有使用具有挑战性的词汇，没有对要求概念理解的问题进行提问（而是简单地提供正确答案），也很少引导全班进行小组讨论。② 研究人员报告说，在国家标准化考试的前几周，巴尔的摩的教师比平常更少进行这些可取的活动，也减少了与学生的个人互动，他们把大量时间花在了不需要批判性思维和协作的写作基础技能上。在 2009 年关于教师实践研究的文献综述，包括对全国数千所小学课堂进行的几项研究中发现，低收入家庭孩子有可能把在学校的时间都用于反复训练低层次的拼写等技能，以及观看教师如何处理行为不良的学生上。③

如果有多种选择的时间表来帮助孩子学习，这些可能就不重要了。但是研究表明，当教师促进学生之间更多的互动，并将课堂集中在比多项选择测试更为广泛和更具挑战性的概念上时，孩子们在更高级别评估

---

① Kane and Staiger, *Gathering Feedback for Teaching*.
② Stephen B. Plank and Barbara Condliffe, *Pressures of the Season: A Descriptive Look at Classroom Quality in Second and Third Grade Classrooms* (Baltimore Education Research Consortium report, February 2011).
③ Pianta and Hamre, "Conceptualization, Measurement, and Improvement of Classroom Processes".

上的分数，比如那些需要写作的分数，实际上都提高了。① 严谨的互动式课堂可以提高学生的成绩。

在参观了哈里森二区为各学科等级制定了标准化考试的科罗拉多学校系统之后，我陪同长期致力于教育改革的监督员迈克·迈尔斯在福克斯·梅多斯中学进行了一轮课堂观察。② 哈里森学区没有集体谈判机制，所以迈尔斯在塑造教师工作条件方面具有令人难以置信的自主权。教师必须时刻保持教室的门开着。他们被要求每学期从行政人员、教学指导人员或外部顾问那里得到多达 16 个随机的观察结果。老师告诉我，他们经常被观察。一位支持迈尔斯问责制的"为美国而教"成员形容哈里森是"一个高度焦虑的地区"。

这一切似乎有点极端。而且由于我对艺术或体育课程的纸质测试质量没有留下深刻印象，所以我内心觉得课堂观察不太具有吸引力。但是我错了。在每次约 10 或 15 分钟的现场观察中，迈尔斯能够对教师的表现作出一系列有见地的批评。他与 6 人组成的管理人员和顾问团队一起穿过学校的走廊，其中一些人正在接受这些新观察方法的培训。当小组进入一名二十几岁的科学教师的课堂时，这位年轻女子开始微微发抖。她正在上一堂关于"假设、图表和数据"的课程。但是她布置七年级学生阅读图表并回答相关问题的任务，与迈尔斯认为是这堂课中最重要概念的假设没有一点关系。在走廊里，他和小组成员讨论了他们所观察的。他问道："她是否想到了使用数据来构建假设呢?"大家回答："没有。"他还指出，虽然学生们是以小组学习，但是老师可以更积极地在教室里走动，以确保每个孩子都参与其中。

在社会研究课中，迈尔斯对于老师给学生布置的任务不以为然：

---

① 参见 Hattie, *Visible Learning: A Synthesis of Over 800 Meta-Analyses Relating to Achievement* 的第 7、9、10 章。
② 此后，迈尔斯就离开了哈里森，在达拉斯公立学校担任更高职位。

"根据地理事实，哪个西欧国家最像科罗拉多州呢？"这个问题问得不清楚、无意义而且过于简单。另外，老师并没有展示出欧洲地图，这使得大部分从未离开过科罗拉多州的学生难以想象他们在学习什么。

对于一个给学生上圆周课的数学老师，校长建议可以使用具体物品，如篮球，来演示这个概念，而不是简单地在白板上写方程式。另一位数学老师花了10分钟时间来解释"分母"一词指的是分数下面的部分。"她又不是明星。"迈尔斯说，这位老师应该去观察他认识的一位模范数学教师上的课。

在离开福克斯·梅多斯的那一天，迈尔斯花了一些时间来评估评价者。他在翻阅行政人员和顾问对每位老师做的笔记说明的时候说："我没有看到足够的有效意见。我在走进的每一个教室里都能看到积极的东西。"后来他告诉我，他认为学校有2到3名"杰出教师"——这是该地区的最高称号——也许有4人，他们将在今年年底被解雇，其中1个有任期。在这个有着30名教师的学校里，无效率大约是14%。

行政人员仔细观察教师的课堂实践，这并不是什么新鲜事。[1] 进步时代的改革者提倡"效率"观察，监事长根据量规利用冗长的评价规则来评估教师，例如有多少孩子上课迟到或花了几秒钟分发时间表。第二次世界大战后，对教师课堂的"监督访问"可能需要一个主要的评估来判断这堂课是否充分提出了"民主理想"。到了1980年，很多学校的行政人员都使用"临床"模式来观察课堂，这是一个基于医疗查房制度的系统，是由罗伯特·戈德哈默（Robert Goldhammer）推广的哈佛大学研究生课程教学计划。校长将与教师一起进行预观察和观察后的会议，以反思他们的实践、识别可改进的方面并确定长期目标。但由于戈德哈默没有定义有效教学的具体特点，所以使用他的模型的校长往往未能给教

---

① 关于课堂观察的历史，请参见 Robert J. Marzano et al.，"A Brief History of Supervision and Evaluation"，*Effective Supervision*（Alexandria，VA：ASCD，2011）。

师提供具体有用的反馈。

后来，马德琳·亨特（Madeline Hunter）更加规范性的"课程设计"系统变得流行。校长们开始寻找教师的课程是否包括了几个关键组成部分，例如是否成功表现了写在黑板上的课程目标"模型"，以及是否有让学生实践新概念的机会。迈克·迈尔斯明显受到了亨特系统——直接教学和学生小组工作的结合——的影响，这类似于"为美国而教"对其团队成员工作的评估。对亨特的批判是，她过于注重教师指导的行为，而对教师是否帮助学生成为自主学习者却不够重视。现在可能还存在其他更敏感的课堂观察工具，而且由于"最高奖助金竞争"强调改进教师评估，这些方法现在正在全国数以千计的课堂中被采用。"课堂评分系统"是在弗吉尼亚大学开发的。根据教师是否表现出与获得成就相关的行为，如"对学生的话展开叙述"——使用校正的语法和更复杂的词汇重复孩子的发言，给予教师评分。

另一种流行且详细的课堂观察模型纳入夏洛特·丹尼尔森（Charlotte Danielson）的教学框架中，于 1996 年首次推出。[①] 丹尼尔森曾是华盛顿特区的一名公立学校教师，后来成为教育考试服务机构的教育研究员，即出卷者。她知道，在 20 世纪 70 年代的"能力"热潮中，有很多模棱两可的言论对学生提出了更高层次的要求。丹尼尔森想观看教师的工作，看看他们学生的表现，并找出什么是有效的高阶指令。根据她的发现，在一个有效的课堂讨论中，问题不止有一个正确答案。（不是问"希特勒何时上台？"而是"什么样的社会、政治和经济因素导致纳粹党在德国获得权力？你认为哪些因素最重要？为什么？"）丹尼尔森发现，一位优秀的教师会要求学生们互相解释概念，而不是重复自己说过的话。她强调学科之间的联系，例如在分配莎士比亚戏剧角色之

---

① 作者对丹尼尔森进行的采访，2013 年 12 月 30 日。

前给学生发放英国伊丽莎白时代的背景资料。她从广泛的文化中选择书籍和艺术作品，包括学生们喜欢的文化。她允许学生们在课堂上进行辩论，并要求他们引用证据来支持他们的观点。如果老师真的很娴熟，那么学生们可以不用被打断地进行长时间讨论。她不只是在一节课的开始和结束时通过提出质疑和使用如"课后小测试"的技巧让学生们必须在离开教室之前快速把答案写在纸上，而是以整个单元为单位来评估学生。

在纽约，校长现在必须使用丹尼尔森框架，每学年至少观察每个教师的课堂4次，并与每个教师进行专业发展面谈。如果说这类系统有什么缺点，那就是大多数研究驱动的观察指标都要求行政人员对很多不同能力的教师进行评估，在丹尼尔森框架中有22种能力要求。在过去，时间长、文书工作负担较重的评估系统从长远来看是不可行的，这是因为要么是校长走过场，要么就是在这些规则中发现使用了大量的主观变量方法，例如在丹尼尔森框架中以"遵守行为标准"为目标解雇教师，而不顾客观的绩效衡量标准。

在哈里森二区（以及我参观过的许多其他学校），我听到教师对课堂观察最频繁的一个投诉是顾问和其他非教师观察员对课程内容缺乏了解，因此未能提供相关反馈。将有威望的老师作为同行教师和评价者引入到观察过程中，不仅可以减轻行政人员的工作量，而且可以大大增加教师的收获。为此，问责制改革者和教师工会将再次把于1981年在托莱多首次运用于实践的教师同行评议纳入考虑。

鲍勃·洛威（Bob Lowe）是一个50多岁、身材矮小的男人。在6月一个下雨的早晨，他到了蒙哥马利县教育协会总部的郊区会议室，他感到有点紧张。他将在那里为33年的教学生涯继续奋斗。[1]

---

① 鲍勃·洛威和其他蒙哥马利县同行协助与评审委员会召集的教师姓名及其个人特征有所更改，以保护他们的隐私。

洛威不得不将他的情况告诉由工会和县学区选出的 8 名教师和 8 名校长组成的专家小组。该小组已经听取了洛威上司的意见，她是一名多元化大型郊区高中的校长，曾尽一切努力试图帮助提高洛威成为一名教师。她说她曾派一位副手花了一天 60% 的时间在他的课堂里。但他做事没有条理，比起分数，他更在意那些迟到学生的工作。在课堂上，他讲课时分享历史趣事，经常逗乐学生，但他几乎没有意识到课程的目标是什么，也不知道学生要做什么才能写好文章或考好试。同学们注意力不集中，在教室里开着小差，甚至连优秀的学生在期末考试中都表现不佳。

校长想劝退洛威也是不容易的，他是学校社团的重要成员。每年他们都会和一所俄罗斯高中举办文化交流，他们的学生访问了马里兰州。校长说："他是一个很好的人，学生们大都喜欢他，他对自己的教学领域有着激情和深刻的了解，但他没能将这些教授给他的学生。"

小组还听取了洛威的"咨询教师"（CT）报告，这是同行教师队伍的一部分，蒙哥马利县向每名新手教师以及校长认为表现不佳的老教师分配了咨询教师。咨询教师全职担任辅导员和评估员 3 年，赚取高于正常教学工资的 5 000 美元奖金，然后重返课堂岗位。洛威的 CT 报告包括了他课程中的几个实际案例，看起来并不好。洛威对学生的指导太模糊了，他不得不重新解释同样的任务 3 次。5 分钟的课前导入他就提醒了学生们 7 次。一个新活动前，他花了 9 分钟让孩子们把他们的桌子重新摆放。他允许成绩不好的学生不参与课堂讨论。在培训课上，洛威试图通过讲述家庭悲剧和医疗问题来搪塞他糟糕的表现。

洛威似乎要为自己辩护，但形势并不乐观。他谈到了自己对全县公立教育体系的热爱：他曾经也是公立学校的学生，他的孩子也在这一体系上学。他说："我一直想当老师，我是家里的第三代教师，我的姐姐们都是老师。我不知道除了当老师还能做什么。"但很明显他没有达到学校的期望值。跟踪学生数据、将课程计划与具体的课程标准相结合都不是他职业生涯早期的需求。用他自己的话来说，他都是临场发挥的。他承认，今年他的学生比过去6年里的任何时候都要差。他似乎在责怪孩子们："是我自己不懂，还是他们摸不着头脑呢？"他沉思道："有些孩子大多数时候就是这样的。"他就像一只受惊的鹿，整个身体都是僵硬的，瞪着大大的眼睛望向远方。最后，他只是乞求怜悯："我只是希望我能有尊严地结束职业生涯。"

洛威说完之后便离开了房间。他的校长也是同行评审小组的成员，像那位曾教过洛威女儿的老师一样，她也进行了回避。剩下的14名"法官"正式细读了装满洛威和他学生信息的大信封，包括考试成绩、综合评分、家长的电子邮件以及校长拍摄的他混乱课堂的照片。小组讨论他的学生中有多少被列为特殊教育对象？这使他的工作变得更困难了吗？5年前洛威也曾参与过同行评审，此后有什么改善吗？

小组的一位年轻教师似乎已经下定决心了。"我不相信会有更多可以帮助他的，"她说，"他不能有力地领导学生，我也没有看到改进的策略或方法。"一位校长也表示赞同，他接着说："他这样教，学生怎么会弄懂呢？"

最后，专家小组一致投票决定解雇洛威。工会副主席克里斯托弗·洛伊德（Christopher Lloyd）——一位身材瘦长的中学教师上楼去告诉洛威，他在蒙哥马利县的职业生涯已经结束了。洛伊德回到会议室时的脸色很难看，但他也对同行评审小组说了些激励的话。在托莱多，教师可以无限期地保留在同行评审制度中，只要他们有一定的改进。"这不是我们系统的理念。"洛伊德说。苦苦挣扎的教师至少需要一年时间进行课程规划、使用学生数据和课堂管理的强化辅导。但最终，"教师需要能够自己养活自己。我们拥有这套体系，这对我们来说是非常重要的。我们必须保护这个行业，而不仅是保护我们自己"。

同行评议有时被描绘为一种联合阵线：一个人为的问责制计划领导团队从需求到最终任期层面分散决策者权力并使用考试成绩来评估教师。的确，在蒙哥马利县，一个有着9 000多名教师的地区，只有41人在2013年通过同行审查被解雇或被迫辞职，其中至少有8名是终身教师，包括洛威。① 如此之低的数据是全国各地同行评审系统的典型代表。2010年，记者约翰·梅洛（John Merrow）算了一下托莱多的数据，发现全美第一个也是最重要的同行评审系统每年都会解雇8%的一年级教师，但平均只有20%是终身教师，这比该地区无效老教师的真实数字小得多。②

　　2004年，蒙哥马利县发布了一份关于同行评议的报告，其中包括对校长的调查。该地区要回答的问题是为什么每年很少有终身教师参与同行评议呢？一些校长回答说，他们由于负担过重的文书工作，从而错过了评估这些教师的最后期限。其他人似乎情绪上不愿意惩罚无效教学，他们告诉研究员朱莉娅·科普奇（Julia Koppich）："这太给人添堵了，这些老师并不是陌生人，你知道他们的故事，他们不是坏人。"③

　　科普奇并不是唯一一个提到校长似乎不愿意解雇老师的研究员。经济学家布莱恩·雅各布（Brian Jacob）发现，在芝加哥公立学校大幅度减轻了非终身教师的文书负担之后，30%至40%的校长选择不解雇职员。为什么呢？也许校长害怕更换后的教师会和被解雇的无效教师一样糟糕。教育信托基金会主席凯蒂·海柯克听到了另一个理论："也许问题在于最好的校长不会放弃任何一个孩子，他们同样也不会放弃任何一

---

① 作者与玛西亚·沃热尔（蒙哥马利公立学校通信办公室的特殊项目主管）之间的电子邮件通信，2013年10月4日。

② John Merrow, "Ohio School District Uses Unique Peer Evaluations to Grade Teachers", PBS NewsHour transcript, December 14, 2010.

③ Julia Koppich, *Toward Improving Teacher Quality: An Evaluation of Peer Assistance and Review in Montgomery County Public Schools* (Montgomery County Public Schools report, June 8, 2004).

位老师。"①

同行评议的支持者们说，仅仅根据他们解雇的老师来判断这些系统是错误的；相反，这个过程的理想结果是帮助苦苦挣扎的教师发展成为教学效果良好的教师。前教育协会总裁丹尼斯·范·罗维尔说："你能做的最糟糕的事情就是解雇某人，这意味着你已经失去了你所有的招聘和培训投入。"

同行评议也被批评太少关注学生成绩。蒙哥马利县最初被剥夺了争夺最高奖金的资格，因为它拒绝在教师评估过程中给予增值分数。但"数据"是6月份的同行审议议题中最常说的话之一。在一个案例中，一名终身的学前班老师调整了专业学生的学习计划而未向家长提供数据支持，这便是一个大问题。专家组投票决定在第二年对她进行同行评审，帮助她培养学生的评估能力，如果她没有改进就可能被解雇。

接下来的案例是一位非终身的四年级语文老师。她30多岁，母语是西班牙语，曾在马里兰州学区教学后搬到蒙哥马利县。她的校长报告说，她只通过1.84本书的水平就提高了那些有天赋、有才能的学生的阅读能力，这低于他认为的合理程度。而数学考试成绩显示，26%的优生没有一点进步。在这种情况下，面试完这位老师并仔细查看校长的证明文件后，小组选择将她带回到正规教学区。原来，老师被分配到了一个有着29个五年级学生的特大班，其中包括所有年级的特殊教育学生，有一些是父母要求的。她曾与一名患有选择性缄默症不在社交场合说话的男孩沟通成功，他现在可以参加课堂讨论了。"我真的很高兴。"老师说。但是她还是选择了离开，尽管知道在差异化方面还有很多工作要做，希望班级对于特殊教育和有天赋的孩子来说都具有挑战性。她将来有机会申请终身职位，虽然不能保证她是否能够获得。

---

① 作者对凯蒂·海柯克进行的采访，2013年10月7日。

鉴于过去 10 年来对教师期望的巨大变化，要求他们成为可衡量学生成就的技术专家，许多退休教师需要额外培训是有道理的。事实上，很少有校长能为苦苦挣扎的教师提供支持同行评审系统的水平。[①] 从历史上看，校长担任组织和人事经理，而教师的教学决策大多由自己决定。在师范院校中，"自主性"在教师课堂被提升为重要的行业风气。但是如果太过随便，自主权可能会造成一种情况，即课堂成为"黑箱"的环境，无法接收外界观察或建设性的批判。现在校长应该做他们以前的管理工作，并且监督学生学习以及如何学习。由于大多数美国校长或助理校长负责监督 20 至 40 名教师，而在大多数其他行业中，员工人数的"控制跨度"在 8 到 10 名，这不断增加的责任往往是站不住脚的。在蒙哥马利县、托莱多、罗切斯特等其他使用同行评议的地区的顾问老师每年都有 10 到 20 名教师的评审工作，但与校长不同的是，他们只需将 100%的重点放在改善教学方面。

同行评议系统还向各地区提供奖励担任导师角色的优秀教师的机会。它可以节省资金：更换教师所用的招聘和培训的平均费用为 10 000 美元，而同行评议的费用为每名教师 4 000 至 7 000 美元。[②] 较新的同行评议系统往往比蒙哥马利县更为激进。在纽瓦克，部分以增值为基础的新教师评估过程宣称，20%的城市教师要么"无效"要么只是"部分有效"。所有低级别的教师都将被同行审查，失去了他们提高工作年限的权利。在巴尔的摩，一项具有里程碑意义的合同终结了所有教师按资历升迁的机会，而是通过一系列与工作绩效相关的步骤来调动教师，即标准、专业、导师和领导。观察录像带的同行评估员向教师们提供了一些

---

① 有关校长工作量的信息来自作者对加斯·哈里斯进行的采访，2013 年 8 月 15 日；及 Jesse Rothstein, "Effects of Value-Added Policies", *Focus 29*, no. 2 (2012); Susan Moore Johnson et al., *Teacher to Teacher: Realizing the Potential of Peer Assistance and Review* (Center for American Progress report, 2010) 讨论了关于教师工作量的内容。

② Johnson et al., *Teacher to Teacher*.

个人发展的建议。其他分值由行政人员分配，以奖励教师所承担的额外责任，如组织课外辅导课。

在圣路易斯，表现不佳的终身教师可以选择保留或放弃其任职权。如果老师保留任职权，那么他只有 18 个星期来证明在课堂上取得的进步，之后该地区可以终止听证会。如果老师放弃任职权，那么他就有一年时间与同行教师一起工作；如果进步了，那么他可以重新获得任期，否则就会被教师小组和校长免职。圣路易斯的所有新手教师都参加了同行指导和评估，目的是让更多老师继续关注关键的第二年——研究显示，教师的能力在次年会有巨大的飞跃。在 2011 年至 2013 年期间，在这一制度下 7% 的圣路易斯教师被解雇了。然而，兰迪·温加藤（Randi Weingarten）说"这个国家的权力机构"[1] 应该庆祝圣路易斯计划这种工会管理合作模式。

曾一度认为同行评议对教师过于温和的问责制改革者对这一观点更加同情，部分原因在于，这种做法使得圣路易斯、纽瓦克和巴尔的摩等地区能够从工会方面获得巨大的让步。而盖茨基金会的研究发现，校长和同行观察教师时的分数，比校长单独观察时更可能与增值评级相匹配。MET 项目的结论报告有一个特殊的循环逻辑，其中所有教师的评估方法都是根据与增值分数相关的强度来判断的。鉴于盖茨基金会对可衡量的学生成就的长期定位，这并不奇怪。研究结果的另一个解释是，课堂观察和增值分数实际上衡量了成功教学的不同要素，因此，当它们产生不同的结果时甚至应该同时利用。

认真对待课堂观察的一个明显好处是，一旦主管或同行导师确定了最有效的教师策略，他们就可以教给其他教师。课堂观察的先驱人物夏洛特·丹尼尔森说："如果你所做的只是通过测试结果来判断教师，那

---

① Elisa Crouch, "National Teachers Union Leader Points to St. Louis as a Model", *St. Louis Post-Dispatch*, August 14, 2013.

么结果不会告诉你应该怎么做。"①

看一位优秀老师上课就感觉像是在看一场魔术表演。

莱诺尔·弗曼（Lenore Furman）在阿宾顿大道（Abington Avenue）这所纽瓦克地区贫困程度很高、多为拉美裔学生的公立幼儿园给 17 名孩子上课。他们正在全神贯注的用英语和西班牙语随弗曼吉他弹唱，然后围成圈讲故事。弗曼选取了丹妮丝·弗莱明（Denise Fleming）写的《该睡觉了》（*Time to Sleep*），这本附有大量插图的书讲述了动物如何经历从秋天到冬天的过渡，这是一个有关寒冷的 11 月的最佳话题。弗曼读着读着会停下来回顾一些与动物冬眠相关的较难的词汇："洞穴"、"栖息地"、"跋涉"和"滑行"。"乌龟费力地在山上跋涉，"她说，"那意味着走得很慢，这对它们来说很困难，它们拖着沉重的脚步。"她在另一页提到了"虫"（worm）和"蠕虫"（worms）之间的区别。孩子们练习了弗曼指出的两个不同的发音。讲到一半的时候，她停下来进行了一次"转身交谈"，在这个过程中，每个学生都和搭档讨论了故事到目前为止所发生的事情，并预测接下来会发生什么。

讲完故事之后，弗曼问谁愿意告诉同学们一个自己的故事，马上就有几只手举了起来。孩子们要用口头和书面的句子对 5 个非常简单的单词："妈妈"、"爸爸"、"我"、"去"、"这个"进行操练。一个小女孩说她摔了一跤，爸爸帮她贴了一张创可贴。接着每个人自己用每个单词造了两个完整的句子，弗曼和助教在教室里循环走动，与学生进行一对一交流。

在幼儿园课堂教学中，教师主导教学、同行对话和个人工作之间的策略平衡是很少见的。神奇的是，弗曼似乎同时在两个层面上进行教

---

① Theodoric Meyer, "An Evaluation Architect Says Teaching Is Hard, but Assessing It Shouldn't Be", *The New York Times*, February 15, 2012.

学，冬眠的高级词汇和基本词汇、单音节词汇是学习的重点。她的专业知识显示了教学的复杂性，但她的实践并不是魔术，也不是单纯依靠某些天生的教学才能。我所看到的是由费城非营利组织"儿童扫盲计划"开发的一套基于研究的早期儿童阅读策略。基本方法很简单：孩子在学习之前需要接触生词 3 次。唱歌和吟诵不仅有趣，也被证明可以帮助孩子记住词汇。"转身交谈"是为了利用研究人员称为"同龄效应"的优势，与同龄人讨论新概念往往比听教师重复一遍更有效。在社会学和科学中描述概念的词汇，如"冬眠"或"蜕变"，是最能培养孩子学术潜力的词汇。虽然教学往往被认为是一个很少有获得广泛认可的最佳实践的领域，但幼儿阅读是例外。"阅读教学是一门科学，"在纽瓦克指导"儿童扫盲计划"工作的凯伦·亨宁（Caryn Henning）说："你需要专门训练。"①

奥巴马政府为"儿童扫盲计划"资助 2 600 万美元，向纽瓦克 49 所小学中 14 所的教师提供 3 年培训，从幼儿园到小学三年级，包括英语语言学习者如何阅读。在每个学校，像莱诺尔·弗曼这样的专家型教师被确定为"模范"，他们教室始终是供开放观察的，可以用于指导其他教师。弗曼在阿宾顿大道教了 30 年，扮演这种非正式的"模范"角色也有很长时间了。她通过观察其他地区成果优秀的课堂来维持教学策略，这也是"儿童扫盲计划"支持的一种实践。

组织变革理论——外部正式评价制度、教师互相教学——起了作用。2014 年发布的初步方案研究发现，在纽瓦克、费城、卡姆登和芝加哥的"儿童扫盲计划"模式课堂，幼儿园学生在阅读方面的表现优于同龄人。② 2010 年的随机试验表明，费城的"儿童扫盲计划"模式幼儿

---

① 作者对凯伦·亨宁进行的采访，2013 年 10 月 8 日。
② 来自"儿童扫盲计划"的邮件，2014 年 2 月 25 日。

园学生阅读评估水平比非示范课堂平均高出 8.3 个百分点。[①] 这些都是巨大的收获。新闻中引用的大部分教育研究都是基于数学考试成绩。在某种程度上，这是因为学校和教师提高数学成绩比提高阅读成绩更容易，大多数孩子只在学校学习数学，而阅读能力与孩子在家中接触的书本和词汇紧密相关。基于数学考试成绩的教育政策制定的问题在于，阅读技能比数学技能更紧密地与生活联系在一起。拉吉·切迪、乔纳·罗考夫和约翰·弗里德曼的研究证实，阅读中具有高附加值分数的教师，比数学上具有高附加值分数的教师对于学生的未来更有影响力。[②] 这支持了教育研究者们长期以来所相信的事实：一个在三年级时阅读处于低水平的孩子很可能永远赶不上同龄人，高中辍学率也更高。儿童或成人都需要阅读，阅读是几乎所有其他类型学习的基础，从数学上的问题到学习新的科学词汇到理解历史教科书，甚至是医疗同意书都离不开阅读。

一个令人沮丧的事实是，很少有人听说过像"儿童扫盲计划"这样让教师分享有效教学实践的课程。我在 2010 年 10 月听了弗曼的课，仅几周后，脸书网创始人马克·扎克伯格（Mark Zuckerberg）就在电视节目"奥普拉·温弗瑞秀"（Oprah Winfrey Show）上宣布向纽瓦克公立学校[③]捐赠 1 亿美元。扎克伯格的捐赠[④]加上其他慈善家的配套资金支持的大多是熟悉的政策。大约有一半的钱花在了 3 年绩效工资计划上，以

---

① 结果参见 http://www.cli.org/sites/default/files/OMG% 20Assessment% 20Summary% 201.10%20-%20FINAL.pdf.

② Raj Chetty，John N. Friedman，and Jonah E. Rockoff，"The Long-Term Impacts of Teachers：Teacher Value-Added and Student Outcomes in Adulthood"（working paper 17699，National Bureau of Economic Research，Cambridge，MA，2011），4.

③ 在我访问纽瓦克的阿宾顿学校之后一年，国家对其成年人在标准化考试中的作弊行为进行了调查，其校长被免职。调查是从三年级到八年级，而不是幼儿园，并没有涉及这里的任何课堂或教师。

④ 有关慈善资金花费情况的详情，请参见 http://foundationfornewarksfuture.org/grants/.

奖励那些被评为"高效"的教师。这笔钱也用于建立学生数据跟踪系统、开设新的特许学校，并雇用更多的"为美国而教"教师。一笔相对较小的赠款——10万美元，用于通过学校周转小组开发新的"儿童扫盲计划"。但是，这数十万没有一个用于扩大已经在14所纽瓦克学校成功运作的国家认可的"儿童扫盲计划"。

在学校改革的气氛中，每一位新的州长、管理者或捐助者都在不断地改变优先权，政策和教育的连贯性难以实现。有证据支持的计划，如"儿童扫盲计划"，很少被复制，因此影响无法到达地区的每个学校。"儿童扫盲计划"的宣传总监詹·韦克特（Jen Weikert）说："太多的学校改革会使系统崩溃。我们知道，无论有多少系统，都不能实现一切。我们觉得通过在课堂上帮助教师，特别是在公立学校系统中的教师，可以服务最主要的需求。不幸的是，在我们所处的任何地区都没有实现规模化。"①

在奥巴马总统的第二任期期间，标准和问责制改革者，如教育信托的凯蒂·海柯克开始持续关注他们曾经致力于改革教师评估和任期的师范院校。他们呼吁国会拉动联邦资助，主要是停止教师培养计划，他们的学生有 SAT 或 ACT 分数的占全国范围的 1/3，却在课堂上的增值得分较低，或因为准备不足而找不到工作。② 对师范学院的关注并非毫无根据。19世纪的普通学校教师、20世纪60年代教师队的创始人以及《危机中的国家》的作者都承认了美国教师教育存在的重大问题。③ 今天，只有一半的教师候选人在一个真正的课堂里教学、接受学生监督，大多数的教师教育计划没有机制来确保导师本身是否成功或者知道如何

---

① 作者对詹·韦克特的采访，2013年10月8日。
② Sarah Almy et al., *Preparing and Advancing Teachers and School Leaders: A New Approach for Federal Policy* (Education Trust report, September 2013).
③ Julie Greenberg, Laura Pomerance, and Kate Walsh, *Student Teaching in the United States* (National Council on Teacher Quality report, July 2011).

指导同龄的成人。本科教育专业通常在实际教授的科目中几乎没有大学课程，这是低年级阶段的一个大问题，这往往会吸引那些对数学和科学本身犹豫的师范生，但是他们的学院并不要求他们加强自身技能。接受培训的教师的教育课程通常由博士生教授，他们可能在中小学课堂上没有直接经验。这些课程更多地关注儿童发展或多元文化教育的理论，而不是处理学生纪律问题的实际方法，或提供对孩子写作的反馈。师范院校高产小学英语和社会课教师，而缺乏那些有经验教授被忽视学生的教师，像那些正在学习英语或是自闭症的学生。

当然，今天绝大多数的教师，包括大多数著名的优秀教师，都是师范院校或研究生课程的校友。然而，国家教师素质委员会在 2013 年一份被广泛引用的报告中却得出确凿的结论：教师"自主性"课堂意识将传统教师教育计划从教师必须建立的实践技能转移到帮助学生学习上。委员会研究人员写道："该领域的许多人不相信培训可以加强新教师的技能，使他们工作更加有效，就好像将具体的手术方法都教给医学生。[①] 相反，大家都认为培训只能创造机器人，所以最好是向新教师灌输'职业心态'，理论上允许他们顾全每一个新的班级，没有任何先入为主的观念，就像一张洗刷了所有偏见的白纸。"

"为美国而教"通过快速向其成员提供一套非常实用和规范的课堂策略来挑战教师教育现状，但也有其他替代途径进入教学行业。

其中一种模式是城市教师的驻校模式。2010 年，马库斯·克拉克（Marcus Clark）是休斯敦的一名 27 岁 IT 经理，供职于一家为石油公司制作软件的小型企业。他的工作是管理电脑硬件，包括每个员工的电脑。"但是我感到有点沮丧，因为我过着两种生活，"他说，"我的职业生涯与我在教堂里所做的事毫无关系。"

---

① Greenberg, McKee, and Walsh, *Teacher Prep Review*, 2013.

周末和下班后，黑人克拉克拥有友谊社区圣经教会的一个青年牧师职位，做他所爱的工作。夏天，他自愿将学生带到"跨越美国儿童"（Miss Across America）计划，这是密苏里州城市青年的福音派基督教营地。在那里他听到了关于"孟菲斯教师驻校计划"（MTR）的演讲，这直接将他的职业生涯带入了高度贫困的教室。特别是在公立学校的课程中，MTR专门寻找有信仰的人士。根据该组织的网站介绍，它的使命不是要向公立学校的学生们传播，而是要在基督徒的环境中支持教师。"教书是对福音的职业回应，积极参与教会的工作，通过向穷人和被压迫者伸张正义来荣耀上帝。"

MTR与"为美国而教"一样具有竞争力，每年只有13%至18%的申请人通过。它让有抱负的老师在获得教学学位之前进入课堂。像"为美国而教"一样，MTR是由高学术期望改变贫困儿童生活的信念而推动的。但MTR和全国其他18个城市教师驻地（其中大部分没有信仰）与"为美国而教"在"什么是优秀教师"的观点方面有所不同。首先，驻校计划有利于那些渴望在公共教育中从事长期职业生涯以及了解他们申请工作所在社区的候选人。其次，驻校计划招聘新人不是只要5周的暑期训练，而是要求他们在一个导师课堂上全职工作一学年，同时在当地研究生院接受教育。他们拿着微薄的津贴（在孟菲斯为12 000美元）。大多数新教师说课堂纪律是他们最大的挑战。驻校者可以观察老教师是如何从开学的第一天就开始建立纪律的。然后，他们慢慢地培养自己的技能，学习如何规划课程并有效地传授，同时导师和外部教师则对他们的实践发表评论。在孟菲斯，驻校者要在第一学年的1月做一个为期3周的"公开教学"，在课堂上承担全部责任。驻校者参加的研究生课程和每周研讨会的目的是将理论与教学策略跟课堂经验实时联系起来。

成功完成1年工作的驻校者可以被聘为全职教师，并获得固定工资。在孟菲斯，应聘人员必须承诺居住1年之后至少在高度贫困的学校教学 3 年，如果他们中途退出，后果非常严重：他们每年都要向 MTR 支付 1 万美元的赔偿金。90% 的人在 4 年后仍担任教师工作。全国范围内的城市教师在 4 年内的居留率为 87%。相比之下，同一时期损失了近一半的新城区教师以及 2/3 的"为美国而教"的教师。

在教育方面，教师的稳定性非常重要。对纽约市 8.5 万名四年级和五年级学生进行的为期 8 年的研究发现，与教师流动率低的学校相比，教师流动率高的学校的学生在阅读和数学方面都失去了相当大的学习效率，即使是在他们的课堂教师不是新的以及学校的整体教师素质保持不变的情况下。在许多低成本或黑人学生为主的学校，学校教师流动率的负面影响甚至更高。[①]

这些结果是正常的。在高流动性的学校，行政人员会花更多的时间进行招聘、面试和录取，而不是集中精力改进教学。每年许多教师辞职时，机构的记忆力就会丧失，与社会的联系就会减弱，越来越少的老教师会给新教师展示行业诀窍。

这就是为什么城市老师的驻校模式如此令人兴奋。"为美国而教"破解了美国教育的一个重要准则：它以 14% 的录取率，使在高贫困学校教学的人士成为了精英。当托马斯·凯恩和罗伯特·戈登研究了 15 万名洛杉矶小学生后，他们发现教师如何进入学校教学——是通过传统的教育学院、"为美国而教"或其他替代途径——与孩子的成绩差异没有太大联系。[②] 但是这项研究确实发现，一年级的老师们面临的挑战最大，而且他们学生的考试成绩通常比上一年要低一些。对于管理者和校长而言，这是一个重要的考虑因素，因为"为美国而教"这样的计划每年都会使新老师数量增长，老教师不断被解雇。一些像埃里克·哈努舍

---

① Matthew Ronfeldt, Susanna Loeb, and James Wyckoff, "How Teacher Turnover Harms Student Achievement", *American Educational Research Journal 50*, no. 1 (2013): 4 - 36.

② Gordon, Kane, and Staiger, "Identifying Effective Teachers Using Performance on the Job".

克这样的改革者认为教师流失是好的，只要新来的是高质量的教师。但是最新的研究表明，学校根本没有不断吸收和培训新教师的能力。当学生在一年级以后被分配到一批新手教师手上时，就会遇到麻烦。如果学校确实需要招聘新人，他们最好还是雇用那些愿意留下来的人。

当然，每一位老师都必须在课堂上度过第一年，因为没有证据表明，师范学院更擅长选择最好的潜在教育工作者。许多教师机构使用所谓的"明星教师"标准来招聘和选择非传统的候选人。这是心理学家马丁·哈伯曼（Martin Haberman）开发的系统，他于2012年去世。[1] 哈伯曼研究了几个城市高度贫困学校的特点。他的"明星"是指那些被校长们高度评价并在工作岗位上呆了很多年的人。事实证明，与不成功的老师相比，"明星"更有可能在教育以外的领域拥有广泛工作经验、身为家长或是黑人、拉丁裔或白人背景的工人阶级，年龄也都在30岁以上。虽然他们表现出丰富的知识，但许多人毕业于非精英学院，并且一般都从社区学院开始。他们在城市而不是郊区长大，并且已经有了与低收入儿童共度时光的经验，经常是作为志愿者。但许多人受到来自教会社区或家庭的欢迎，教书被认为是一种高地位的职业，而不是一个受过良好教育的人的后备或不寻常的选择。他们已经生活在或者他们想长期居住在他们所教的城市里。他们对导师中肯的反馈快速回应。总之，他们很像被MTR接纳的马库斯·克拉克。"上帝真的使我全心投入与孩子们在一起。"他说。

通过广撒网，城市教师驻地招募了一个不同寻常的多元化教师队伍：40%是有色人种（相当于全国教师的17%），48%的人大学毕业3年以上，39%的人知道如何教授STEM课程不足的学科——科学、技

---

[1] Martin Haberman, "Selecting and Preparing Urban Teachers"（讲座，2005年2月28日，可在国家替代教师证书信息中心的网站上查阅）；以及作者对城市教师驻地的克里斯汀·布伦南·戴维斯的采访，2013年9月25日。

术、工程学和数学。

在芬兰和中国上海这样高质量教学的地方可以通过驻校计划来筛选在导师课堂观摩了一年的驻校者，每年都有 15% 到 20% 参与者即使受过严格的训练也不能发展成为优秀的教师。这一严谨程度对于想要成为高资质专业人士（以及赢得校长青睐）的雄心勃勃的年轻人来说是有吸引力的。而与大学教育实行的典型学生教学计划不同，城市教师驻地有一个选拔导师的过程，他们必须证明自己可以提高学生的成就，并且正在接受如何为其他人提供有益反馈的培训。

来自全国 19 个项目的城市教师驻地联合会的研究表明，校长始终认为城市教师驻校毕业生比其他新教师更有效。在孟菲斯，驻校毕业生在四年级和八年级数学中获得较高的考试成绩，而且他们在阅读、科学和社会研究方面与其他教师的表现相似。较为成熟的波士顿驻校教师（BTR）计划展开过一个小型的初期评估，他们创建了学生成绩的混合记录。[①] 在最初几年里，波士顿驻校教师与其他教师在英语语言艺术教学方面没有什么不同，而在数学上的效率较低。但 BTR 毕业生的提高速度比其他老师要快得多，到了第 4 年，他们的成绩就超过了来自其他地方的新老师。观察期间，BTR 显然很优秀，5 年之后留任了 75% 的教师，而整个区域的留任率仅为 50%。BTR 的毕业生更有可能是有色人种（48%，而区内其他教师中有色人种占 32%），也更有可能教数学和科学。

事实上，BTR 毕业生从记录上看似乎在他们的第一年中都遇到了困难，尽管驻校，但还是令人失望。像其他研究一样，这似乎表明，学

---

① John R. Papay et al., "Does Practice-Based Teacher Preparation Increase Student Achievement? Early Evidence from the Boston Teacher Residency" (working paper 17646, National Bureau of Economic Research, Cambridge, MA, December 2011). Also see http: //memphistr. org/2013results/ and http: //www. utrunited. org/about-us/ research-and-publications.

会如何管理自己课堂的唯一方法就是真正投入这项工作。然而，研究人员得出结论，波士顿在教师驻校计划中投入的大量资金换来的是驻校教师更加稳定的职业生涯。这表明从长远看来，增加该地区的 BTR 教师数量可能会促进学生的成绩整体提高。

越来越多的证据表明教师稳定的重要性，这甚至改变了"为美国而教"的文化。在 2012 年，纽约市"为美国而教"的最高官员杰夫·李（Jeff Li）宣布离任回归到课堂教学。他在"为美国而教"中发起了一个名为"超越 2"（Teach Beyond 2）的活动，旨在传播长时间教学对学生产生的积极影响。两年后，"为美国而教"的两位新首席执行官埃利萨·维兰纽瓦·比尔德（Elisa Villanueva Beard）和马特·克拉默（Matt Kramer）宣布了两个试点项目：一个是在进入课堂之前为预选的大学毕业生提供一年教师培训；一个是对继续教学的校友提供长达 5 年的专业发展支持。克拉默在 2014 年 3 月的一次演讲中说："超过两年的教学不是备份计划，而必须是主要计划。"

一些证据表明，现在留在课堂上超过两年的"为美国而教"成员比往年要多（萧条的就业市场可能是一个原因）。2010 年的独立研究发现，60% 的"为美国而教"成员在 3 年后仍在教学，留任率与城市学校的全国平均水平相当，尽管只有 36% 的人 4 年后仍在教学，低于平均水平。然而，约 85% 的留任"为美国而教"教师最初的工作被安排在更理想的学校，研究人员认为这种配置方式对于低成就的学校来说是很有问题的。[1]

在 2013 年 7 月，我与底特律的教师队伍成员和校友一起出席了"意见听取会"。两位联合首席执行官承认，超过 1/3 的与"为美国而教"新成员合作的校长要求更长时间的承诺。"我们破坏了社区的稳定

---

[1] Morgaen L. Donaldson and Susan Moore Johnson, "TFA Teachers：How Long Do They Teach？Why Do They Leave?" *Education Week*，October 4, 2011.

吗?"维兰纽瓦·比尔德问道,"这是我们必须认真审视的一个问题。"
她和克拉默承诺将更加谨慎地向那些对新教师需求不高的地区派遣"为
美国而教"新成员。"为美国而教"与城市教师之间的一个显著区别
是,"为美国而教"总能欣然接受它在外界的地位。它使用自己的通常
是非常年轻的校友来培训新手,并且拥有著名的"为美国而教"成员,
如麦克·约翰斯顿、米歇尔·拉伊、戴夫·莱文和迈克·费因伯格
(Mike Feinberg),他们通过开设没有工会组织的特许学校来挑战教育
机构,推动薄弱的任期制度和教师增值评估流程。在这个意义上,"为
美国而教"一直是一个跟政治运动差不多的侧重于课堂教学的组织。[①]
城市驻校老师在传统和特许学校问题上是无所谓的,两者都存在,但在
日常实践中,他们也有机会与已经深入公立学校系统的教师和工会密切
合作。

　　"许多城市驻校教师正在努力让当地工会参与这些计划的设计和开
发,"城市教师驻地联合会课程主任克里斯汀·布伦南·戴维斯
(Christine Brennan Davis)说:"我们的模式中导师的角色与工会不谋而
合。我们重视优秀的老教师及其在下一代培训工作中的作用。"[②] 联盟
合作伙伴关系在政治上对城市驻校教师有帮助。当经济衰退、教师面临
裁员时,计划与工会合作将驻校教师带入课堂,但只针对真正需要老师
的科目和年级。

　　在孟菲斯马库斯·克拉克工作的菲斯金斯伯里高中,大约 1/3 的教
师作为驻校教师或导师参加了"孟菲斯教师驻校计划"。[③] 这种渗透程

---

① 除了与谷歌和贝恩咨询公司等合作外,他们还允许招聘人员推迟"为美国而教"成
　员就业,"为美国而教"现在将其一些校友直接送到国会办公室,在那里主张他们
　的教育政策。
② 作者对克里斯汀·布伦南·戴维斯的采访。
③ 作者对孟菲斯城市教师驻地的大卫·蒙塔格进行的采访,2013 年 11 月 4 日;作者
　对马库斯·克拉克进行的采访,2013 年 10 月 9 日。

度有时被称为"教学医院"模式，即允许对特定学校进行专业人士间量身定制的最佳实践。老教师和学员之间的紧密联系是双向的：老教师很擅长课堂管理，但实习老师可能会引入新的想法来分析学生数据。这种模式自上而下改变了美国学校改革的典型方向：不再是政策制定者对教师强加的改革结构或教学议程，而是教师组一起努力改善学校。虽然高质量的教师驻地目前每年仅培养 500 名教师，但在过去 20 年中，美国教学指数的增长表明，如果慈善家和政策制定者认识到这一模式的价值，他们可能会扩大规模，只要有效课堂的教师愿意作为导师参与其中。

亚历克斯·卡普托-珀尔也认为，在一起工作的教师团体有权利改造失败的学校。[①] 卡普托-珀尔加入"为美国而教"的第一支教师队伍之后，1990 年在康普顿教了 4 年书，结了婚（用连字符保留了自己的姓），然后参加了法学院和城市规划课。他花了两年时间组织了一次支持洛杉矶公共汽车系统的活动。但他一直感觉有股力量将自己拖回到教室。他喜欢每天和孩子们在一起，和他们的父母见面。教学更植根于现实世界，而不是研究所学习的社会正义理论。2001 年，他开始在克伦肖高中教授历史。他和妻子丽莎——也是"为美国而教"的校友——搬到了雷莫特公园周边地区，这儿到处是低矮的五颜六色的平房，整齐地排列着，一旁是空荡荡的店面和被汽车堵塞的大道。他们是少数几位白人居民。

学校一直拥有骄傲的历史。达尔·史卓贝瑞（Darryl Strawberry）的"1979 克伦肖美洲狮"（Crenshaw Cougars）棒球队被认为是有史以来最有才华的高中球队之一。克伦肖也是 1991 年电影《街区男孩》中所

---

① 作者对亚历克斯·卡普托-珀尔进行的 6 次采访，从 2010 年一直到 2013 年为止。作者于 2011 年 5 月 20 日和 21 日访问了克伦肖高中，在那里观察了教师的专业发展情况。

描绘的学校，里面描述的学校帮派没有康普顿那么强硬，有天赋的孩子希望逃离这里，只有这样才能去上大学。当卡普托-珀尔到那里时，克伦肖的形势十分严峻。令人印象深刻的是，特许学校由私人慈善家购买的新建筑吸引了许多学校的工人阶级和中下阶层的学生，他们的父母参与最多。95%的克伦肖学生生活在贫困条件，12%的学生家中不说英语；1/4的学生没有和父母生活在一起，他们中有一些属于集体家庭或国家开办的寄养家庭；该地区的考试成绩最低。

行政人员不断接受新的改革计划，但每项都只能进行1年（在过去7年间，卡普托-珀尔在克伦肖工作时有5名校长和24名副校长）。由于申请文件丢失，学校在2005年短暂失去过办学资格。由于管理不善，卡普托-珀尔与家长们开始一起为克伦肖组织更多的基础资源，包括新电脑。这一团体自称为"克伦肖美洲狮联盟"，最终为克伦肖争取到了200万美元，另外还为10所处境同样艰难的洛杉矶高中争取到了150万美元。大约在同一时间，卡普托-珀尔在洛杉矶教师联合会（UTLA）内与人共同创立了一个持不同政见的核心小组，这就是UTLA总裁席杜飞（AJ Duffy）所说的"左派疯子"①。最终：卡普托-珀尔给很多人造成了麻烦。2006年，该地区在他并未同意的情况下将其派遣到了城镇另一头的一个富裕中学。数百名家长、学生和教师在地区总部前抗议，《洛杉矶时报》报道了这次活动，他又恢复了原职。

2007年，卡普托-珀尔和其他几位老教师几乎接管了缺乏稳定领导的克伦肖。全国有一小部分正规教师主导的公立学校，但这些都是特例。珀尔的教师团队对于如何振兴克伦肖有自己的想法：通过课程改革而不是管理改革。贫穷的孩子经常会听到他们需要在学校表现得很好才能逃离自己的社区。相反，如果孩子们知道在学校里做得好就可

---

① Erin Aubry Kaplan, "Reviving Education", *LA Weekly*, May 12, 2005.

以帮助他们的家庭和邻居，成为更积极的社区拥护者，这样岂不是更好？

教师与教育研究人员和当地非营利机构合作制定了一项名为"扩展学习文化模式"的新计划。该计划赢得了福特基金会数百万美元的资金，还获得了奥巴马总统的学校周转计划认可。它摆脱了问责制手册中的大多数流行策略，如大规模裁员或将社区学校变成特许学校。相反，引用理论家泰德·希泽（Ted Sizer）的话，该计划使克伦肖变成了由教师主导的一个个"小学院"，其中包括商业和社会正义等主题。在每个学院内，教师共同努力建立围绕解决邻里问题的跨学科单元。2011年秋季，十年级的社会正义与法学院专注于洛杉矶的学校改进。为了他们的最终项目，学生们分析了一系列数据，其中包括各学校的考试成绩、居民收入水平、学校旷课率和监禁率。数学课上，学生们画出了洛杉矶南部各社区的收入和社会机会之间的关系。在社会研究中，他们阅读了关于学校改革的保守和自由建议，并就如何改进教育在自己的书面论据里引用了数据。科学课时，学生们设计实验测试关于如何改善学校的政策假设。在英语课上，他们读了《我们的美国》一书，这是关于芝加哥南部 Ida B. Wells 住房项目中生活状况的非虚构纪实作品。

克伦肖的学生与加州大学洛杉矶分校和南加州大学的研究人员合作，就当地的食品和健康问题进行了调查。学生志愿者在社区花园里种植产品，并在当地农贸市场出售。一名高年级学生作为社区无限责任服务公司的实习生来从事这项工作，每学期赚 1 000 美元，这是一个专注于城市农业和食品问题的非营利组织。把学生放入专业实习中，其中一些人还有了收入，这是克伦肖改革计划的一个关键内容。"延长学习时间"是一个受欢迎的学校改革策略，但克伦肖的教师改革者认为这不应该只在课堂上进行。

令人兴奋的是，克伦肖计划根植于对孩子辍学原因的坚实研究①：因为他们觉得无聊，他们没有看到课堂是如何与世界相连的，他们宁愿在外面赚钱。克伦肖计划为教师提供了深入的专业发展机会，并为他们准备了奖金。培训的一大重点是如何将这些创新的跨学科领域融入新的共同核心标准。每项任务都是为了满足学生"高读写能力"的目标——深度的阅读理解能力、批判性思维能力和写作能力。

关于克伦肖改革有明确的政治性争议。它要求学生质疑塑造他们生活的社会力量，并通过积极工作来改善他们的低收入社区。毫无疑问，这所学校是左派政治狂热的温床，而这种替代的学校改革方式与当代学校责任运动的技术官僚主义性质不同。当我在 2011 年参观克伦肖校区时，几个教室都贴着海报宣称："不要监狱！"在教职员工会议上，老师讨论了这个问题："学校压迫人吗？我们怎样才能减少这种现象呢？"这种情绪让人想起了 20 世纪 20 年代纽约市的老共产主义教师联盟。该组织还将低收入家长与激进的教师联合起来，使课程与黑人和拉丁裔孩子更相关，并疏远权力机构。

卡普托-珀尔已经通过"为美国而教"开始了他的职业生涯，但是当他看到该集团与特许学校部门的关系日益密切，并且意识到特许学校中有像克伦肖这样的被最具挑战性的学生所淹没和压倒的学校，他就已经成为了一名批评家；他甚至为《纽约时报》网站写了反"为美国而教"的专栏。这些意见必然会扰乱某些人的错误行为，特别是 2011 年任命的新洛杉矶监督员约翰·迪亚斯（John Deasy），他是一名特许改革派，通过著名改革为 60 万洛杉矶公立学校学生购买了 iPad。（迪亚斯也是第一个 20 世纪 90 年代在罗得岛考文垂工作的美国学校校长，他拥护

---

① John M. Bridgeland, John J. Dilulio, Jr., and Karen Burke Morison, *The Silent Epidemic: Perspectives of High School Dropouts* (Report by Civic Enterprises in association with Peter D. Hart Research Associations for the Bill and Melinda Gates Foundation, March 2006).

夏洛特·丹尼尔森的综合课堂观察框架。)

迪亚斯在 2012 年宣布将"重组"克伦肖，关闭社会正义学院。每个老师都不得不重新选择工作，一半将被学校开除。这种大规模裁员已经成为落后大城市高中的普遍做法。这项政策是"力争上游"竞赛提出的几种学校转型策略之一，它基于一个错误的前提：当学校连续多年取得低测试成绩时，老教师应该受到责备。事实上，唐纳德·博伊德（Donald Boyd）2010 年研究纽约市教师转学校要求时发现，选择离开表现不佳的高贫困学校的教师往往是增值水平及效率低于长期任务艰巨的教师，比如像卡普托-珀尔。① 其他一些在地区层面的研究也发现了类似结果——逃离城市学校系统的教师效率要低于那些留下的教师。正是一年级教师和行政人员的不断流失使这些学校和地区变得如此不稳定。然而，卡普托-珀尔在克伦肖被解雇。② 工会代表凯西·加西亚（Cathy Garcia）和获奖辩论队的领导人也是如此。大多数洛杉矶的长期政治观察家认为，无论课堂表现如何，学校的激进主义教育家都是有针对性的。33 名下岗教师中有 21 人是黑人、27 名有着 10 多年的经验。

克伦肖的改革模式是否适合孩子？迪亚斯表示没有，因为考试成绩始终很低。"这是毕业生的一项基本权利，而克伦肖并未能保障这一点。"他说，"学生不学习，不能毕业，无法阅读。"③ 他希望克伦肖获得更多的先进课程和国际学士学位课程，这是一个可能与扩展学习文化模式延伸合作的贯彻思想。迪亚斯没说的是克伦肖成绩数据的上升趋

---

① Donald Boyd et al., "The Role of Teacher Quality in Retention and Hiring: Using Applications-to-Transfer to Uncover Preferences of Teachers and Schools" (working paper 15966, National Bureau of Economic Research, Cambridge, MA, May 2010).
② 2013 年 5 月 5 日，亚历克斯·卡普托-珀尔和凯西·加西亚将种族问题、教授课程和被解雇教师的多年经历通过电子邮件发给了作者。
③ Howard Blume and Stephen Caesar, "L. A. Unified to Overhaul Struggling Crenshaw High," *Los Angeles Times*, January 16, 2013.

势，尤其是非裔美国人和特殊教育类学生。[1] 自 2007 年以来，毕业率上升了 23%，停学率下降了 19%。

综合高中的转型被广泛认为是学校改革中最艰苦的工作之一。在罗得岛的中央瀑布高中，考试成绩在所有老师被开除的 3 年后仍然很糟糕。[2] 但是那里的问责制改革者却在庆祝毕业率的提高。克伦肖的不同之处在于，普通教师和工会维权教师正在推动改革。

最后，如果说扩展学习文化模式可以振兴克伦肖，这是不可能的，但它可能应该给予更多的机会去尝试。该计划以课程为重点——孩子阅读什么书籍，以及他们提问和回答关于世界的问题，这在教师评估和标准化测试的辩论中通常被忽视。开发新课程是学校教育中最有趣的、智力上最有吸引力的方面之一。如果给予更多的教师这个责任，可能有助于说服许多受过良好教育的雄心勃勃的人留在课堂上。克伦肖的课程是严格的，与共同核心标准一致，尤其是其教学重点是教孩子们使用证据来支持有说服力的论据。该计划已经吸引了来自全国的资助者和美国教育部的积极关注。问题出在哪里呢？

现任洛杉矶教师联合会会长的卡普托-珀尔认为，他和他的同事们正在挑战正统观念，讨论在教育改革中什么有效、什么无效。卡普托-珀尔告诉我："尽管赢得了社区的支持，但迪亚斯粉碎了克伦肖改革，因为这与他的理念相冲突。"

当美国决策者要求每个公立学校使用相同的策略，通常不会确定他们青睐的方法实际上是否对孩子有效，他们减少最有积极性的教师的自由裁量权，像亚历克斯·卡普托-珀尔和莱诺尔·弗曼这样优秀的人才，

---

① 请参见 http://api. cde. ca. gov/Acnt2012/2012GrowthSch. aspx? allcds ＝ 19647331932128. 亚历克斯·卡普托-珀尔向作者提供了毕业和停学的比例。

② http://infoworks. ride. ri. gov/school/central-falls-high-school; and Kate Nagle, "New Report: Central Falls Graduation Rate Increased 20% in 3 Years", GoLocal Prov Web site, October 19, 2013.

其对行业的贡献应该是被缩小了，而非没有或是被忽略。这是美国教育改革中的一个古老问题。我们的制度在课程、组织、资金、学生人口统计和需求方面高度分散，但我们预计本地学校将实施上述强加于一体的改革议程。政治现实表明，我们不可能在很短时间内大力集中改革教育制度，也许现在是时候不仅要靠全国杰出的政治家、慈善家或社会科学家来改善我们的学校，而且要看教师本身。

我访问科罗拉多州时正值增值测量法案争执胶着期间，我和社会学教师克里斯蒂娜·让（Christina Jean）进行了交谈，她在丹佛公立学校担任教学指导的工作。像许多聪明的年轻教育工作者一样，她对国家再次承诺缩小成绩差距感到乐观，并对此抱有兴趣，但焦急的是，为了提高教师的实践水平，迫切需要实施新的课程和多项选择测试，而有意义的协作必将被忽视。"很多话题是关于摆脱坏老师的，"她说，"除了像个机器，我很少觉察出教师展示其他东西。"为了提高职业的长远声望，她告诉我，至关重要的是，这种工作不要被束缚，而是赋予其权力，并且成为"挑战和刺激成年人的岗位。我是一个聪明的人，用这份爱和激情去教育孩子，进而让我用所知为我的学生创造出一种反映我专业知识的体验"。

结语
以史为鉴

改善今日的教学

我在整本书中尝试着让自己的话语更具分析性，不让自己的观点过于尖锐。尽管如此，我对公立学校教育两百多年来的历史所进行的研究，让我在阻碍教育改革的政策陷阱以及可能的前进方向方面得出了一些结论。我在这里列举一些改进教学专业的建议，当然这些建议也会提高学校的教学质量。

教师的薪水很重要

教育政策界有句口头禅："钱不重要"。支持学业负责制[①]的改革者喜欢引用各种证据来表明美国在每个学生身上的花费比其他很多国家都要多。不过这些国家的孩子们在国际考试中却又远远胜过我们的孩子。的确，美国有许多学校在各种无法让学生提升学习成绩的地方花了很多钱，比如购置啦啦队制服和美式橄榄球装备。但是教育财政专家布鲁斯·贝克（Bruce Baker）则证明，有一种支出跟学生成绩的进步绝对相关，那就是教师的薪水。[②]我们必须认真对待这一论据，因为我们对教师有着极高的期望，但又没给他们支付与这一期望相对应、属于中产阶级上层水平的工资。

2012 年，美国教师的收入中位数为 5.4 万美元，与警察或图书管理员的工资相似，但明显低于会计师（6.4 万美元）、注册护士（6.5 万美元）或牙科保健师（7 万美元）；除此之外，还低于律师（11.4 万美元）、电脑程序员（7.4 万美元）或大学教授（6.9 万美元）。[3]

虽然与欧洲或亚洲国家的教师收入相比，美国教师的收入看起来并不是那么糟糕，但经济学家们知道，人们在选择职业时更看重各职业间的收入差距，而非单纯地看收入数字。从这方面讲，美国劳动力市场的不平等状况在日益扩大，这无疑损害到了教师职业的声誉。在 20 世纪 40 年代，男教师的工资比一半以上的男性大学毕业生要高，女教师则比 70% 的女性大学毕业生工资要高。[4] 时至今日，男教师的薪水只比 30% 的男性大学毕业生的高，女教师的薪水则比 40% 的女性大学毕业生的高。美国的教师和其他专业人员之间存在巨大的薪酬差距，放眼全球这都是独一无二的现象。在韩国，教师在整个职业生涯中的年薪为 5.5 万至 15.5 万美元，按当地购买力来算的话，比美国教师的购买力要强 250%，[5] 这使得韩国教师在工资方面跟工程师和医生平起平坐。

另一个问题是教师薪酬产生了固定的结构。典型的薪酬阶梯是所谓的单一薪金表，它依靠工作时间和进修成果来奖励教师，迫使教师等上几十年之后才能登上薪酬阶梯的最上层。像巴尔的摩和纽瓦克这些备受

---

① 依照学生水平来决定学校拨款。——译者
② Bruce Baker, *Revisiting that Age-Old Question: Does Money Matter in Education?* (Albert Shanker Institute report, 2012).
③ 所有数据来自劳工统计局的职业展望手册，http://www.bls.gov/ooh/。教师的收入数据是通过对中小学教师的中位数收入取平均值来计算的。
④ Eric A. Hanushek, "Valuing Teachers: How Much Is a Good Teacher Worth?" *Education Next 11*, no. 3 (2011).
⑤ Byron Auguste, Paul Kihn, and Matt Miller, *Closing the Talent Gap: Attracting and Retaining Top-Third Graduates in Teaching* (McKinsey and Company report, September 2010), 20.

瞩目的地区通过与教师工会进行谈判，已经取消了单一薪金表。在这些城市中，给教师发放的奖励取决于他们的工作表现和额外承担的责任，比如说指导同事。教师的资历也是其中一个因素。这种做法应该推广到全美国。

考虑一下这种情况：当我在新闻杂志界得到自己的第一份全职工作时，年薪是 2.1 万美元。我当时觉得，那些在公立学校当老师的朋友们赚的钱好多啊！5 年之后我 27 岁了，年薪比刚开始工作时翻了 3 倍。与此同时，一位跟我教育程度相同、拥有学士学位的纽约市公立学校教师的情况则是这样的：在职业生涯的前 5 年中，她的工资从 45 530 美元增加到 50 153 美元，增加值不到 5 000 美元。在北卡罗来纳州，一名教师必须工作 15 年才能让工资从 3 万美元增加到 4 万美元。[①] 最糟糕的是，与接受过大学教育的同龄人相比，教师们的收入会一直停滞不前；而与此同时，他们又会考虑生第一个孩子或者买房。这无疑是一些雄心勃勃的人离开教师行业或者对其一直敬而远之的原因。同时，在文化方面，教书育人的受尊敬程度比其应获得的要低一些，其中的原因也是薪酬这一点。

创建实践社群

教学不光是一门职业，它是很多门职业。如果您要想弄明白我这句话里的意思，那可以思考一下医药行业的情况。所有将成为医生的人都会参加同样的考试，也就是医学院入学考试（MCAT），然后才能申请医学院。这些学校得到单一机构的认证，他们向学生传授一系列需熟稔

---

① 教师联合协会的薪金表可在 http://www. uft. org/our-rights/salary-schedules/teachers 上查阅。北卡罗来纳州方面的情况请参见 Emery P. Dalesio, "Report: NC Teacher Pay Slides Against Peer States", WRAL/Associated Press, March 6, 2013。

于心的课程，让他们参加各种执照考试，并且进行临床实习。所有的医生都担任过实习生和住院医生，并在医院进行医疗巡诊。在职业伦理方面，医生都会遵守希波克拉底誓言。

教育则十分不同。一些将成为教师的人来自师范学院，主修教育；其他人主修的专业则是他们所要教授的那门学科，并且会取得教育硕士学位；还有一些人则会通过"为美国而教"或教师实习等替代路线成为教师。一些准教师会担任一年的实习教师，剩下的人会担任一个学期或者压根就不担任实习教师。许多教师认为，他们的职业目标应该是消除贫富儿童之间的成就差距；另一部分人则会反驳这种说法，认为这样做意味着忽视天赋异禀的孩子，或者说在那些学生情况类似并且家境富裕的学校中，这种目标会毫无意义。还有一些教育工作者会强调对社会情绪、批判性思维或公民意识的培养，而非看重可以衡量出来的学术成果。所有这些观点都跟实际情况相关，且合理合法地植根于美国的文化和历史中。

考虑到教书育人在训练方法和目标上比其他正规职业（如医学或法律）更为分散，哈佛大学的社会学家加尔·梅赫塔（Jal Mehta）和约翰·霍普金斯大学的政治学家史蒂芬·特莱斯（Steven Teles）便为教师提出了"多元职业特性"[①] 这个理念。该理念仍处于初期阶段，意思是围绕一些特定的教学思想派别（比如说以项目为基础来组织学习的教学法，或者"无借口"教学法）来组建实践社团。在这种模式下，教师先导项目[②]和 K - 12 学校[③]将联合起来。他们将着重强调一种教育学派，并且培育出以证据为基础的最佳实践方法，研究人员、工作教师和实习教师之间将能共享这种方法。"多元职业特性"将让教书育人充满学术

[①] Jal Mehta and Steven Teles，"Professionalism 2.0: The Case for Plural Professionalism in Education," *Teacher Quality 2.0: Toward a New Era in Education Reform*，ed. Frederick Hess and Michael McShane（Cambridge, MA: Harvard Education Press, 2014）.
[②] 即教师在入职前接受的培训项目。——译者
[③] 涵盖从幼儿园到十二年级的义务教育阶段学校。——译者

分量，为了达到这一目标，它会为未来将担任教师的人们开设实践社群，让他们使用同一种术语、共同遵循某套道德准则、就如何评估学生等问题达成一致。

今天的"无借口"型特许学校是最接近于实施这种模式的学校。在纽约和芝加哥，一个特许学校联盟推出了"毕业生继续教育学院"（Relay Graduate School of Education）。该机构会给刚担任教师一年并想要获得资格证书的人教授"无借口"的教学技巧。要想教育低收入家庭儿童的话，还可以使用其他一些正统的教学方法，但人们对它们的关注程度都较低。圣地亚哥的"高科技高端网络"（The High Tech High network）强调的是学校和成人职业世界之间的联系，现在它开办了自己的教师培训项目。纽约市的银行街教育学院（Bank Street College of Education）教授了一项杜威式进步教学法，强调以学习者为中心。该学院还开设了一个K-12学校，实习教师们可以在那里磨练自己。其他的教师预备课程计划还能从这些机构中学到很多东西，给潜在的教师提供了具体的上课策略以及思考他们工作时可以采用的具体方式。如果没有一种有效的教学理念存在，却有很多受到研究支持、行之有效的教学实践（如高水平提问法），那么对老师们的教育应该更为脚踏实地，以技能为基础，而不能保持现状。不过它仍应在智力方面保持多样化，因为不同的社区对学校有不同的期望，有的希望学校纪律严格，有的则希望学校采取蒙台梭利式教学法。实践社区应该能够向各州证明它们是严格的，并且以证据为基础。一旦成功证明了这一点，他们便可以自由选择自己的课程、评估手段和教师实践。

让教学保持有趣

如果教师的各种工作责任在5年、10年或者20年内一成不变的话，那他们便会感到枯燥乏味、精疲力竭，而其中一些表现优秀的人也就不会愿意成为这一行的管理者了。如果我们期望雄心勃勃、有智识的人成为教师、留在公立学校的话，那就必须为他们提供一条从长远来看激动人心而又与时俱进的职业道路；在这条路上，人们不仅有机会引导儿童，还能有机会带领其他成年人。在新加坡，教师在工作满 3 年之后，能从 3 条领导路径中选择一条：撰写课程、学校管理、教学辅导。[①] 在美国，像巴尔的摩这样的城市正在给教师提供晋升机会，允许他们在一天中的某段时间内留在教室里，同时在计划课程和教学指导方面花更多时间来指导同事。所有想获得这些机会的好老师都值得拥有，它们不该是少数管理者最为喜爱的老师才能拥有的特权。

　　最为有效的绩效工资模式将奖励那些确有才干的教师，因为他们承担了新的责任，帮助其他教师提高了学生的学力。当处于某种改革氛围之下的时候，无论是通过小组课堂计划、同行辅导，还是在课堂上进行团队教学，如仅仅关注某位老师对某些学生考试分数的影响，那既无法激励教师，也无法以此来公平地确定教师工资。具体来说，合适的改革氛围应当是教师们共同合作促进学校进步。

处理师范院校的遗产

　　苏珊·B. 安东尼和 W. E. B. 杜波依斯早在 19 世纪时就知道，让教师远离其他受过大学教育的专业人士而单独接受教育的话，对于教育界的威望和学生来说都不是件好事。这种观点时至今日依然是对的。在 20 世纪中叶，旧式的师范学校开始演变为颁发学士学位的州立学院，但是它们的入学率和奖学金水平一般都很低。由于这些学校所提供的小

---

① Rachel Curtis, Finding a New Way: *Leveraging Teacher Leadership to Meet Unprecedented Demands*（Aspen Institute report，February 2013）.

学教师严重供过于求，以至于在某些州，某一教师岗位的录取比达到了1∶9的夸张程度；所以各州应该要求这些机构提高入学标准，或者取消它们的教师预备课程。[①]

也就是说，SAT 的较高分数或等级不应该是教师预备课程的唯一门槛。纽约市将学生们的成绩与教师上的大学联系起来，在进行初步调查后，数据发现像霍夫斯特拉大学（Hofstra University）和亨特学院（Hunter College）这样一些较普通学校的毕业生，跟纽约大学和哥伦比亚大学等著名学院的毕业生比起来，表现要好一些。[②] 我们不应该忘记马丁·哈伯曼的研究：长期从事教育工作的"明星"教师往往来自低收入家庭、毕业于非精英学院，或者拥有信仰。包括亚历克斯·卡普托-珀尔在内的其他人则有一些相对激进的政治理念。这些非传统教师的特殊之处在于：他们认为自己的使命是帮助遭遇困难的学生取得成功；这一使命驱动着他们，而他们也热衷于让所有孩子都拥有较高的知识水平。这些都是教师预备课程应该寻求的品质。

既要看重教师，也要看重校长

我们应该开展校长水平监察运动，应该像过去的教师责任制运动一样采取高标准、严要求。几乎所有专家都认为成功的学校具有一个共同点，那就是拥有一位敬业的、备受尊敬的领导者，此人可以明确地表现教师们所信奉的、要努力去实现的任务。麦肯锡公司的一项研究表明，在选择工作地点的时候，对于水平位列前 1/3 的老师而言，优秀的校长

---

① Stephen Sawchuk, "Colleges Overproducing Elementary Teachers, Data Find", *Education Week*, January 23, 2013.

② 关于纽约教师预备机构的报告可参见 http：//schools. nyc. gov/Offices/DHR/HumanCapitalData/TPPR。

跟更高的工资都同样具有吸引力。[①] 也有证据表明，教师可能会更敬重那些担任过教师的校长，跟他们一道工作也会更有效率；如果两人在同一所学校工作过，或者属于邻里的话，就更是如此了。最近各大学校特别喜欢从教育界以外的领域招聘校长，但这可能是错误之举。相反，学校应该通过一套评估体系来确定具有卓越领导才能和组织能力且工作效率高的教师，并在几年后鼓励他过渡到行政管理职位上；同时也该承认，如果一位教师想要扩展他/她的责任，或者提高他/她的工资的话，他/她并不一定只有当校长这一条路。

而且，我们也不应该让校长忙于处理无数教师责任制方面的文件。文书工作听起来平淡无奇，但历史上提升教师评估水准的行动之所以失败，绝大多数原因也就出在文书工作上。2013 年的《新教师计划报告》显示，对教师的评分标准必须"瘦身"[②]。如何在每个学年中只把注意力放到 10 个有效的教学行为上，而无需关注 60 个那么多？

让测试在教学中所扮演的角色重回正轨，成为检测学习成果的工具

美国人一直着迷于测试，从颅相学测试、智商测试再到今天的成就测试，无不属于其中。虽然我们曾经用测试来得出各种结论（主要跟学生个体的能力相关），但今天我们认为能从测试中所了解到的学生信息远没有他/她的老师所知的信息多。通过衡量教师对学生在低风险环境下考试成绩的影响，增值研究为我们对教育方面原理的了解做出了不可估量的贡献；在这种环境下，成绩既不用于奖励，也不用于惩罚成人。

---

① Auguste, Kihn, and Miller, *Closing the Talent Gap*.
② *Fixing Classroom Observations* (The New Teacher Project report, November 2013).

但我们绝对没有理由相信增值在高风险环境下也一样适用，因为测试分数会被用来评估教师和管理人员的水平以及薪资情况，乃至于他们是否会被解雇也都取决于测试分数。哈佛大学的丹尼尔·克雷茨（Daniel Koretz）和奥克兰大学的约翰·哈提（John Hattie）等顶尖教育研究人员对教育研究进行了元分析（meta-analyse），他们证明，成就测试最为真实的用处是检测学生到底知道什么、又能做什么事情。这样一来，教师便能更好地设定教导学生的内容了。如果测试目标是选出成绩表现差的老师，将他们解雇的话，那教育工作者会不惜任何代价提高考试成绩，而不会通过测试来帮助孩子学习。

这并不意味着增值衡量法在 K‑12 学校内毫无用处。考虑到我们对增加值的了解——水平处于全体教师高低两头的那些人，比位列中游的教师更稳定——校长们便可以去对那些增加值分数特别低的老师的课堂进行更细致的观察，或者对他们的教学情况进行其他调查。同样，校长们也可以把那些增加值分数高到不寻常的老师们看作同行导师或者评估人员的潜在候选人；但我们要重申一遍，如果没有对课堂进行观察、不考虑考试以外的学生成果，也不对那些存在问题的老师进行采访的话，那这些行为都不会得到好处。

教师能通过观看其他同行的工作而受益

课堂不应该跟黑匣子一样让外面的人难以观察，新入行的老师们更是应该有权观察课堂才行。对低风险情况所做的增值研究清楚地表明，刚工作一年的教师无论是如何进入这一行业的，都会在工作时进行学习，并且增加值曲线还很陡峭。在理想情况下，对于那些给需要受特殊照顾的儿童提供学习机会的学区而言，当有了足够的资深教师之后，它们会减少刚工作一年的教师的数量。另一个想法是改变教师工作日的结构，让所有工作效率高的资深教师花些时间来查看新手老师的工作状况并指导他们。而反过来说，新手教师应该有足够时间观察资深教师的课堂，并与同事一起设计高效而吸引人的课程。

招募更多男性及有色人种教师

对孩子们而言，看到老师拥有跟自己一样的肤色，是一件很重要的事情。为期半个世纪的各种研究和 150 年的实践经验表明，有色人种教师更有可能对有色人种学生抱有高期望。然而，只有 17% 的美国公立学校教师不是白人；相比之下，公立学校的有色人种学生占比则为 40%。① 在性别方面，人们已经证明 19 世纪 20 年代由普通学校改革者开创的美国教师队伍女性化风潮太过死板，已经到了固执的程度：今天只有 24% 的美国教师是男性。

如果我们能让教师培训过程更具竞争力，在智识上更具连贯性，并重新设计教师在职业生涯中获得报酬的方式，那就会让这项工作对更多元的劳动者群体产生吸引力。男性可能比女性更看重薪水；有色人种的教师与白人教师相比，则更可能重视学生负担。虽然有些人认为替代认证项目会把白人教师带去极度贫穷的学校任职，而他们又毫不了解当地情况，但实际上像"教师队伍"、"为美国而教"和"城市教师驻地"等项目跟学校系统相比，往往能招募到更多的非白人教师和男性教师。然而这些项目的规模很小，这意味着各个城区的有色人种教师数量可能仍然非常少，这是因为一些学校遭到关闭，同时经济形势也出现了变化，导致学校作出裁员。这就意味着，教师预备流程中的每个人——师范学院、硕士课程提供者和学区——都必须优先考虑教师多样性，优先级必

---

① 来自"教师趋势"（Teacher Trends）的数据，国家教育统计中心，https：//nces. ed. gov/fastfacts/display. asp? id＝28。

须比以往任何时候都高。

将过时的工会保护制度撤销

在 2010 年至 2012 年期间，由于预算危机，2.5% 的城市公立学校教师遭到解雇。[①] 在一些地区，被称为"最后入职者首先走人"的政策（首字母缩写为 LIFO，读作"life-o"）让管理者无法通过绩效标准来选择裁掉的教师。2011 年，当《每日野兽》（The Daily Beast）邀请 20 位"大思想家"每人提出一个"修复破败政府"的想法时，纽约市长迈克尔·布隆伯格和"为美国而教"组织的创始人温迪·科普教授都选择了LIFO。这个词无疑是强有力的，因为它构成了对教师工会最有力的攻击之一：它们在处理教师这种终身工作时十分无能。

直到最近，工会中的资历规则都还没有引起什么争议。它们在经济不景气的时期会防止年龄更大、工资更高的教师遭到歧视。管理人员常常对 LIFO 的简单性大加赞赏，尤其是因为在教师表现的最佳衡量方法上人们都莫衷一是。然而 LIFO 也没有什么意义，因为一些研究让我们更清楚地了解到有效的教学看上去究竟是什么样的。当要在数位工作表现类似的教师之间选出裁掉的人时，一套明智的裁员政策会以资历作为最终的决定因素。如果大多数学区与当地工会进行了谈判的话，就已经能自由实施这样一套制度了——美国只有 12 个州的法律规定资历是裁掉教师时应当考虑的唯一因素。[②]

历史上针对教师的道德恐慌表明，这一职业仍应由正当程序进行管理。但是在实践中，终身制并不意味着某学区开除一位差老师时需要付

[①] 来自一项对全国大城区教师质量的调查，2011 年。结果登载于 http：//www. nctq. org/commentary/viewStory. do? id = 29568。

[②] 来自 StudentsFirst，http：//www. studentsfirst. org/lifo。

出巨大的代价。如果评估者用公平的标准评判教师，发现某位教师的表现一直不佳，并且在得到过明确的反馈和适当的培训一两年后仍没有改善的话，那上级应该有权解雇。如果教师抗议这一决定，那同行评审委员会或中立的仲裁员应该要在几个星期内进行听证会并作出裁决。这个过程应该是迅速而确定的。为了在政治上达到这一目标，教师评估必须以学生学习方面的真实指标为基础，比如说测试成绩（严谨的、不含多选题）以及立足整体、对课堂作出的细致观察。

让各种政策百花齐放

教师问责制政策并不是改善公共教育的唯一手段。就在 10 年前，人们都还觉得在学校废除种族隔离的政策已经严重过时了；而今天，越来越多的特许学校领导认识到了这样一个研究成果的正确性：种族融合促进了所有孩子的学业成就提升和社会情感成长。新学校还在陆续开设中，比如亚特兰大的查尔斯·德鲁（Charles Drew）和洛杉矶的拉克蒙（Larchmont），这些学校致力于为不同的学生群体服务。甚至连强烈拥护教师问责制的米歇尔·拉伊都指出，在一个完美的世界里，私立学校是非法的。① 她积极鼓励受过大学教育的父母，让他们的孩子进入华盛顿特区的公立学校，因为她知道，社会经济的一体化程度如果能够提高，就有可能改善全市所有孩子所受教育的质量。2014 年，奥巴马政府颁布了新法规，允许获得联邦资金的特许学校在进行入学抽签时增加某些权重，以实现种族和社会经济上的多样性。

还有其他一些很不错的想法：在纽约州奥尔巴尼的科技谷高中（Tech Valley High）、加利福尼亚州的各家联合学习（Linked Learning）

---

① 这句妙语来自沃伦·巴菲特。

学校和罗得岛州的"有效教学措施"学校中，青少年不仅在课堂上学习，还在成年人的工作场所中学习，从而明白教育在真正世界中到底有多强大，并更有动力去读完高中和大学。（对辍学者所作的调查发现，有很多人之所以会离校，是因为他们认为上学赚不到钱。[1]）奥巴马总统还有另一个优先事项，它没能在华盛顿得到太多共和党人的支持，不过在州和市两级则成了两党共同努力完成的事务，那就是让更多人意识到普及学前班（universal pre-K）在儿童的认知以及社会和经济方面所存在的好处。简而言之，无论是通过增值、同行评议还是其他方式来完成教师评估和终身制改革，它们在任何情况下也都只是让表现不佳的学校得到逆转的两个因素罢了。

真正了解我们教育系统的局限性

有时我会担心，我们对美国教育体系本身的思考不切实际。我们希望联邦政府可以推动改革，认为改进学校的措施往往是从国家层面引入的。然而，用教育史学家大卫·拉巴里（David Labaree）的话来说，与那些跟我们国情类似的欧亚国家的制度相比，我们的学校体系"极度分散"[2]。美国宪法从来没有提到教育，宪法把它看作各州、各城市和乡镇的责任。今天，美国地方学校的财政支援只有13%来自华盛顿，其余的则由市财产税和州拨款平均分摊。

联邦政府的教育部长可以在资助学校时加上各种条件，以鼓励学校作出受欢迎的改革，比如采用包含学生考试成绩的教师评估制度。但是部长完全没法监督具体的实施情况，因为许多善意的社会政策——尤其是教育政策——都直接被人忽视或者遭到了严重篡改，以至于人们都搞

---

[1] Bridgeland, Dilulio, and Morison, *The Silent Epidemic*.

[2] David Labaree, *Someone Has to Fail* (Cambridge, MA: Harvard University Press, 2010).

不清最后执行的到底是个什么政策。在"伟大社会"① 时期以及里根当政时期，这一趋势导致了令人失望的结果。此时《危机中的国家》一书已经出版，开创了当代的联邦学校改革运动。奥巴马总统的"力争上游"项目也面临类似的风险。在许多州中，政府的政策导致这么一种荒谬的现实情况出现：教师们的评估情况要以那些他们压根没教过，甚至压根没见过的孩子的考试情况为基础。

为什么国家改革的优先顺序会不断遭到误解？联邦教育部门对州议会或州教育部门没有管辖权，也不存在监督地方学校，保证校长、学监和学校委员会了解教师增值评估法等新型复杂工具的联邦监察员。我们国家的政府在西方国家中独一无二，它不会为教师"生产"高质量的试卷、教科书或阅读书目，也不会去帮他们挑选。最后，我们一直期望教师和学校消除成绩上的差距和恐慌，而政府却没有做到，这可能是最重要的一个问题。但我们并没有为各个家庭提供全面的社会支持，而这些正是儿童们在学术方面大展身手时所必需的。除开不错的营养和医疗保障之外，相关措施还包括获得一份工作（工资能够用来支付基本生活开支）、获得稳定而实惠的儿童保育服务、拥有住房、可以接受高等教育和职业培训。

政策与实践之间缺乏这些"衔接工具"，在这种情况下，我担心美国政治将继续反映出教师的极度失望情绪，而教师也会继续感到"四面楚歌"。但是希望仍然存在。如果我们接受分权政治制度所存在的局限性，那么就能走向这么一种未来：具有变革意义的可持续教育改革将会自下而上生长出来，而非自上而下受到强压。它们将更多地建立在顶尖教师的专业知识上，而不会以我们对最差教师的恐惧为基础。这就是我们结束教师战争的方式。

---

① 指代 1964—1965 年美国时任总统林登·贝恩斯·约翰逊提出的一系列改革计划。——译者

致　谢

　　这本书诞生于 2011 年春的哥伦比亚大学，当时我是斯宾塞基金会的一名教育新闻学研究员。出色的作家兼教师萨姆·弗里德曼（Sam Freedman）教授首先表示，我可以把自己对公立学校教学政策的研究写成一本书，他鼓励我对这个问题投去历史眼光。在哥伦比亚大学，林内尔·汉考克（LynNell Hancock）和尼古拉斯·勒曼（Nicholas Lemann）也提供了重要的早期指导。

　　3 年来，捐助者们慷慨解囊，让我把大部分的工作时间都投入到了这个项目中。我非常感谢新美国基金会（New America Foundation）发给我的伯纳德·L. 施瓦茨（Bernard L. Schwartz）奖学金和国家研究所（Nation Institute）发给我的海鹦基金会（Puffin Foundation）写作奖学金。早在我找到本书出版商之前，新美国基金会的史蒂夫·科尔（Steve Coll）、安德雷斯·马丁内斯（Andrés Martinez）、丽莎·格恩西（Lisa Guernsey）和凯文·凯瑞（Kevin Carey）就已经成为这个项目的支持者了。丽莎对课堂观察方面所作的研究对本书观点有着尤其深远的影响。在国家研究所，我受到了安迪·布雷斯劳（Andy Breslau）、塔亚·吉特曼（Taya Kitman）、露丝·鲍德温（Ruth Baldwin）和卡尔·布罗姆利（Carl Bromley）的鼓励。支持本书的非营利组织都没有对作品本身在意识形态或内容方面施加过多压力，也没有在出版之前以任何形式查看过本作品。

我的全才代理人霍华德·尹（Howard Yoon）帮助我把大量有关教育的研究和报告进行了分类整理，将它们转化成一份可行的书籍提案，并且一直支持着我。我非常有幸在双日出版社（Doubleday）与编辑克里斯丁·波普洛（Kristine Puopolo）合作。她提出了犀利的问题和修改意见，改进了本书的每一页。助理编辑丹·迈尔（Dan Meyer）提供了鞭辟入里的评论，并帮助我对本书格式进行了处理。麦姬·卡尔（Maggie Carr）所作的文字编辑只能用"世上最精致"来形容。她的工作让《好老师，坏老师》一书更为连贯、更具深度。

　　我很感谢一些提供反馈意见的同行作家，尤其是敏锐的琳达·佩尔斯坦，她阅读了整本手稿，并帮助我准备了初稿。朋友菲利莎·克拉默（Philissa Cramer）一直在教导我成为一名更好的记者，她比我早一年工作，在《布朗每日先驱报》（Brown Daily Herald）任职。谢天谢地，她能够帮助我梳理整本书的主题。格雷格·托普（Greg Toppo）、马特·伊格莱西亚斯（Matt Yglesias）、理查德·伊塞尔森（Richard Yeselson）和亚当·塞维尔（Adam Serwer）是另外几位值得信赖并充满洞察力的读者。

　　由于记者跟大学之间的关系往往不是那么紧密，所以有权免费获得学术资源对我们来说至关重要。如果没有纽约公共图书馆施瓦茨曼楼（Schwarzman Building）的作家和学者计划，那我们就不可能写出这本书。该馆位于曼哈顿的第五大道。有关本书的大部分工作是在图书馆的维特海姆研究室（Wertheim Study）中完成的，研究室图书馆员杰·巴克斯代尔（Jay Barksdale）负责管理这片充满生机的知识宝库。

　　本书中的许多想法首先出现在我的新闻文章上，它们被发表在《石板》（Slate）、《大西洋月刊》、《每日野兽》和《美国前景》（The American Prospect）等杂志。作为一名作家，我很乐意看到自己的文章被别人编辑，我很幸运能够与最优秀的编辑合作：安·弗里德曼（Ann

Friedman）、贝特西·里德（Betsy Reed）、理查德·金（Richard Kim）、艾米丽·道格拉斯（Emily Douglas）、卡特里娜·范登·休维尔（Katrina vanden Heuvel）、蒂娜·布朗（Tina Brown）、汤姆·沃特森（Tom Watson）、卢卡斯·威特曼（Lucas Wittmann）、爱德华·费森塔尔（Edward Felsenthal）、托里·博世（Torie Bosch）、阿里森·贝内迪克特（Allison Benedikt）、大卫·普罗茨（David Plotz）、杰斯·格罗斯（Jess Grose）、凯特·朱利安（Kate Julian）和尼科尔·阿兰（Nicole Allan）。

作为一名记者，我十分荣幸能研究各种历史和社会科学问题。许多学者为我提供了他们广博的专业知识，覆盖了本书的各个主题。他们是爱丽丝·凯斯勒-哈里斯、路易斯·胡尔塔、拉里·库班、卢瑟·斯波尔、约纳赫·洛科夫、道格·哈里斯、史蒂文·特莱斯、加尔·梅赫塔、克拉伦斯·泰勒和理查德·英格尔索尔。我对历史专业的热爱和尊敬可以追溯到在布朗大学读书的时候，我很荣幸能在那里接受玛丽·格鲁克（Mary Gluck）、艾米·雷门斯奈德（Amy Remensnyder）、肯·萨克斯（Ken Sacks）和卡罗琳·迪恩（Carolyn Dean）教授的指导。

我想要感谢克里斯·海耶斯（Chris Hayes）、里克·珀尔斯坦（Rick Perlstein）、达约·奥洛帕德（Dayo Olopade）和杰弗里·托宾（Jeffrey Toobin），当我的信心在关键时刻出现动摇时，他们给予了极大的鼓励。

在写作此书时，我有太多太多的朋友们一直保持热情、始终如一地支持着我，但我要特别提到以下两位：他们是劳伦·辛克森（Lauren Hinkson）和瑞贝卡·索尔（Rebecca Sauer）。

30 年来，我的父母劳拉·格林和斯蒂芬·戈德斯坦以及祖父母卡罗尔（Carol）和弗兰克·戈德斯坦（Frank Goldstein）一直在向我投入关爱、热情和鼓励。谢谢你们。马克·黑塞（Mark Hesse）和邦尼·马莫（Bonnie Marmor）都是教育工作者，他们不但支持着我，而且也在帮助我探索这本书中的问题。

弗吉尼亚·伍尔夫说，一个女作家需要属于她自己的一间房。但至少对我来说，一个充满爱的家庭更为重要。我生命中最重要的人是安德烈·辛克曼（Andrei Scheinkman），当我正在完成本书提案时，第一次遇到了他。安德烈耐心地听着我讲述这一无比漫长的项目中的各种波折，当我感到自己永远无法把它做到最好、永远无法将其完成时，他也推动着我前行。他会让我发笑，提醒我要去休假。他现在是我的丈夫。我心中充满感激与爱。总之，谢谢你们。

参考书目

我在撰写本书时查询了逾500本一手或二手资料，大部分已详细于脚注中列明。以下按主题分类列出的书目是我在历史、社会科学和教学法等方面反复翻阅的。

一般教育史

Callahan, Raymond E. *Education and the Cult of Efficiency*. Chicago: University of Chicago Press, 1962.

Davies, Gareth. *See Government Grow: Education Politics from Johnson to Reagan*. Lawrence: University Press of Kansas, 2007.

Herrick, Mary R. *The Chicago Schools: A Social and Political History*. Beverly Hills: Sage Publications, 1971.

Lemann, Nicholas. *The Big Test: The Secret History of the American Meritocracy*. New York: Farrar, Straus and Giroux, 1999.

Ravitch, Diane. *The Great School Wars: New York City, 1805–1973*. New York: Basic Books, 1974.

———. *Left Back: A Century of Battles over School Reform*. New York: Touchstone, 2000.

Snyder, Thomas D., ed. *120 Years of American Education: A Statistical Portrait*. National Center for Education Statistics. U.S. Department of Education, January 1993.

Tyack, David, and Larry Cuban. *Tinkering Toward Utopia: A Century of Public School Reform*. Cambridge, MA: Harvard University Press, 1995.

早期美国教育及公立学校运动

Cremin, Lawrence. *The American Common School*. New York: Teachers College, Columbia University, 1951.

Kaestle, C F. *Pillars of the Republic: Common Schools and American Society, 1780–1860.* New York: Hill and Wang, 1983.

Mann, Horace. *Lectures on Education.* Boston: W. B. Fowle and N. Capen, 1855.

Messerli, Jonathan. *Horace Mann.* New York: Alfred A. Knopf, 1972.

教学工作女性化

Albisetti, James C. "The Feminization of Teaching in the Nineteenth Century: A Comparative Perspective." *History of Education* 22, no. 3 (1993): 253–63.

Beecher, Catharine. *The Duty of American Women to Their Country.* New York: Harper and Brothers, 1845.

———. *Educational Reminiscences and Suggestions.* New York: J. B. Ford, 1874.

———.*The Evils Suffered by American Women and American Children: The Causes and the Remedy.* New York: Harper and Brothers, 1846.

———. "Female Education." *American Journal of Education* 2 (1827): 219–23.

———. *Suggestions Respecting Improvements in Education.* Hartford, CT: Packard and Butler, 1829.

Goldin, Claudia. *Understanding the Gender Gap: An Economic History of American Women.* New York: Oxford University Press, 1990.

Gordon, Ann D., ed. *The Selected Papers of Elizabeth Cady Stanton and Susan B. Anthony.* 6 vols. New Brunswick, NJ: Rutgers University Press, 1997–2012.

Hoffman, Nancy. *Woman's "True" Profession: Voices from the History of Teaching.* Old Westbury, NY: Feminist Press, 1981.

Mann, Horace. *A Few Thoughts on the Powers and Duties of Woman: Two Lectures.* Syracuse: Hall, Mills, and Company, 1853.

Rugoff, Milton. *The Beechers: An American Family in the Nineteenth Century.* New York: Harper and Row, 1981.

Sklar, Kathryn Kish. *Catharine Beecher: A Study in American Domesticity.* New York: W. W. Norton, 1976.

Sugg, Redding S. *Motherteacher: The Feminization of American Education.* Charlottesville: University of Virginia Press, 1978.

Woody, Thomas. *A History of Women's Education in the United States.* 2 vols. New York: The Science Press, 1929.

非裔美国人教学传统

Aptheker, Herbert, ed. *The Correspondence of W. E. B. Du Bois.* 3 vols. Amherst: University of Massachusetts Press, 1973–1978.

Delpit, Lisa. *Other People's Children: Cultural Conflict in the Classroom*. New York: The New Press, 2006.

Du Bois, W. E. B. *The Education of Black People: Ten Critiques, 1906–1960*. Edited by Herbert Aptheker. Amherst: University of Massachusetts Press, 1973.

———. *The Souls of Black Folk*. New York: Bantam, 1903.

Gabel, Leona C. *From Slavery to the Sorbonne and Beyond: The Life and Writings of Anna J. Cooper*. Northampton, MA: Smith College Library, 1982.

Grimké, Charlotte Forten. *The Journals of Charlotte Forten Grimké*. Edited by Brenda Stevenson. New York: Oxford University Press, 1988.

Ladson-Billings, Gloria. *The Dream-Keepers: Successful Teachers of African American Children*. San Francisco: Jossey-Bass, 2009.

Lemert, Charles, and Esme Bhan, eds. *The Voice of Anna Julia Cooper*. Lanham, MD: Rowman and Littlefield Publishers, 1998.

Lewis, David Levering. *W. E. B. Du Bois: A Biography*. New York: Henry Holt, 2009.

Norrell, Robert J. *Up from History: The Life of Booker T. Washington*. Cambridge, MA: Belknap Press, 2009.

Washington, Booker T. *Up From Slavery*. New York: W. W. Norton, 1901.

Weinberg, Meyer. *A Chance to Learn: The History of Race and Education in the United States*. New York: Cambridge University Press, 1977.

工会

Berube, Maurice R., and Marilyn Gittell, eds. *Confrontation at Ocean Hill–Brownsville: The New York School Strikes of 1968*. New York: Frederick A. Praeger, 1969.

Carter, Barbara. *Pickets, Parents, and Power: The Story Behind the New York City Teachers' Strike*. New York: Citation Press, 1971.

Cohen, Andrew Wender. *The Racketeer's Progress: Chicago and the Struggle for the Modern American Economy, 1900–1940*. Cambridge, UK: Cambridge University Press, 2004.

Collins, Christina. *"Ethnically Qualified": Race, Merit, and the Selection of Urban Teachers, 1920–1980*. New York: Teachers College Press, 2011.

Golin, Steve. *The Newark Teacher Strikes: Hopes on the Line*. New Brunswick, NJ: Rutgers University Press, 2002.

Haley, Margaret A. *Battleground: The Autobiography of Margaret A. Haley*. Edited by Robert L. Reid. Champaign: University of Illinois Press, 1982.

Kahlenberg, Richard D. *Tough Liberal: Albert Shanker and the Battles over Schools, Unions, Race, and Democracy*. New York: Columbia University Press, 2007.

Moe, Terry M. *Special Interest: Teachers Unions and America's Public Schools.* Washington, D.C.: Brookings Institution Press, 2011.

Murphy, Marjorie. *Blackboard Unions: The AFT and the NEA: 1900–1980.* Ithaca, NY: Cornell University Press, 1990.

Perlstein, Daniel H. *Justice, Justice: School Politics and the Eclipse of Liberalism.* New York: Peter Lang, 2004.

Rousmaniere, Kate. *Citizen Teacher: The Life and Leadership of Margaret Haley.* Albany: State University of New York Press, 2005.

Zitron, Celia Lewis. *The New York City Teachers' Union, 1916–1964.* New York: Humanities Press, 1968.

红色恐慌

Adler, Irving. *Kicked Upstairs: A Political Biography of a "Blacklisted" Teacher* (Self-published, 2007. Available at the Tamiment Library, New York University.)

Beale, Howard K. *Are American Teachers Free? An Analysis of Restraints upon the Freedom of Teaching in American Schools.* New York: Charles Scribner's Sons, 1936.

———. *A History of Freedom of Teaching in American Schools.* New York: Charles Scribner's Sons, 1941.

Dodd, Bella. *School of Darkness: The Record of a Life and of Conflict Between Two Faiths.* New York: P. J. Kenedy and Sons, 1954.

Taylor, Clarence. *Reds at the Blackboard: Communism, Civil Rights, and the New York City Teachers Union.* New York: Columbia University Press, 2011.

教学与课程

Cuban, Larry. *How Teachers Taught: Constancy and Change in American Classrooms, 1890–1990.* New York: Teachers College Press, 1993.

Dewey, John. *John Dewey on Education: Selected Writings.* Edited by Reginald D. Archambault. New York: The Modern Library, 1964.

———. *The School and Society* and *The Child and the Curriculum.* Minneola, NY: Dover Publications, 2001.

Guernsey, Lisa, and Susan Ochshorn. *Watching Teachers Work: Using Observation Tools to Promote Effective Teaching in the Early Years and Early Grades.* New America Foundation report, November 2011.

Hattie, John. *Visible Learning: A Synthesis of Over 800 Meta-Analyses Relating to Achievement.* New York: Routledge, 2009.

Kliebard, Herbert M. *The Struggle for the American Curriculum, 1893–1958.* New York: Routledge, 1995.

Young, Ella Flagg. *Isolation in the School*. Chicago: University of Chicago Press, 1900.

"伟大社会"与取消种族隔离

Brown v. Board: The Landmark Oral Argument Before the Supreme Court. Edited by Leon Friedman. New York: The New Press, 2004.

Coleman, James S., et al. *Equality of Educational Opportunity*. National Center for Educational Statistics, U.S. Department of Health, Education, and Welfare, 1966.

Fultz, Michael. "'As Is the Teacher, So Is the School': Future Directions in the Historiography of African American Teachers." In *Rethinking the History of American Education*, edited by William J. Reese and John L. Rury. New York: Palgrave Macmillan, 2008.

———. "The Displacement of Black Educators Post-Brown: An Overview and Analysis." *History of Education Quarterly* 44, no. 1 (2004): 11–45.

Patterson, James T. *Brown v. Board of Education: A Civil Rights Milestone and Its Troubled Legacy*. New York: Oxford University Press, 2001.

Schwartz, Heather. "Housing Policy Is School Policy: Economically Integrative Housing Promotes Academic Success in Montgomery County, Maryland." Century Foundation Report, 2010.

Unger, Irwin. *The Best of Intentions: The Triumphs and Failures of the Great Society Under Kennedy, Johnson, and Nixon*. New York: Doubleday, 1996.

教师专业素质及人口统计

Etzioni, Amitai. *The Semi-Professions and Their Organization: Teachers, Nurses, Social Workers*. New York: The Free Press, 1969.

Ingersoll, Richard M. *Who Controls Teachers' Work? Power and Accountability in America's Schools*. Cambridge, MA: Harvard University Press, 2003.

Ingersoll, Richard, and Lisa Merrill. "Who's Teaching Our Children?" *Educational Leadership,* May 2010.

Lortie, Dan C. *Schoolteacher: A Sociological Study*. Chicago: University of Chicago Press, 1975.

Mehta, Jal, and Steven Teles. "Professionalism 2.0: The Case for Plural Professionalization in Education," in *Teacher Quality 2.0: Toward a New Era in Education Reform,* ed. Frederick Hess and Michael McShane. Cambridge, MA: Harvard Education Press, 2014.

增值测量法与教师经济情况

Chetty, Raj, John N. Friedman, and Jonah E. Rockoff. "Measuring the Impact of Teachers I: Evaluating Bias in Teacher Value-Added Estimates." Working Paper 19423, National Bureau of Economic Research, Cambridge, MA, September 2013.

Glazerman, Steven, et al. "Transfer Incentives for High-Performing Teachers: Final Results from a Multisite Randomized Experiment." Mathematica Policy Research report, NCEE 2014-4003. National Education Evaluation and Regional Assistance, Institute of Education Sciences, U.S. Department of Education, November 2013.

Gordon, Robert, Thomas J. Kane, and Douglas O. Staiger. "Identifying Effective Teachers Using Performance on the Job." Hamilton Project paper, Brookings Institution, April 2006.

Hanushek, Eric A., and Steven B. Rivkin. "How to Improve the Supply of High-Quality Teachers." Brookings Papers on Education Policy, 2004.

Harris, Douglas N. Value-Added Measurements in Education: What Every Educator Needs to Know. Cambridge, MA: Harvard Education Press, 2011.

Kane, Thomas, and Douglas Staiger. Gathering Feedback for Teaching: Combining High-Quality Observations with Student Surveys and Achievement Gains. Policy and Practice Brief, MET Project, Bill and Melinda Gates Foundation, January 2012.

Lancelot, William, et al. The Measurement of Teaching Efficiency. New York: Macmillan Company, 1935.

Ronfeldt, Matthew, Susanna Loeb, and James Wyckoff. "How Teacher Turnover Harms Student Achievement." American Educational Research Journal 50, no. 1 (2013): 4–36.

教师教育及培训

Conant, James Bryant. The Education of American Teachers. New York: McGraw-Hill, 1963.

Corwin, Ronald G. Reform and Organizational Survival: The Teacher Corps as an Instrument of Educational Change. New York: John Wiley and Sons, 1973.

Darling-Hammond, Linda. The Flat World and Education: How America's Commitment to Equity Will Determine Our Future. New York: Teachers College Press, 2010.

———. "Teacher Quality and Student Achievement: A Review of State Policy Evidence." Education Policy Analysis Archives 8, no. 1 (January 2000).

Fraser, James W. Preparing America's Teachers: A History. New York: Teachers College Press, 2007.

Greenberg, Julie, Arthur McKee, and Kate Walsh. *Teacher Prep Review, 2013: A Review of the Nation's Teacher Preparation Programs*. National Council on Teacher Quality, 2013.

Haberman, Martin. "Selecting and Preparing Urban Teachers." Lecture available on the Web site of the National Center for Alternative Teacher Certification Information. Delivered February 28, 2005. http://www .habermanfoundation.org/Articles/Default.aspx?id=32.

Papay, John R., Martin R. West, Jon B. Fullerton, and Thomas J. Kane. *Does Practice-Based Teacher Preparation Increase Student Achievement? Early Evidence from the Boston Teacher Residency*. Working Paper 17646. Cambridge, MA: National Bureau of Economic Research, December 2011.

"为美国而教"

Clark, Melissa A., et al. *The Effectiveness of Secondary Math Teachers from Teach for America and the Teaching Fellows Programs*. Mathematica Policy Research, National Center for Education Evaluation and Regional Assistance, Institute of Education Sciences, U.S. Department of Education, September 2013.

Darling-Hammond, Linda. "Who Will Speak for the Children? How 'Teach for America' Hurts Urban Schools and Students." *The Phi Delta Kappan* 76, no. 1 (September 1994): 21–34.

Darling-Hammond, Linda, et al. "Does Teacher Preparation Matter? Evidence About Teacher Certification, Teach for America, and Teacher Effectiveness." *Education Policy Analysis Archives* 13, no. 42 (2005).

Farr, Steven, and Teach for America. *Teaching as Leadership: The Highly Effective Teacher's Guide to Closing the Achievement Gap*. San Francisco: Jossey-Bass, 2010.

Foote, Donna. *Relentless Pursuit: A Year in the Trenches with Teach for America*. New York: Alfred A. Knopf, 2008.

Kopp, Wendy. "An Argument and Plan for the Creation of the Teacher Corps." Senior thesis, Woodrow Wilson School of Public and International Affairs, Princeton University, April 10, 1989. Seeley G. Mudd Manuscript Library.

———. *One Day All Children: The Unlikely Triumph of Teach for America and What I Learned Along the Way*. New York: PublicAffairs, 2001.

Kopp, Wendy, with Steven Farr. *A Chance to Make History: What Works and What Doesn't in Providing an Excellent Education for All*. New York: PublicAffairs, 2011.

Schneider, Jack. "Rhetoric and Practice in Pre-Service Teacher Education: The Case of Teach for America." *Journal of Education Policy* (August 2013).

Shapiro, Michael. *Who Will Teach for America?* Washington, D.C.: Farragut Publishing Company, 1993.

标准、责任及学校选择运动

Bornfreund, Laura. "An Ocean of Unknowns: Risks and Opportunities in Using Student Achievement Data to Evaluate PreK–3rd Grade Teachers." *Early Education Initiative,* New America Foundation, May 2013.

Brill, Steven. *Class Warfare: Inside the Fight to Fix America's Schools.* New York: Simon and Schuster, 2011.

Carr, Sarah. *Hope Against Hope: Three Schools, One City, and the Struggle to Educate America's Children.* New York: Bloomsbury Press, 2013.

Cohen, David K., and Susan L. Moffitt. *The Ordeal of Equality: Did Federal Regulation Fix the Schools?* Cambridge, MA: Harvard University Press, 2009.

Mathews, Jay. *Work Hard. Be Nice.: How Two Inspired Teachers Created the Most Promising Schools in America.* Chapel Hill, NC: Algonquin Books, 2009.

Mehta, Jal. *The Allure of Order: High Hopes, Dashed Expectations, and the Troubled Quest to Remake American Schooling.* New York: Oxford University Press, 2013.

Perlstein, Linda. *Tested: One American School Struggles to Make the Grade.* New York: Henry Holt, 2007.

Rhee, Michelle. *Radical: Fighting to Put Students First.* New York: HarperCollins, 2013.

图书在版编目(CIP)数据

好老师,坏老师:美国的公共教育改革 / (美)达娜·戈德斯坦(Dana Goldstein)著;陈丽丽译. — 上海:上海译文出版社,2019.12
(译文纪实)
书名原文: The Teacher wars: A History of America's Most Embattled Profession
ISBN 978 - 7 - 5327 - 8272 - 7

Ⅰ. ①好… Ⅱ. ①达… ②陈… Ⅲ. ①教育改革-研究-美国 Ⅳ. ①G571.21

中国版本图书馆 CIP 数据核字(2020)第 066032 号

图字:09 - 2015 - 430 号

好老师,坏老师:美国的公共教育改革
〔美〕达娜·戈德斯坦/著　陈丽丽/译
责任编辑/范炜炜　　装帧设计/邵旻工作室

上海译文出版社有限公司出版、发行
网址:www.yiwen.com.cn
200001　上海福建中路 193 号
上海市崇明裕安印刷厂印刷

开本 890×1240　1/32　印张 10.25　插页 2　字数 257,000
2020 年 5 月第 1 版　2020 年 5 月第 1 次印刷
印数:00,001 - 10,000 册

ISBN 978 - 7 - 5327 - 8272 - 7/I · 5072
定价:48.00 元